교수－학습 모형과 방법을 활용한

유아과학교육 ^{2판}

김승희 저

SCIENCE EDUCATION IN EARLY CHILDHOOD

학지사

🔬 2판 머리말

현재 세계는 매일 터지는 갖가지 사건과 사고 소식으로 매우 어수선하다. 전쟁과 폭력, 테러와 같은 끔찍한 일이 세계 곳곳에서 계속 벌어지고 있으며, 이 때문에 발생하는 수많은 난민과 고아가 갈 곳을 찾지 못해 헤매고 있다. 특히 가속하는 지구온난화와 더불어 기후변화의 심각성이 급증하면서 최악의 홍수와 가뭄으로 지구 전체가 몸살을 앓고 있다. 한곳에서는 몇 달 동안 지속되는 폭우로 국토의 1/3이 잠기고, 다른 곳에서는 심각한 가뭄으로 저수지와 강바닥이 드러나는 일이 벌어지고 있다. 지구의 어느 곳도 안전지대가 없는 상황이다.

이러한 문제를 해결하려면 무엇보다도 개개인이 문제해결의 주체로서 능동적으로 실천하는 것이 필요하다. 사회문제에 관심을 기울이고 일상생활의 다양한 문제를 과학적으로 해결할 수 있는 능력과 태도가 요구되는 것이다. 즉, 개인은 과학적 방법으로 다양한 사회문제를 해결함으로써 궁극적으로 인간과 자연이 함께하는 사회를 만들 수 있는 과학적 소양을 길러야 한다. 과학적 소양은 한두 번의 수업으로 습득되는 것이 아니라 장시간의 노력과 시행착오를 통해 길러진다. 따라서 유아기부터 과학적 소양을 기를 수 있도록 과학교육이 체계적으로 이루어져야 한다.

이 책은 과학적 개념, 방법, 태도 등에 관한 상세한 설명과 풍부한 예시를 통해 교사와 유아의 과학적 소양을 높이는 데 이바지하고자 한다. 구체적으로 과학의 본성을 파악하는 것에서 시작하여 유아과학교육의 목적과 목표를 밝히고, 유아과학교육의 내용으로 과학지식, 과학적 방법, 과학 태도 등을 상세히 기술한다. 유아과학교육의 교수-학습 모형과 방법에 근거하여 유아에게 적합한 과학 활동을 제시하고, 유아교육현장에서 이론과 실천이 결합하여 구체화하는 사례를 다양하게 보여 준다. 이 책은 크게 유아과학교육의 기초, 내용, 이론, 실천의 네 부분으로 구성되어 유아과학교육을 체계화하는 데 공헌한다.

특히 이 책은 자연과학의 대표적 영역인 물리학, 화학, 생물학, 지구과학으로 나누어 과학적 개념을 명확히 기술함으로써 대부분의 유아과학교육 책이 활동의 실제를 강조하면서 이론적 근거가 빈약한 점을 보완한다. 또한 다른 유아과학교육 책에서 언급되지 않은 교수–학습 모형을 제시하고 과학 활동 시 고려사항까지 언급함으로써 이 책은 유아교육현장에 적합한 과학 활동의 틀을 마련한다. 이는 교사가 현장의 상황과 조건에 따라 다양하게 적용할 수 있는 것으로, 이 책이 놀이 중심의 2019 개정 누리과정을 구현하는 데 효과적임을 가리킨다.

이 책을 따라 처음부터 끝까지 학습함으로써 학습자는 과학과 과학교육을 체계적으로 이해하고 실천할 수 있다. 어떤 유아과학교육 책과 비교할 수 없는 방대한 내용과 논리적 전개로 이 책이 학습자의 이해와 적용을 돕기 때문이다. 더불어 학습자는 이 책을 통해 과학과 과학교육에 대한 명확한 관점을 세울 수 있다. 이는 학습자의 과학과 과학교육에 대한 자신감을 높여 성공적인 과학교육으로 이끌게 된다. 끝으로 이 책을 집필하는 데 많은 도움을 제공한 현장 교사들에게 감사드리며, 이 책이 대학 교재뿐만 아니라 현장 교사들의 필독서로 자리매김하기를 바란다.

2023년 3월
김승희

🔬 1판 머리말

　과학이 없는 인간의 삶은 생각할 수도 없을 만큼 과학은 인간의 삶과 불가분의 관계다. 그러나 많은 사람은 과학을 자신의 삶과 무관하고, 단지 공부하기 어려운 과목으로 치부하고 있다. 유아에게 과학을 가르치는 교사들 역시 과학에 대한 부정적인 태도를 가지고 있으며, 이러한 태도가 유아교육현장에서 과학교육을 소홀히 하는 결과로 나타나고 있다. 교사들의 과학교육에 대한 부정적인 태도에 가장 큰 영향을 미치는 요인은 과학 지식이나 과학 관련 경험의 부족으로, 이를 해결하는 것이 유아과학교육의 정상화를 위해 시급한 과제다.

　이러한 유아과학교육의 현실과 맞물려 현대 사회는 일상생활에서의 다양한 문제에 능동적으로 대처하는 인간을 요구하고 있다. 홍수처럼 쏟아지는 정보를 합리적으로 판단하고, 문제 해결에 필요한 정보를 취사선택하며, 적극적으로 문제를 해결하는 인간을 요구하고 있는 것이다. 이는 과학적 방법으로 다양한 사회문제를 해결함으로써 궁극적으로 인간과 자연이 현명하게 더불어 사는 사회를 만드는 데 과학교육이 기여해야 함을 시사한다. 그러므로 이 책은 과학적 개념, 방법, 태도 등에 관한 상세한 설명과 풍부한 예시를 통해 교사들의 과학적 소양을 높이고, 과학 및 과학교육에 대한 긍정적 태도를 함양하고자 한다.

　이러한 목적에 근거하여 이 책은 유아과학교육의 기초, 내용, 이론, 실천으로 나누었으며, 총 13장으로 구성하였다. 과학의 본성을 파악하는 것에서 시작하여 유아과학교육의 목적과 목표를 밝히고, 유아과학교육의 교수-학습 모형과 방법에 근거하여 유아에게 적합한 과학 활동을 제시하였다. 유아과학교육의 내용으로 과학적 개념, 과학적 방법, 과학 태도 등을 상세히 언급하였으며, 이러한 내용이 각각의 과학 활동에서 어떻게 구체화되는지를 유아과학교육의 실천 부분에서 보여 주었다. 교수–학습 모형에 근거하여 과학 활동의 사례를 제시함으로써 교사들이 현장에서 이론과 실천을 결합할 수 있는 방안을 마련하였다.

특히 이 책은 기존에 출간된 유아과학교육에 관한 책들이 활동의 실제만 강조하면서 이론적 근거가 빈약한 점을 보완하였다. 학문 간 경계를 명확히 구분하기 어려움에도 불구하고, 과학적 개념을 명확히 제시하기 위해 자연과학의 대표적 영역인 물리학, 화학, 생물학, 지구과학 등으로 나누어 과학적 개념을 제시하였다. 또한 기존 유아과학교육에 관한 책들에서 언급된 적이 없는 교수–학습 모형을 제시하였으며, 교수–학습 모형과 방법을 구분하여 실제 과학 활동에서 어떻게 운영되는지 보여 주었다. 과학 활동 계획 시 고려할 사항까지 언급함으로써 교사들이 현장의 상황과 조건에 따라 적용할 수 있는 과학 활동의 틀을 마련하였다.

이 책을 따라 처음부터 끝까지 학습함으로써 학습자들은 과학 및 과학교육을 체계적으로 이해하고 실천할 수 있을 것이다. 왜냐하면 어떤 유아과학교육에 관한 책들과 비교할 수 없는 방대한 내용과 논리적 전개로 이 책이 학습자들의 이해와 적용을 돕기 때문이다. 또한 학습자들은 이 책을 통해 과학 및 과학교육에 대한 명확한 관점을 세울 수 있을 것이다. 이는 학습자들의 과학 및 과학교육에 대한 자신감을 높임으로써 성공적인 과학교육으로 연결될 수 있다. 끝으로 이 책을 집필하는데 많은 도움을 주신 현장 교사들에게 감사드리며, 이 책이 대학 교재로서뿐만 아니라 현장 교사들의 필독서로서 자리매김하기를 바란다.

2015년 8월
김승희

🔬 차례

○ 2판 머리말 _ 3
○ 1판 머리말 _ 5

제1부

유아과학교육의 기초

제1장 과학이란 무엇인가 · 15

1. 과학의 본성 / 15
   1) 과학의 정의 _ 16   2) 과학의 구성요소 _ 17
2. 현대 과학과 사회 / 24
   1) 과학이 인간의 삶에 미친 긍정적 영향 _ 25
   2) 과학이 인간의 삶에 미친 부정적 영향 _ 28
   3) 과학의 가치 _ 31

제2장 과학과 과학교육에 대한 태도 · 33

1. 과학 관련 경험 / 33
   1) 영유아기의 과학 관련 경험 _ 34   2) 아동기의 과학 관련 경험 _ 36
   3) 청년기의 과학 관련 경험 _ 37

2. 과학과 과학교육에 대한 태도 / 38

　　1) 과학교육을 어려워하는 이유 _ 39　　2) 과학 교수 불안 _ 42

　　3) 과학 교수 효능감 _ 44

3. 과학적 소양 / 47

　　1) 과학적 소양의 필요성 _ 47　　2) 과학적 소양의 정의 _ 49

　　3) 과학적 소양의 평가 _ 51

제3장　유아와 과학 · 57

1. 유아의 특성 / 57

　　1) 유아의 과학적 재능 _ 58

　　2) 과학 활동이 유아발달에 미치는 영향 _ 59

2. 유아과학교육의 목적과 목표 / 64

　　1) 유아과학교육의 목적 _ 65　　2) 유아과학교육의 목표 _ 66

3. 유아과학교육의 역사 / 68

　　1) 미국 과학교육의 역사 _ 69　　2) 우리나라 과학교육의 역사 _ 71

　　3) 유아과학교육의 발달 과정 _ 73

제2부　유아과학교육의 내용

제4장　과학지식 · 79

1. 유아의 개념 / 79

　　1) 유아의 개념 형성 _ 80　　2) 유아의 오개념 _ 81

2. 자연과학에 대한 유아의 개념 / 86
    1) 유아의 물리학 개념 _ 87   2) 유아의 화학 개념 _ 90
    3) 유아의 생물학 개념 _ 94   4) 유아의 지구과학 개념 _ 98

제5장 과학적 방법 · 103

1. 과학적 탐구능력 / 103
    1) 관찰 _ 104   2) 비교 _ 106
    3) 분류 _ 107   4) 측정 _ 109
    5) 의사소통 _ 110   6) 추론 _ 111
    7) 예측 _ 112   8) 실험 _ 113
2. 탐구능력 평가 / 115
    1) 평가 내용 _ 115   2) 평가 방법 _ 117

제6장 과학 태도 · 119

1. 과학적 태도 / 119
    1) 호기심 _ 120   2) 적극성 _ 121
    3) 솔직성 _ 122   4) 객관성 _ 123
    5) 개방성 _ 124   6) 협동성 _ 125
    7) 비판성 _ 127   8) 판단 유보 _ 127
    9) 끈기 _ 129
2. 과학 태도 평가 / 130
    1) 평가 내용 _ 131   2) 평가 방법 _ 134

제3부
유아과학교육의 이론

제7장 교수-학습 패러다임 · 139

1. 교수-학습 패러다임의 변화 / 139

    1) 행동주의 _ 140   2) 인지주의 _ 141

    3) 구성주의 _ 141

2. 구성주의 / 143

    1) 인지적 구성주의 _ 144   2) 사회적 구성주의 _ 149

제8장 구성주의와 유아과학교육 · 155

1. 유아의 개념 변화 / 155

    1) 선개념 _ 156   2) 인지적 비평형 _ 157

    3) 개념화의 타당성 _ 158

2. 구성주의 교수-학습 방법 / 159

    1) 기본 방향 _ 160   2) 교사의 역할 _ 165

제9장 유아과학교육의 교수-학습 모형과 방법 · 175

1. 교수-학습 모형 / 175

    1) 발견학습모형 _ 176   2) 탐구학습모형 _ 178

    3) 순환학습모형 _ 181

2. 교수-학습 방법 / 184

1) 강의 _ 184

3) 시연 _ 186

5) 협동학습 _ 188

7) 개별학습 _ 192

2) 질문 _ 185

4) 토의 _ 188

6) 현장학습 _ 190

8) 학제 간 교수-학습 방법 _ 193

제4부

유아과학교육의 실천

제10장   유아에게 적합한 물리학 활동 · 199

1. 유아의 물리학 활동 / 199

1) 3세에 적합한 물리학 활동 _ 200

3) 5세에 적합한 물리학 활동 _ 209

2) 4세에 적합한 물리학 활동 _ 205

2. 물리학 활동 시 고려사항 / 215

제11장   유아에게 적합한 화학 활동 · 217

1. 유아의 화학 활동 / 217

1) 3세에 적합한 화학 활동 _ 218

3) 5세에 적합한 화학 활동 _ 227

2) 4세에 적합한 화학 활동 _ 223

2. 화학 활동 시 고려사항 / 233

제12장 유아에게 적합한 생물학 활동 · 237

1. 유아의 생물학 활동 / 237
   1) 3세에 적합한 생물학 활동 _ 238
   2) 4세에 적합한 생물학 활동 _ 243
   3) 5세에 적합한 생물학 활동 _ 248
2. 생물학 활동 시 고려사항 / 253

제13장 유아에게 적합한 지구과학 활동 · 257

1. 유아의 지구과학 활동 / 257
   1) 3세에 적합한 지구과학 활동 _ 258
   2) 4세에 적합한 지구과학 활동 _ 263
   3) 5세에 적합한 지구과학 활동 _ 268
2. 지구과학 활동 시 고려사항 / 274

○ 참고문헌 _ 277
○ 찾아보기 _ 297

제1부

유아과학교육의 기초

제1장 과학이란 무엇인가
제2장 과학과 과학교육에 대한 태도
제3장 유아와 과학

제1장
과학이란 무엇인가

1. 과학의 본성

　유아과학교육(science education for young children)은 유아에게 과학을 가르치는 일이다. 유아가 자연현상의 원리와 법칙을 이해하고 일상생활에 적용함으로써 바람직한 방향으로 변화하도록 기대하는 것이 유아과학교육이다. 유아과학교육은 교사가 단순히 과학지식을 유아에게 전달하는 것이 아니라 유아가 과학적 방법을 습득하고 과학적 태도를 함양하도록 도와주는 데 초점을 둔다. 유아가 과학적 지식과 기술, 태도, 가치 등을 습득하도록 도와주는 것이다. 유아는 호기심이 많고 창의적이어서 수동적으로 과학지식을 습득하는 학습자가 아니라 능동적으로 세계를 탐구하는 과학자다. 따라서 교사는 유아의 특성을 고려하여 유아에게 무엇을 어떻게 가르칠 것인가를 고민하고 효과적인 교수−학습 방법을 지속해서 개발하고 적용해야 한다. 이를 위해 유아교사에게 우선으로 과학의 본성을 이해하고 자신이 가진 과학에 대한 편견과 두려움을 극복하는 것이 요구된다. 많은 유아교사가 과학을 자신과 상관없거나 자신이 과학을 모른다고 생각하면서 과학교육을 시행하는 데 소극적이기 때문이다. 그러므로 교사가 유아에게 과학을 가르치려면 과학의 본성을 이해하고 과학에 대한 자신의 관점을 확립하는 것이 무엇보다 중요하다.

1) 과학의 정의

과학(science)은 세계를 탐구하는 인간의 인식 활동과 그 산물로서의 체계적 지식을 일컫는다. 과학은 원래 인간이 생활하면서 자연을 변화시켜 생산하고 실험하고 조사하는 과정을 통해 발전된 것으로, 그 과정에서 얻은 지식을 분석하여 개념과 가설을 만들고 검증을 통해 인과 관계가 규명된 것이다. 즉, 과학은 자연현상에만 국한되지 않고 인간의 실천적 활동에서 제기되는 다양한 과제를 이론적으로 해결하기 위한 것이다. 이처럼 과학은 자연의 합법칙성과 인간 활동이 모여 만들어지는 사회변화를 포함하므로 고정불변하지 않고 끊임없이 변화하며 발전하는 속성을 지닌다. 영원히 변하지 않는 과학지식은 없으며, 새로운 발견과 반증으로 과학지식은 언제든지 바뀔 수 있다. 그러므로 과학은 일상생활에서 제기되는 문제를 해결하기 위해 세계를 이해하고 활용하는 탐구과정과 그 과정을 통해 축적된 지식을 의미한다. 과학은 자연과학과 사회과학 등으로 구분되며, 일정한 단계에 따라 기본법칙에 근거하여 연관된 여러 현상을 통일적으로 설명하는 이론 체계를 포함한다. 좁은 범위에서 과학은 보통 실험을 통해 획득한 자연세계에 대한 지식을 의미한다.

과학은 우선으로 경험적 사실에 바탕을 두어야 한다(권재술 외, 2013). 다시 말해, 과학은 경험적 사실 이전의 어떤 전제도 허용하지 않는다. 예를 들어, 신이라는 절대적 전제에 바탕을 둔 종교적 행위는 경험적 사실에 근거하지 않으므로 과학이라고 할 수 없다. 반면에 물리학이나 화학처럼 자연현상을 다루는 것과 심리학이나 정치학과 같이 사회현상을 다루는 것은 경험적 사실에 바탕을 두므로 과학이다. 다음으로 과학은 논리적 체계를 가지고 있어야 한다(권재술 외, 2013). 즉, 판단이 상호 모순되지 않으며 일관되게 근거 있는 체계를 가지는 것이 과학이다. 경험적 사실에 기초할지라도 논리적 체계를 갖추지 않으면 과학이라고 할 수 없다. 이를테면, 인류가 오랜 세월 동안 경험을 통해 터득한 민간요법은 손쉽게 구할 수 있는 동·식물을 이용하여 누구나 이용할 수 있는 간단한 방법이라는 점 때문에 많이 사용된다. 그러나 아무리 많은 사람이 이용하는 민간요법이라도 그것이 논리적 체계를 갖추지 않으면 과학이라고 할 수 없다.

  과학은 유아의 주변에 언제나 존재하며, 유아는 일상생활을 통해 사물을 탐구하면서 과학지식을 쌓고 있다. 유아가 일상생활 속에서 경험하는 모든 것이 과학이며, 그러한 경험을 통해 제기되는 문제에 관심을 두고 해결하면서 과학지식을 습득한다. 가령 유아는 아침에 일어나 기지개를 켜면서 하루를 시작하는데, 이러한 동작은 밤새 굳어진 근육을 풀어 주고 혈관을 자극하여 혈액순환을 도와준다. 잠자리에서 일어난 후 밤새 증식한 세균을 없애기 위해 입안을 헹구고, 원활한 장 활동을 위해 물 한 잔을 마시고, 화장실에 가서 자는 동안 쌓인 노폐물을 배설한다. 그다음 뇌 활동을 촉진하고 활기찬 하루를 보내기 위해 밥을 먹는다. 이렇듯 매일 아침 반복되는 소소한 행위 하나하나에도 과학적 원리가 적용되므로 유아는 일상생활에서 과학을 경험하고 과학지식을 쌓고 있다. 과학은 실험실에만 존재하거나 과학자의 전유물이 아니라 유아의 일상인 것이다. 따라서 유아는 일상생활에서 흔히 접하는 다양한 사물과 사건 속에서 제기되는 문제에 의문을 품고 호기심을 탐구하면서 과학지식을 습득하게 된다.

2) 과학의 구성요소

(1) 과학지식

  과학지식(scientific knowledge)은 세계를 탐구하는 과정에서 얻게 되는 산물로, 자연세계와 사회세계의 규칙성과 관계성의 발견에 초점을 둔 지식이다. 과학지식은 보통 자연현상의 원리와 법칙을 찾는 과정에서 얻어지는 지식을 의미하며, 과학교육의 목적과 목표, 내용, 교수–학습 방법 등을 결정하는 기준이 된다. 과학지식을 통해 자연현상을 설명할 수 있으며, 과학지식에서 각각의 탐구 영역은 독자적인 지식을 형성한다. 자연과학의 대표적 영역으로 물리학, 화학, 생물학, 지구과학 등이 있으며, 각 학문 영역은 하나의 독자적인 지식 체계다. 지식 체계로서 물리학은 물질 사이의 상호작용에 관한 연구 결과이며, 화학은 세상을 구성하는 물질의 성질과 변화에 관한 학문이다. 생물학은 다양한 생명체의 구조와 기능, 생명현상 등을 설명하는 학문이며, 지구과학은 지구와 지구를 포함한 행성 간 공간에 대한 지식 체계라고 할 수 있다. 각 학문은 독자성을 가지고 있지만, 자연세계를 연구할 때 학문 간 경계를 명확히 구분하기 어렵다. 따라서 현대에는 학제 간 연구가 활발히 이루어지고 있으며, 이러한 작업을 통해 간학문 영역에 대한 지식 체계가 형성되고 있다.

과학지식은 학문 영역과 상관없이 사실, 개념, 법칙, 원리, 가설, 이론, 모형 등으로 구성되며, 각각은 특정한 의미가 있고 나름의 구실을 하면서 상호 연관되어 있다(권용주, 남정희, 이기영, 이효녕, 최경희, 2013). 사실은 실제로 일어난 일을 가리키는 것으로, 자연에 존재하는 실체나 현상 자체가 아니라 직접 관찰할 수 있고 언제든지 증명될 수 있는 것이다. 개념은 특정의 사물이나 사건으로부터 공통된 속성을 추상화한 것이며, 사실에 나타난 관계와 양상을 진술함으로써 사실에 의미를 부여한 것이다. 법칙은 개념 간의 본질적 · 불변적 관계를 진술한 것으로, 사실에 나타난 반복적 규칙성을 일반화한 것이다. 원리는 관찰된 현상을 지배하는 절대적 진리로, 새로운 증거에 의해 기각되거나 부정되지 않는다. 가설은 아직 검증되지 않은 잠정적 결론이며, 이론은 법칙과 원리에 근거하여 관찰된 현상을 설명하기 위한 분석 체계다. 모형은 추상적이고 복잡한 이론을 비교적 친밀하고 단순하게 기술하기 위해 구체적 사물이나 현상을 이용해 표현한 것이다.

과학지식은 시간이 지남에 따라 새로운 증거나 발견으로 변하기 때문에 잠정적이고 일시적이다. 즉, 과학지식은 절대적 진리가 아니라 끊임없이 변화하고 수정되면서 발전하는 것이다. 예를 들어, 천동설은 고대의 대표적 우주관으로 천오백 년 이상을 지배하였으나 새롭게 관측되는 현상을 설명하지 못하여 지동설로 대체되었다. 오랫동안 태양계 행성으로 알려졌던 명왕성은 태양 주위를 돌고 구형인 천체지만, 공전 구역 안에서 지배적 역할을 하지 못하여 결국 2006년에 태양계에서 제외되었다. 또한 과학지식은 탐구과정과 분리될 수 없으므로 탐구과정을 통해 습득되지 않는 과학지식은 왜곡되거나 편견에 치우칠 수 있다. 인간이 자신의 가치와 경험에 의존하여 사실을 다르게 받아들이면서 과학의 본성에 대한 이해를 왜곡시킬 수 있는 것이다. 그러므로 인간은 항상 탐구과정 속에서 과학지식을 습득할 수 있어야 한다. 특히 유아는 구체적 경험을 통해 지식을 습득하기 때문에 유아에게

탐구과정에 참여할 기회를 다양하게 제공하는 것이 필요하다.

(2) 과학적 방법

　과학적 방법(scientific method)은 과학지식을 얻는 과정으로, 귀납적 또는 연역적으로 사고하고 가설을 검증하기 위해 정보를 모으고 조직하고 해석하는 등의 모든 과정을 말한다. 즉, 과학적 방법은 현상의 원리를 밝히기 위해 문제를 찾아내고 관찰하고 가설을 설정하고 자료를 수집하고 실험을 수행하고 결론을 도출하고 일반화하는 일련의 과정이다. 가령 낮에 멀쩡하던 마당의 꽃이 다음 날 아침에 짓밟혀 있는 현상이 반복된다면 밤마다 무슨 일이 일어나고 어떤 동물이나 누군가가 이런 일을 저지른다는 가설을 설정할 수 있다. 가설을 검증하기 위해 가족끼리 돌아가면서 불침번을 서고, 이를 통해 매일 밤 야생고양이가 와서 꽃을 짓밟는 것을 확인할 수 있다. 이후 야생고양이로 인한 피해를 줄이기 위해 고양이 덫을 놓는 등의 방책을 마련할 수 있다. 이렇게 문제를 해결하기 위해 가설을 세우고, 관찰과 측정을 통해 자료를 수집하고, 수집된 자료를 분석하여 규칙성을 발견하고, 그것을 일반화하는 모든 과정이 과학적 방법이다.

과학적 방법을 통해 획득된 지식이 학문적으로 인정받으려면 여러 번 반복해서 실험해도 같은 결과가 도출되는 등의 검증과정을 거쳐야 한다. 특히 과학은 원인이 결과를 필연적으로 발생시킨다는 인과율이 적용되므로(권용주 외, 2013) 일반화로 그치는 것이 아니라 왜 그러한 문제가 발생하는지에 대한 의문을 제기하고 이를 설명해야 한다. 야생고양이가 왜 꽃을 짓밟았는지에 대한 의문을 제기하고, 이에 대한 가설을 설정하고 실험을 통해 가설을 검증할 수 있다. 이처럼 과학적 방법은 관찰과 비교, 분류, 측정, 추론, 예측, 실험 등을 포함하는 정신적·신체적 활동으로, 현상의 원리에 대한 체계적 지식을 세우는 과정이다. 유아는 과학적 방법을 사용하여 현재 자신이 알고 있는 지식에 의문을 제기하고 새로운 아이디어를 받아들이거나 기존 지식과 새로운 아이디어를 혼합하여 복잡한 아이디어를 개발하게 된다. 더나아가 과학적 방법을 사용함으로써 유아의 어휘 변별력과 이해력이 발달하고, 결과적으로 유아는 학습능력을 향상하게 된다.

(3) 과학 태도

태도(attitude)는 자연적 또는 사회적 환경 속에서 특수한 대상에 대한 개인의 인지적 · 정서적 · 행동적 지향을 일컫는다. 태도는 사람이나 사물, 사건 등에 대해 호불호를 표현하는 것으로, 사람이나 사물, 사건, 행동, 생각 등을 긍정적 또는 부정적으로 평가하려는 속성을 포함한다. 태도는 개인과 환경 사이의 지속적 관계를 통해 후천적으로 학습되는 것으로, 개인은 과거부터 현재까지의 다양한 경험이나 타인과의 상호작용, 대중매체 등을 통해 태도를 형성한다. 예를 들어, 유아는 부모나 교사와의 지속적 상호작용을 통해 태도를 형성하며, 그 결과 사물이나 사건, 행동 등의 우선순위를 정하거나 선호도에서 개인차가 발생한다. 과학에서 태도가 중요한 이유는 세계에 관한 관심이나 호기심을 유발할 수 있는 동기와 연관되기 때문이다. 과학에 대한 긍정적 태도를 지닐 때 사물이나 사건, 현상 등에 호기심을 가지고 환경과 적극적으로 상호작용함으로써 과학지식을 터득할 수 있다.

과학 태도는 과학에 대한 태도(attitudes towards science)와 과학적 태도(scientific attitudes)로 구분된다. 과학에 대한 태도는 과학이나 과학 관련 직업, 과학자 등 과학과 관련된 구체적 대상에 대한 정서적 · 인지적 · 행동적 반응으로, 과학을 좋아하거나 싫어하는 태도, 과학을 가치 있게 여기거나 무가치하게 여기는 태도, 과학을 지지하거나 업신여기는 태도 등으로 나타난다. 과학적 태도는 과학적으로 사고하고 처리하고 생활하려는 성향으로, 자연세계나 일상생활에서 나타나는 문제를 과학적으로 접근하여 해결하려는 경향을 말한다. 즉, 과학적 태도는 과학적 절차나 방법에 따라 합리적으로 문제를 해결하고 객관적으로 판단하려는 경향이다. 과학에 대한 태도는 정의적 요소를, 과학적 태도는 인지적 요소를 강조하지만, 명백히 분리하기 어렵다. 과학에 대한 긍정적 태도는 학습동기를 자극하여 과학 활동 참여나 과학 관련 프로그램 시청 등을 유도함으로써 과학적 태도 형성에 영향을 미치기 때문이다.

결국 과학 태도는 유아가 과학을 경험하고 학습하는 과정과 결과에 영향을 미치게 된다. 긍정적 과학 태도는 앎에 대한 강한 열망, 사물에 대한 궁금증과 탐색하려는 의지, 문제를 해결하려는 욕구 등으로 나타난다. 이러한 욕구나 열망은 과학 활

동에 대한 적극적 참여로 나타나며, 축적된 과학지식은 일상생활에서 제기되는 다양한 문제를 과학적으로 해결하는 데 도움을 준다. 과학 태도가 긍정적일수록 사물이나 사건, 현상 등에 더 많은 궁금증을 가지고 더 많이 질문하면서 환경과 적극적으로 상호작용하므로 유아는 더 많은 과학지식을 습득하고 적용하여 더 효과적으로 문제를 해결할 수 있다. 더 나아가 유아는 과학의 유용성을 깨닫고 과학과 과학의 중요성에 대해 가치를 부여함으로써 삶의 질을 향상하는 데 과학적 지식과 기술을 능동적으로 이용할 수 있다. 유아는 대체로 긍정적 과학 태도를 지니고 있으나 시간이 지남에 따라 변화하는 만큼 교사는 유아의 긍정적 과학 태도를 지속해서 발전시키는 것이 중요하다.

(4) 과학자

과학자(scientist)는 연구를 통해 과학지식을 탐구하는 사람으로, 과학의 핵심적 구성요소로서 과학의 본성에 대한 논의에서 빠지지 않는 주제다(조희형, 김희경, 윤희숙, 이기영, 2014). 전통적 의미의 과학자는 풍부한 과학지식과 자연에 대한 순수한 호기심을 가지고 끊임없이 과학지식을 갈망하며 스스로 자연을 탐구하는 사람이다. 그러나 현대적 의미의 과학자는 사회구성원으로서 연구 윤리에 따라 연구 활동을 수행하며, 연구 결과에 대한 책임을 지는 사람이다(권용주 외, 2013). 현대 사회는 과학자의 연구 성과가 여러 형태로 사회 전체에 영향을 미치기 때문에 과학자는 자신의 연구가 지닌 사회적 의미를 이해하고 연구 결과가 사회에 미치는 영향에 대한 책임을 져야 한다.

과학자는 연구자로서, 직업인으로서, 사회인으로서 자신의 임무를 수행해야 하며, 이에 필요한 자질과 능력이 요구된다(조희형 외, 2014). 먼저 연구자로서 과학자는 과학적 연구를 수행하고, 그 연구의 결과를 학술대회나 학술지에 발표하고, 새로운 연구 과제를 끊임없이 발굴하며, 다른 과학자와 함께 연구를 수행한다. 직업인으로서 과학자는 과학적 활동을 수행하고, 그에 대한 적절한 보상을 받는다. 이를테면, 법칙이나 이론과 같은 과학적 연구의 결과물에 자신의 이름이 붙는 보상을 받거나 연구 업적에 따른 성과급을 받는다. 사회인으로서 과학자는 전문적 식견을 가지고 사회문제에 대해 발언하며, 사회가 요구하는 과학기술 개발에 참여한다.

특히 현대 사회에서 과학자의 사회적 책임이 강조되면서 연구 윤리(research ethics)가 중요하게 논의되고 있다. 연구 윤리는 과학자가 과학적 연구를 수행하는 과정에서 반드시 지켜야 하는 윤리로, 연구 대상자나 연구 참여자에게 피해가 가지 않도록 하고 위조나 날조, 표절과 같은 연구 부정행위를 저지르지 않는 것이다. 더 나아가 연구 윤리는 연구의 주제, 내용, 결과 등이 사회에 미칠 영향을 고려하는 것까지 포함한다. 가령 우생학은 인류를 유전적으로 개량하려는 학문이지만, 독일의 히틀러에게는 아리아인의 순수 혈통을 건전하게 유지하기 위한 인종 정책의 근거가 되면서 사회적 소수자와 유대인이 학살되는 결과를 초래하였다.

이처럼 현대 사회에서 과학자의 사회적 책임이 강조되고 있지만, 과학자는 여전히 실험실에서 하얀 가운을 입고 두꺼운 안경을 쓰며 덥수룩한 머리를 가진 사람으로 그려진다. 과학자 그리기 검사(Drawing-a-Scientist Test)를 시행한 여러 연구(김정화, 조부경, 2002; 김화진, 2002)에서 나타난 유아의 과학자에 대한 이미지는 실험도구가 갖추어진 실험실에서 연구하는 중년의 남자다. 과학자의 성별과 나이 등에

대한 유아의 고정관념은 남아보다 여아에게 더 강하게 나타나고 나이가 증가할수록 심해지는 것으로 나타난다. 여아는 과학자를 남자의 직업으로 간주하면서 나이가 증가할수록 과학자에 대한 선호도가 낮아지는 것으로 나타난다. 유아의 과학자에 대한 고정관념은 과학에 대한 부정적 태도로 연결될 수 있으므로 유아에게 다양한 과학자의 모습을 경험할 기회를 제공하는 것이 필요하다.

2. 현대 과학과 사회

인류가 지구상에 출현한 이래 과학은 지속해서 발전하여 인간의 삶에 깊은 영향을 미치고 있다. 태어나면서부터 죽을 때까지 과학을 벗어나 사는 것은 불가능하며, 과학과 무관한 삶을 상상할 수도 없는 것이다. 살기 위해 먹어야 하고, 먹은 것을 소화해야 하며, 활동으로 쌓인 노폐물을 배설하기 위해 화장실을 가야 한다. 매끼 무엇을 먹을지 생각하고, 날씨에 따라 무엇을 입을지 고민하며, 잠을 잘 자기 위해 어떤 침구류를 사용할지 신경 써야 한다. 특히 날씨에 민감한 농부나 어부는 시시각각 변화하는 날씨에 잠시라도 마음을 놓지 못하고 항상 예의주시하며 시설 점검과 농작물 관리에 온 힘을 다한다. 최근에는 심각한 기후변화로 기상이변이 속출하고 생태계가 파괴되면서 날씨가 인간의 삶에 미치는 영향이 점점 더 커지는 상황이다. 이렇듯 현대인은 너무 바빠 하루하루를 어떻게 사는지 의식하지 못해도 생존에 필요한 가장 기본적인 문제를 해결하기 위해 과학지식을 활용하고 있다. 그러나 많은 사람은 자신의 삶이 과학과 연관되어 있음을 간과하고, 과학을 과학자의 연구 영역으로만 생각하여 애써 외면하고 있다. 그러므로 과학이 무엇인지를 이해하려면 과학이 인간의 삶에 미치는 영향을 여러모로 살펴보는 것이 요구된다.

1) 과학이 인간의 삶에 미친 긍정적 영향

과학이 인간의 삶에 미친 첫 번째 긍정적 영향은 교통(traffic)의 발달이다. 걸어서 다니던 인류가 수레나 마차, 뗏목 등과 같은 자연과 동물의 힘을 이용한 교통수단을 쓰면서 삶이 크게 변화한 것이다. 특히 수레의 등장으로 이동 시간이 줄어들고 지역 간 교류가 활발해지면서 인류는 거리를 극복할 수 있게 되었다. 수레의 원활한 이용을 위해 도로가 닦이고 다리가 놓이면서 도시의 발달이 촉진되었다. 수레는 축에 있는 둥근 바퀴와 축의 회전운동으로 움직이는 교통수단으로, 전차와 열차, 자동차 등으로 다양하게 응용되어 발전하면서 전쟁 확대나 거대 국가 탄생의 자극제로 작용하였다. 증기의 열에너지를 이용한 증기기관은 기차와 증기선에 활용되어 교통혁명을 일으켰으며, 오늘날 자동차와 항공기가 실용화되면서 다른 나라를 여행하거나 다른 나라에 물건을 사고파는 일이 쉽게 이루어지고 있다. 최근 국가 간 이주가 활발해지면서 다양한 문화가 공존하고 문화 다양성으로 삶의 질이 풍부해지는 것도 교통이 발달한 덕분이다.

두 번째 긍정적 영향은 통신(communication)의 발달이다. 통신은 한 지점에서 다른 지점으로 신호를 보내는 것으로, 정보를 전달하는 수단이나 방법에 따라 사람, 봉화나 수기, 우편, 전기나 전자기적 신호 등의 순으로 발전하였다. 특히 모든 정보를 전류나 전기장으로 바꾸어 전달하는 전기통신이 19세기에 등장한 이후, 신속한 정보교환이 가능해지면서 지구촌이 하나로 연결되어 활발하게 교류하고 있다. 언제 어디서나 데이터, 그림, 영상 등 모든 유형의 정보가 전달되고, 원한다면 언제든지 다른 사람과 통화가 가능해지면서 신속하게 정보를 주고받으려는 인간의 욕구가 충족되고 있다. 최근에는 인터넷이 광범위하게 이용되면서 재택근무나 원격진료, 원격강의 등이 활발하게 이루어지고 있으며, 온라인을 통한 상품거래와 정보전달, 사회관계망 구축 등이 일반화되고 있다. 이는 누구나 쉽게 정보에 접근하고 활용할 수 있다는 것으로, 통신의 발달로 인해 삶이 편리해졌을 뿐만 아니라 정보의 대중화가 이루어졌음을 의미한다.

세 번째 긍정적 영향은 도시(city)의 발달이다. 도시는 사회적 · 정치적 · 경제적 활동의 중심이 되는 장소로, 생활물자가 안정적으로 공급되고 후생, 문화, 체육 시설 등이 정비된 곳이다. 현대인은 도시의 다양한 시설을 이용함으로써 물질적 · 정신적 욕구를 충족시킬 뿐만 아니라 다양한 일자리를 통해 자기 적성과 능력을 마음껏 발휘할 기회를 얻기도 한다. 오늘날의 도시는 산업혁명 이후 공업제품의 대량생산과 대량거래, 대량수송으로 성장하였다. 구체적으로 18세기 증기기관의 발명으로 증기 동력을 이용하여 대량의 동력(power)을 쉽게 얻음으로써 산업혁명이 급속히 진척되었으며, 열에너지를 역학적 에너지로 바꾸는 내연기관, 전력, 원자력 등의 순으로 동력이 발전하였다. 이러한 동력의 발전으로 공장공업을 통한 물건의 대량생산이 가능해지면서 인구가 집중되고 다양한 시설과 제도가 마련되어 도시의 발달이 이루어졌다. 결국 과학의 발전으로 도시가 발달하면서 현대인은 삶의 다채로움을 즐기고 있다.

네 번째 긍정적 영향은 수명(lifespan)의 발달이다. 물리학과 화학의 성과 가운데 많은 부분이 의학의 발달에 이바지함으로써 인간 수명이 연장되고 있다. 예를 들어, 온도에 따른 부피 변화를 이용한 체온계는 필수적인 의료기구가 되었으며, 뢴트겐(Wilhelm Conrad Roentgen)이 1895년에 발견한 X선은 형광 작용, 전리 작용, 사진 작용이 있는 전자파로서 의학적 진단에 널리 쓰이고 있다. 초음파나 컴퓨터단층촬영(Computed Tomography: CT), 자기공명영상법(Magnetic Resonance Imaging: MRI) 등이 질병을 진단하고 치료하는 데 이용되어 신속하고 정확한 진단과 치료가 가능해지고 있다. 이러한 전자기계 덕분에 조기발견을 통한 병의 치유가 가능해지고 유전자 분석을 통한 사전 예방으로 진화하여 건강수명이 강조되고 있다. 이처럼 인체의 구조와 기능, 질병의 원인과 치료 등이 과학적으로 논의되면서 인간의 수명이 발달하고 있다. 더불어 약품 개발과 품종 개량을 위해 유전자를 조작하는 유전공학이나 유전의 본질과 메커니즘을 설명하는 분자생물학 등이 멘델의 유전법칙으로 시작된 유전학으로부터 발전하고 있다.

이 외에도 과학이 인간의 삶에 미친 긍정적 영향으로 인공지능(artificial intelligence)의 발달을 들 수 있다. 인공지능은 컴퓨터로 구현한 지능으로, 인간의 학습능력과 추론능력, 지각능력 등을 컴퓨터 프로그램으로 실현한 것이다. 즉, 인간의 지능적 행동을 모방하여 컴퓨터가 인간의 지능으로 가능한 사고나 학습 등을 할 수 있게 만든 것이 인공지능이다. 인공지능은 그 자체로 존재하지 않고 과학의 여러 분야와

직·간접적으로 연관되어 있으며, 역으로 정보기술의 여러 분야에서 인공지능의 요소를 도입하여 그 분야의 문제해결에 활발하게 이용하고 있다. 컴퓨터가 의사의 진단이나 광물의 매장량 평가와 같은 전문적 작업을 하고, 사람이 자동번역과 같은 시스템을 통해 컴퓨터와 대화하며 정보를 교환하는 것이 그 예다. 또한 컴퓨터가 카메라에 잡힌 영상을 분석하여 그것이 무엇인지를 밝히거나 사람의 목소리를 듣고 그것을 문장으로 변환하는 일을 수행한다. 인공지능은 인간을 대신해 위험한 일을 수행하거나 질병 치료와 재난 구조 등에 효과적으로 사용될 수 있다.

2) 과학이 인간의 삶에 미친 부정적 영향

과학이 인간의 삶에 미친 부정적 영향은 무엇보다도 생태계 파괴가 심각하다는 점이다. 생태계는 생물이 살아가는 세계로, 비생물 요소인 물, 흙, 공기, 빛 등과 생물 요소인 동물, 식물, 미생물 등으로 구성된다. 이러한 구성요소는 에너지 흐름과 영양분의 순환으로 연결되어 서로 영향을 주고받으며 안정된 상태를 유지한다. 그러나 인간이 식량을 효율적으로 생산하기 위해 농약이나 화학비료를 사용하면서 동·식물이 죽거나 내성을 가진 생물이 출현하고, 더 강한 농약의 사용으로 더욱더 생물의 독성이 강해지는 악순환이 반복되어 생태계가 교란되고 있다(가마타 히로키, 2010). 유해 화학물질이 동·식물에 축적되고, 그것을 다른 생물이 먹음으로써 다시 농축되고, 최후에는 먹이사슬의 정점에 있는 인간이 섭취하면서 인간의 건강이 위협받고 있다. 유전자 변형을 통해 생산된 생물체가 생태계에 유입되면서 개체수의 변화가 생기고, 생태계의 균형이 깨지고, 종의 다양성이 떨어지는 등 생태계가 파괴되고 있다. 생활의 편리와 다양한 욕구 충족을 위해 인간이 만드는 각종 빌딩이나 공장, 도로, 댐, 운하 역시 생태계 파괴의 원인으로 작용한다. 결국 생태계의 균형을 고려하지 않는 과학의 발전은 종의 다양성을 감소시킴으로써 점점 생명체가 지구에서 살 수 없는 상황을 만들고 있다.

다음으로 과학이 인간의 삶에 미친 부정적 영향은 지구온난화가 가속된다는 점이다. 지구온난화는 지구 표면의 온도가 상승하는 현상으로, 해수면 상승과 이상기후, 생태계 변화 등의 문제를 포함한다. 세계기상기구(WMO)와 국제연합환경계획(UNEP)이 공동으로 설립한 IPCC(Intergovernmental Panel on Climate Change)는 2001년 발표한 보고서에서 지구온난화의 주범이 인간에 의한 공해 물질임을 천명하였다. 산업혁명 이후 화석연료의 사용이 급증한 이래, 자동차 배기가스와 유류저장 탱크의 증발 가스, 공장의 배출가스 등 인간의 활동으로 발생하는 각종 온실가스가 지구온난화의 주범인 것이다. 그 결과 북극곰이나 펭귄과 같은 동·식물의 멸종, 가뭄이나 태풍과 같은 심각한 자연재해, 해수면 상승으로 인한 침수지역 증가 등 여러 가지 문제가 발생하고 있다. 또한 온대기후 지역이 점차 아열대기후 지역으로 변하고 있으며, 건조기후 지역이 늘어나고 툰드라기후 지역이 줄어드는 추세다. 툰드라지대의 영구동토층이 녹으면서 얼음 속에 갇혀 있던 메탄가스가 대량으로 분출되고, 결과적으로 지구온난화가 더욱 가속되는 악순환이 나타나고 있다. 더군다나 얼음 속에 갇혀 있던 미생물이나 바이러스 등으로 인해 현존하는 생물체가 접해본 적이 없는 미지의 병원성 미생물이나 바이러스가 퍼질 수 있다는 문제가 제기된다.

지구온난화와 더불어 기후변화의 심각성도 급증하는 추세다. 기후변화는 장기간에 걸친 기후의 변동으로, 지구의 평균 기온이 변화하는 현상이다. 한반도는 국지성 집중호우나 이상기온 현상과 같은 기후변화의 영향이 기상, 환경, 생태계, 수자원 등에서 광범위하게 나타나고, 해마다 막대한 인명과 재산 피해가 발생하고 있다(Sterman & Sweeney, 2002). 기상청은 21세기 후반기(2071~2100년)에 한반도의 연평균 기온 상승 폭이 전 지구의 기온 상승 폭보다 약 1.4배 크고, 동아시아의 상승 폭과 비교해도 1.5배 더 클 것으로 전망한다(기상청, 2018). 따라서 미래 한반도의 극한 상황을 예방하려면 기후변화에 적극적으로 대응하는 것이 필요하다. 기후변화는 여러 가지 요인으로 발생하는데, 예컨대 대기로 방출되는 온실가스, 화산 활동으로 분출되는 화산재와 화산가스, 반사도 변화를 일으킬 수 있는 빙하 면적의 축소, 수륙 분포나 식생 분포의 변화, 태양 활동 등이 기후변화의 요인이다. 이 중에서도 온실가스의 인위적 배출과 농도 상승이 주원인으로 작용하며, 특히 화석연료의 연소로 발생하는 이산화탄소의 증가가 기후변화의 가장 큰 요인이다(IPCC, 2014). 그러므로 기후변화를 둔화시키려면 화석연료를 사용하는 주체인 인간 스스로 기후변화의 가장 큰 요인인 이산화탄소의 양을 줄이는 것이 우선이다.

　마지막으로 과학이 인간의 삶에 미친 부정적 영향은 전쟁의 위험이 크다는 점이다. 전쟁은 무력으로 상대방에게 자기 의지를 강제하려는 행위로, 과학이 발전함에 따라 그 규모와 피해 정도가 가공할 수준으로 나타나는 상황이다. 특히 대량파괴무기가 사용됨으로써 짧은 시간 안에 대량의 인명이 살상되는 비극이 연출되고 있다. 대량파괴무기는 생물, 화학, 핵, 방사능의 네 종류가 있으며, 미국이 1945년 8월 일본의 히로시마와 나가사키에 세계 최초의 원자폭탄을 투하한 이후 탄저균, 독가스, 수소폭탄, 중성자탄 등이 사용되고 있다. 일본의 히로시마와 나가사키에 투하된 원자폭탄은 전쟁터가 아닌 민간인이 거주하는 도시에 투하됨으로써 도시를 폐허로 만들었으며 수만 명의 시민을 몰살시켰다(홍성욱, 2008). 베트남 전쟁에서는 네이팜탄과 같은 대량파괴무기가 투하되고, 고엽제와 같은 화학 무기가 사용되었다. 고엽제에 포함된 다이옥신은 분해되지 않은 채 체내에 농축되어 25년이 지난 후에도 암을 유발하거나 신경계의 손상을 일으키고 유전되어 2세에게도 손해를 끼치는 물질이다. 대량파괴무기는 과학의 발전이 인간의 삶에 미치는 부정적 영향을 가장 극단적으로 보여 주는 것이다. 결국 과학의 발전으로 전쟁의 위험이 커지면서 인류가

멸망할 수 있다는 우려도 점점 더 커지는 상황이다.

3) 과학의 가치

　과학은 역사적·사회적·철학적으로 인간의 삶에 지대한 영향을 미치면서 끊임없이 발전하고 있다. 많은 과학자의 열정과 끈기가 과학의 발전에 이바지하였으며, 지금도 수많은 과학자가 풀리지 않는 많은 궁금증과 문제를 해결하기 위해 밤낮없이 연구하고 있다. 하지만 과학이 인간의 삶에 부정적 영향을 미치는 여러 가지 경우가 발생하면서 과학자의 연구보다 사회적 책임이 지속해서 강조되고 있다. 과학이 인간의 삶에 미치는 긍정적 영향이 지대함에도 과학의 발전으로 인한 여러 부작용 때문에 과학적 연구의 결과가 사회에 미치는 영향이 정치적·이념적 가치와 연관되어 끊임없이 논의되는 것이다.

　그러나 과학적 연구의 결과가 어떻게 이용되고 어떤 방향으로 발전할지를 예측하기는 쉽지 않다. 사회구조가 복잡해지면서 여러 가지 변수가 발생하고 전혀 예측하지 못한 문제가 갑자기 발생하기 때문이다. 따라서 과학자는 연구보다 연구로 인해 나타날 수 있는 다양한 부작용과 위험요소에 더 많은 주의를 기울이고 점검하는 것이 필요하다. 아울러 연구의 가치가 더는 사회적으로 인정받을 수 없다고 판단될 때는 과감히 연구를 중단하는 것이 요구된다. 연구가 돌이킬 수 없는 결과를 초래하여 인류 전체가 심각한 위험에 처할 수도 있기 때문이다.

결국 과학이 인간의 삶에 긍정적 영향뿐만 아니라 부정적 영향을 미치므로 과학의 가치에 대한 논의는 끊임없이 이루어져야 하며, 이에 근거하여 과학적 연구가 진행되어야 한다. 과학이 인간의 삶에 미치는 긍정적 영향이 극대화되고 부정적 영향이 최소화될 수 있도록 과학적 연구가 진행되어야 한다. 따라서 지구상의 모든 사람은 과학적 연구에 대한 감시와 점검을 게을리해서는 안 된다. 과학이 인류의 발전뿐만 아니라 지구 생명체 모두의 보존에 이바지함으로써 가치 있는 것이 되느냐 마느냐는 단지 과학자의 몫이 아니라 지구에 사는 모두의 책임이다.

제**2**장
과학과 과학교육에 대한 태도

1. 과학 관련 경험

　과학은 일상생활 속에 존재하므로 어떠한 환경 속에서 어떤 과학 관련 경험을 하는지에 따라 이후의 태도와 관점이 많이 달라진다는 특징이 있다. 즉, 누구를 만나고 무엇을 보고 어디를 가느냐에 따라 지식의 내용과 관점이 달라지고, 결과적으로 과학에 대한 태도에서 차이가 발생한다. 시골에서 자란 사람은 산이나 들로 다니며 여러 자연물을 쉽게 접할 수 있었기 때문에 식물과 동물에 대해 매우 친숙함을 느끼고, 이러한 느낌을 다른 사람과 공유하고자 하는 욕구가 크게 나타난다. 반면에 도시에서 자란 사람 대부분은 자연과 접할 기회가 적었기 때문에 동·식물에 대한 낯섦과 심지어 혐오감을 표현하기도 한다. 과학관이나 박물관을 자주 갔던 사람은 다양한 체험 활동을 통해 여러 가지 자연현상을 접하고 과학지식을 습득하면서 과학에 대한 긍정적 태도를 기를 수 있지만, 그렇지 않은 사람은 과학지식을 습득할 기회를 얻지 못함으로써 실험이나 기구에 대한 두려움을 느끼는 등 과학에 대한 부정적 태도를 지닐 수 있다. 결국 사람은 과학과 관련하여 어떤 경험을 했는지에 따라 과학에 대한 태도가 긍정적 또는 부정적일 수 있으며, 이러한 태도는 평생 일상생활의 다양한 경험에 많은 영향을 미치게 된다.

1) 영유아기의 과학 관련 경험

영유아기는 초등학교 입학 이전의 시기로, 영유아는 제한된 사회생활을 경험하기 때문에 부모나 형제자매와 같이 가까운 관계에 있는 사람의 영향을 많이 받는다. 가족구성원 중에 과학을 좋아하는 사람이 있으면 영유아는 과학 관련 책이나 만화책, 잡지, 영화, 다큐멘터리, 신문기사 등을 접할 기회가 많고, 가족구성원 간 대화의 주제로 과학지식이나 정보에 관한 것이 많이 거론될 수 있다. 과학을 좋아하는 사람은 풍부한 과학지식을 가지고 영유아의 물음에 즉각적으로 반응하며 영유아와 함께 전시회나 박물관, 천문대 등과 같이 과학 관련 기관을 자주 방문한다. 이러한 인적 환경에 노출된 영유아는 사물에 대한 궁금증을 즉각적으로 해결함으로써 호기심을 발달시킬 수 있고, 자신이 알고 있는 지식을 일상생활에 적용하면서 성취감을 맛볼 수 있다. 반면에 가족구성원 대부분이 과학에 무관심하거나 과학을 싫어하면 영유아는 자연현상에 관한 여러 가지 궁금증을 해결하기 어렵고 과학에 관한 관심과 호기심을 발전시킬 기회를 얻기 힘들다.

영유아는 인적 환경으로서 교사의 영향을 많이 받는다. 유아교육기관의 종일반에 다니는 영유아는 부모보다 더 많은 시간을 교사와 함께 보내기 때문에 교사가 영유아의 발달에 미치는 영향은 매우 크다. 초·중등 교육과정과 다르게 유아교육과정은 교과서 없이 진행되면서 교사의 교육과정에 대한 이해와 해석에 따라 수업의 내용과 질이 매우 달라진다는 특징이 있다(지현주, 2012). 게다가 놀이를 통한 배움에 초점을 둔 2019 개정 누리과정은 영유아의 흥미를 극대화하는 수업을 요구하므로 교사의 질이 더욱더 강조된다. 그래서 교사의 과학지식과 과학에 대한 태도가 영유아에게 미치는 영향이 지대하다. 가령 교사가 과학에 무관심하거나 과학을 가르치는 것에 부담을 느끼면 일주일에 한 번 정도 형식적인 과학 수업이 이루어지거나 다른 일정에 밀려 과학 수업이 전혀 이루어지지 않을 수 있다. 이럴 경우, 영유아는 과학적 탐구과정에 참여할 기회를 얻지 못함으로써 과학에 대한 호기심과 흥미를 잃고 과학에 대한 부정적 태도를 형성하게 된다.

물적 환경으로서 유아교육기관에 텃밭이 있거나 주변에 공원이 있으면 영유아는 자연물과 접할 기회를 많이 얻음으로써 과학에 대한 긍정적 태도를 형성할 수 있다. 영유아는 계절에 따라 바뀌는 나뭇잎의 모양이나 색깔을 관찰하고, 매미나 개미 같은 곤충을 살펴보고 책에서 본 모습과 비교하면서 구체적인 과학지식을 획득하기도 한다. 영유아는 흙이나 돌을 직접 만지고 놀면서 다양한 특성을 오감으로 체험하고, 날씨가 궂으면 밖에 나가지 못하는 경험을 통해 시시각각 변화하는 날씨에 민감하게 반응한다. 텃밭에서 직접 기른 채소를 수확하고 맛보면서 영유아는 성취감을 느끼기도 한다. 그러므로 가족구성원 중 과학을 좋아하는 사람이 있는지, 주변 환경이 자연물과 친숙한지, 과학 관련 책이나 잡지를 읽는지, 과학 관련 기관을 방문하는지 등에 따라 영유아기의 과학 관련 경험이 매우 다르게 나타난다. 영유아기에 어떠한 환경에서 무슨 경험을 하는지에 따라 영유아의 과학지식뿐만 아니라 과학에 대한 태도가 매우 달라지는 것이다.

2) 아동기의 과학 관련 경험

아동기는 초등학교 시기로, 초등학생은 영유아기와 다르게 학교생활을 통해 다양한 과학 관련 경험을 하게 된다. 과학의 달인 4월에 물로켓 만들기, 과학포스터 그리기, 과학글짓기와 같은 다양한 행사가 시행되며, 이러한 행사에 참여하면서 초등학생은 과학 관련 경험을 쌓는다. 또한 운동장에서 돋보기로 빛을 모아 종이를 태우거나 화분에 씨앗을 뿌리고 식물이 자라는 것을 관찰한 후 관찰일지를 작성한다. 유아교육기관과 다르게 다양한 과학 기구가 비치된 학교의 과학실에서 과학 수업이 이루어지는 경우가 많으므로 초등학생은 풍부한 과학적 탐구과정을 경험하게 된다. 초등학생은 소집단으로 과학 수업에 참여하여 역할을 분담하고 의견을 교환하면서 과학적 태도를 습득하게 된다. 초등학생은 과학 수업 외에 과학 관련 동아리나 봉사활동, 캠프 등에 참여하여 고무동력기나 글라이더를 만들고 별을 관측하기도 한다. 주말이나 방학에는 가족과 함께 시골로 놀러 가거나 주말농장에서 고구마나 감자를 캐면서 자연과 친숙해지기도 한다. 즉, 초등학생은 주로 과학 수업을 통해 교과서로 과학지식을 습득하고 실험을 수행하며 학교의 공식적 행사에 참여하는 식으로 과학 관련 경험을 쌓는다.

영유아가 인적·물적 환경에 따라 과학 관련 경험이 매우 다양하게 나타나는 것과 다르게 아동기는 교과서에 따라 과학 수업이 진행되면서 과학 관련 경험이 상당히 유사한 양상을 보인다. 또한 과학 과목에 대한 평가가 이루어지면서 초등학생은 평가의 결과에 민감하게 반응하고, 성적이 안 좋으면 과학 과목에 대한 흥미와 관심이 사라지기도 한다. 고학년으로 올라갈수록 과학 수업이 강의식으로 진행되는 경우가 많아지고 과학이 시험을 위해 외우는 과목이 되면서 초등학생은 과학에 대한 흥미를 잃고 과학을 재미없는 과목으로 생각하게 된다. 초등학생은 저학년 때 주로 자연현상을 관찰하고 기록하는 활동에 참여하므로 과학 과목을 가장 좋아하다가 고학년이 되면서 이해할 수 없는 개념이나 법칙을 외우고 단순히 확인만 하는 실험을 수행하면서 과학 과목을 꺼리는 경향이 있다(곽영순, 2011). 이처럼 아동기는 학교생활을 통해 대부분의 과학 관련 경험을 쌓으므로 교사가 과학 수업을 어

떻게 진행하느냐가 초등학생의 과학에 대한 태도에 가장 큰 영향을 미친다. 교사가 얼마나 다양한 과학 관련 행사와 활동을 마련하고 초등학생의 참여를 독려하느냐에 따라 초등학생의 과학에 대한 태도가 달라지는 것이다.

3) 청년기의 과학 관련 경험

청년기는 보통 중·고등학교와 대학교 시기로, 우리나라 중·고등학생의 과학 관련 경험은 대학입시와 밀접하게 연관된다. 중학교에서는 양파 껍질을 벗겨서 세포를 관찰하는 실험, 광물의 경도를 알기 위해 광물을 손톱, 못, 동전 등으로 긁어 보는 실험, 불꽃 반응 실험 등이 진행된다. 고등학교에서는 초파리의 돌연변이를 현미경으로 관찰하거나 중화반응이 일어나는 동안 나타나는 변화를 관찰하는 실험 등이 진행된다. 그러나 대부분 고등학교의 교육과정이 대학입시에 맞춰져 있어서 과학 실험이나 과학과 연관된 활동이 미미한 실정이다. 국어, 영어, 수학 등의 필수과목 위주로 학교 수업이 진행되면서 학교교육에서 여타 과목이 등한시되고 과학 역시 중요하지 않은 과목으로 취급되는 것이다.

과학 수업도 대학입시에 초점을 두므로 시험에 나올만한 내용이 주로 다뤄지며, 중·고등학생은 시험을 위해 원소기호나 화학식, 물리 법칙 등을 무조건 외우는 식으로 과학지식을 습득한다. 어떤 원리나 법칙이 어떠한 과정을 통해 발견되고 증명되는지를 탐구하지 못한 채 강압적이고 획일적인 분위기 속에서 과학 수업이 진행되고 있다. 이렇듯 과학 수업이 강의식, 주입식으로 진행되면서 과학은 암기 과목이 되고 중·고등학생은 과학적 사고와 경험을 확장할 기회를 얻지 못하는 상황이다. 더군다나 중·고등학생은 학교와 집, 학원 외의 다른 공간에서 보낼 시간이 턱없이 부족해서 학교의 과학 수업 외의 다른 과학 활동에 참여할 엄두를 내지 못하고 있다.

결국 초등학교 고학년부터 시작된 과학 과목에 대한 기피 현상이 가속화되면서 중·고등학생은 과학지식을 일상생활에 적용하지 못하고, 과학을 자기 삶과 관계없는 것으로 생각한다. 이러한 과학 과목에 대한 기피 현상은 대학교 때까지 지속되어 대학생은 학점을 채우기 위해 듣는 정도로 과학 관련 과목을 수강한다. 대학교 수업 역시 과학지식에 초점을 두고 강의식으로 진행되는 경우가 많아서 대학생은 다양한 교수-학습 방법을 경험하거나 과학에 대한 흥미나 호기심을 발전시킬 기회를 얻기 힘든 상황이다. 중·고등학교와 대학교 때의 과학 관련 경험은 과학에 대한 무관심과 두려움으로 나타나며, 이는 이후 교사로서 과학 수업을 시행할 때도 영향을 미친다. 교사로서 과학 수업에 대한 자신감이 부족하여 불안감을 느끼고, 이러한 불안감이 과학 수업을 꺼리는 것으로 나타나고 있다.

2. 과학과 과학교육에 대한 태도

교사가 살아오면서 어떠한 과학 관련 경험을 했는지는 과학에 대한 태도에 영향을 미치고, 이는 다시 과학교육에 대한 태도에 영향을 미치면서 실제 과학 수업의 내용과 방법에 많은 차이가 발생한다. 자연 속에서 과학을 자연스럽게 접했던 교사는 과학에 대한 흥미와 선호도가 높으므로 과학 수업도 주변의 사물과 현상에 관심을 가질 수 있도록 구성한다. 또한 친구들과 함께 재미있게 실험하면서 과학을 경험했던 교사는 유아에게 직접 참여할 수 있는 다양한 과학 활동을 제공한다. 반면에 과학을 어렵고 이해하기 힘든 것으로 경험했던 교사는 과학에 대한 흥미와 선호도가 낮아서 과학지식 전달에 치중한 과학 수업을 진행하게 된다. 과학을 자신의 삶과 상관없는 과학자의 몫으로 간주하므로 교사는 유아의 관심과 흥미를 유발하기 위한 과학 활동을 구성하기보다 형식적이고 재미없는 과학 수업을 진행하는 것이다. 이처럼 교사의 과학과 과학교육에 대한 태도는 실제 과학 수업의 내용과 방법에 많은 영향을 미치며, 유아교육기관에서 유아와 교사가 장시간 함께하는 유아교육의 특성상 일상생활을 통해 유아에게 영향을 미친다. 그래서 과학과 과학교육에 대한 부정적 태도는 유아교사가 과학교육을 어려워하는 이유 중 하나로 나타난다.

1) 과학교육을 어려워하는 이유

유아교사가 과학교육을 어려워하는 이유는 여러 가지인데, 그중에서도 교사의 과학지식 부족이 우선으로 언급된다(김정주, 김영실, 2004; 안부금, 2002; 유민임, 황해익, 2003; 윤선영, 박수미, 류혜숙, 2007; 한미라, 김은숙, 2006). 교사의 과학지식은 유아의 과학적 개념뿐만 아니라 유아와의 상호작용, 교수-학습 방법 등 과학교육 전반에 걸쳐 많은 영향을 미친다. 특히 교사의 과학지식은 유아의 과학적 개념 형성에 큰 영향을 미치는데(조명아, 윤은주, 2012), 예컨대 교사의 과학지식이 풍부할수록 유아와 적극적으로 상호작용함으로써 유아가 능동적으로 과학적 개념을 형성하도록 도와준다. 교사의 과학지식이 풍부할수록 유아에게 더 많은 정보를 제시하고 반응하며, 유아에게 추론하고 측정하고 비교할 수 있는 질문을 제공하면서 유아의 사고 확장에 이바지한다(정정희, 최효정, 이선정, 2007). 또한 과학지식의 수준이 높은 교사일수록 과학 활동에 대한 불안이 낮으므로 다양한 교수-학습 방법을 사용하여 유아가 긍정적 과학 관련 경험을 쌓도록 도와준다(조정화, 김경숙, 2013).

그러나 과학지식이 부족한 교사는 교사 중심의 지시적 교수법을 사용하고 유아의 질문에 단답형으로 답변하며, 유아에게 단순하고 반복적으로 설명하면서 개념을 제시하기 때문에 유아의 과학적 개념 형성에 도움을 주지 못한다(조명아, 윤은주, 2012). 즉, 교사의 과학지식 부족은 과학적 개념이나 이론에 대한 자신감 부족뿐만 아니라 과학교육의 내용과 방법을 창의적으로 생각할 수 없음을 의미한다. 유아의 흥미와 발달 수준에 적합한 과학교육의 내용을 선정하지 못하거나 과학적 개념을 효과적으로 전달할 수 있는 다양한 교수–학습 방법을 마련하지 못하는 것이다. 과학지식 부족이라는 문제가 해결되지 않으면 유아교사는 아는 것만 가르치거나 기존의 과학 활동만 반복하면서 점점 더 과학교육을 어려워하게 된다. 그러므로 교사가 유아에게 적합한 과학 활동의 내용과 교수–학습 방법에 대해 확신하고 적극적으로 과학 수업을 전개하려면 교사의 과학지식이 양적으로뿐만 아니라 질적으로 확대되어야 한다.

다음으로 유아교사가 과학교육을 어려워하는 이유로 과학과 과학교육에 대한 부정적 태도가 언급된다. 유아교사의 과학에 대한 흥미는 과학 교수 태도에 가장 큰 영향을 미치며(조형숙, 2001), 과학 교수 효능감을 예측할 수 있는 가장 좋은 변인이다(김혜라, 2013). 과학에 흥미가 있는 교사는 과학지식 습득에 적극적이고, 과학 관련 책이나 기사를 즐겨 읽으며, 과학 활동에 대해 확고한 신념을 가지고 적극적으로 과학교육을 시행한다. 또한 주변에서 일어나는 현상과 그 현상이 자신에게 미치는 영향 등에 끊임없이 관심을 가지며, 과학적으로 문제를 해결하고 탐구하기를 즐긴다. 언제 빨래를 말리는 것이 좋은지, 칫솔질을 어떻게 하는 것이 좋은지, 옷에 묻은 얼룩을 제거하는 방법은 무엇인지 등 일상생활에서 제기되는 문제에 관심을 가지고 과학적 방법으로 해결하고자 한다. 과학에 흥미가 있는 교사는 단지 과학 수업을 준비하기 위해 책이나 기사를 읽는 것이 아니라 항시 자연현상에 관심을 두고 일상적으로 제기되는 다양한 문제를 과학적으로 해결하고자 노력한다.

그러나 교사의 상당수는 어린 시절이나 학창 시절의 부정적 과학 관련 경험 때문에 과학에 관심이 없거나 과학을 자신과 상관없다고 생각하는 등 과학과 과학교육에 대한 부정적 태도를 보인다. 상당수의 교사가 특정 동·식물이나 자연현상, 과학 과목이나 과학 수업 등에 대한 불쾌한 경험 때문에 과학과 과학교육에 부정적 태도를 보이고 과학 수업을 꺼리면서 결과적으로 과학교육을 어려워하는 것이다. 개인적 요인과 더불어 환경적 요인도 유아교사의 과학과 과학교육에 대한 부정적 태도에 영향을 미치는데, 가령 담당 학급의 유아 수가 많을수록, 유아의 나이가 어릴수록 교사는 과학과 과학교육에 부정적 태도를 보인다(고영미, 김정아, 2011). 이처럼 과학 관련 경험이 교사의 과학과 과학교육에 대한 태도에 크게 영향을 미치므로 교사가 과학과 과학교육에 대한 긍정적 태도를 지니려면 풍부하고 다양한 과학 관련 경험을 쌓는 것이 필수적이다. 특히 과학 관련 교사연수가 교사의 과학과 과학교육에 대한 태도에 긍정적 영향을 미치므로(고영미, 김정아, 2011) 교사교육을 통해 긍정적 과학 관련 경험을 쌓는 것이 필요하다.

유아교사가 과학교육을 어려워하는 또 다른 이유로 과학교육에 필요한 실험 실습과 교재·교구 부족(김정주, 김영실, 2004), 과학체험 공간 부족(김승희, 2014), 과학 기기와 장비 부족, 지원과 재정 부족(김나영, 2001; 조정대, 2000) 등이 언급된다. 초·중등학교와 다르게 유아교육기관 대부분은 과학실을 갖추지 못하고 있어서 과학 활동에 필요한 기기와 장비가 빈약하고 공간이 부족하여 실험 실습이 원만히 진행되기 어려운 것이다. 그래서 많은 유아교사는 과학 활동에 필요한 재료와 도구를 스스로 마련하느라 어려움을 겪으면서 점점 과학 수업을 꺼리게 된다. 이 외에도 유아교사가 과학교육을 어려워하는 이유로 직전 교육경험 부족(김정주, 김영실, 2004), 교사연수나 워크숍 부족, 원장의 교육철학, 동료 교사들의 태도, 생활주제와 과학 활동 간 연계의 어려움, 높은 교사 대 유아 비율(유민임, 황해익, 2003), 과학 수업을 준비할 시간 부족(Czemiak & Chiarelott, 1990) 등이 지적된다. 시간 부족으로 수업 준비가 충분히 이루어지지 않으면 교사의 과학 교수 불안이 높아지고 과학 교수 효능감은 낮아지면서 과학 수업의 질이 떨어지기 때문에 결과적으로 교사가 과학교육을 어려워하는 이유로 작용한다(Czemiak & Chiarelott, 1990).

2) 과학 교수 불안

불안(anxiety)은 심리적 · 신체적 불편이나 위험이 닥칠 것처럼 느껴지는 불쾌한 정서적 상태로, 마음이 조마조마하고 걱정이 되는 것이다. 적절한 불안은 부정적 결과가 예상되는 상황에서 사람을 긴장하고 경계하도록 만들어 실수하지 않고 상황을 극복할 수 있도록 도와준다. 그러나 극도의 불안은 집중력을 떨어뜨리고 근육 조절에 영향을 미쳐 행동을 방해하고 조마조마하게 만든다. 불안은 특성 불안(trait anxiety)과 상태 불안(state anxiety)으로 구분된다. 특성 불안은 언제나 느끼는 불안으로, 다른 사람과 구별되는 개인의 일관된 특성이다. 특성 불안은 긴장의 일반적 정도를 가리키며, 긴장을 관리하고 반응하는 정도에 자신을 어떻게 길들이느냐에 따라 다양하게 나타난다. 그래서 같은 상황에서 어떤 사람은 불안하고 긴장하지만, 다른 사람은 전혀 감정의 변화가 나타나지 않을 수 있다. 특성 불안의 수준이 높은 사람일수록 자주 쉽게 스트레스를 받고 상당히 불안해하는 모습을 보인다. 상태 불안은 현재 느끼고 있는 불안으로, 특정 상황에서 순간적으로 나타나는 긴장의 상태를 말한다. 공연 중 동작을 잊는다거나 수영에서 부정 출발과 같이 정신적 · 신체적 마비가 오는 것이 그 예다.

과학 교수 불안(anxiety about teaching science)은 과학을 가르치는 상황에서 생기는 긴장의 상태로, 걱정이나 두려움, 불편한 감정 등으로 나타난다. 과학 교수 불안은 웨스터백(Mary E. Westerback)이 상태특성불안척도(State-Trait Anxiety Inventory: STAI)를 과학 수업 상황에 맞게 수정한 척도로 처음 측정되었다(Westerback, 1984). 이 척도는 과학을 가르치는 것을 어떻게 느끼는지, 광물과 암석을 가르치는 것을 어떻게 느끼는지 등의 질문을 포함한다. 교사의 과학 교수 불안은 과학 관련 경험이 많을수록 낮게 나타나는 만큼(배미양, 2001) 과학 관련 경험이 교사의 과학 교수 불안에 가장 많은 영향을 미친다(조부경, 고영미, 2004). 과학 교수 불안은 교수법과도 연관되는데, 예컨대 과학 교수 불안이 낮은 교사일수록 유아와 더 긍정적으로 상호작용하면서 유아에게 능동성을 부여하는 비지시적 교수법을 사용한다(조정화, 김경숙, 2013). 즉, 교사의 과학 교수 불안이 낮을수록 과학 수업에 자신감이 있으므로 다양한 교수–학습 방법을 사용하여 유아의 능동적 참여를 촉진한다. 반면에 과학 교수 불안이 높은 교사일수록 예기치 않은 유아의 질문에 당황하면서 점점 더 과학 수업을 회피하고 지시적 교수법을 사용한다. 결국 교사의 과학 교수 불안은 과학 수업뿐만 아니라 유아의 발달에 직접적 영향을 미치므로 교사는 적극적으로 과학 교수 불안을 줄이는 것이 필요하다.

　교사가 과학 교수 불안을 줄일 방법은 첫째, 긍정적 과학 관련 경험을 쌓는 것이다. 교사연수나 워크숍과 같은 긍정적 과학 관련 경험에 적극적으로 참여함으로써 교사는 유아에게 적합한 과학교육의 내용과 교수–학습 방법 등을 고민하고 적용할 수 있다(김혜라, 채진영, 2014). 둘째, 과학지식을 적극적으로 습득하는 것이다. 과학지식이 부족하면 과학적 개념이나 이론에 대한 이해가 부족하여 유아의 사고를 확장하지 못하므로 과학 교수 불안이 높아지게 된다. 반대로 풍부한 과학지식은 교사의 과학 수업에 대한 자신감을 높일 수 있다. 그러므로 과학 교수 자체에 대한 불안감을 없애기 위해 교사는 과학지식을 습득하는 것이 요구된다. 셋째, 유아교육기관의 인적 · 물적 환경을 최대한 이용하는 것이다. 과학지식이 풍부한 동료 교사

가 있으면 궁금한 내용을 질문하거나 과학 수업을 참관함으로써 문제를 해결할 수 있으므로 과학 교수 불안이 감소하게 된다. 유아교육기관의 주변에 숲이나 공원과 같은 장소가 있으면 자연물을 이용하여 비교적 수월하게 과학 수업을 준비할 수 있어서 교사는 과학 교수 불안을 줄일 수 있다. 이 외에도 인터넷이나 텔레비전과 같은 대중매체를 통해 다양한 정보를 습득함으로써 교사는 과학 교수 불안을 감소시킬 수 있다.

3) 과학 교수 효능감

과학 교수 효능감(science teaching efficacy)은 과학교육에 대한 교사의 자기효능감으로, 반두라(Albert Bandura) 사회학습이론(social learning theory)의 핵심인 자기효능감(self-efficacy)에 근거한다. 자기효능감은 자신이 주어진 과제를 성공적으로 수행할 수 있다고 스스로 믿는 것으로, 특정 과제나 영역에서 매우 구체적으로 형성된다. 즉, 자기효능감은 자신의 가치와 능력에 대한 믿음으로, 주어진 상황에서 얼마나 잘 수행할 수 있을지에 대한 자기 판단으로 정의된다. 자기효능감은 정해진 행동이 어떤 결과물로 이어질 것으로 믿는 결과기대감(outcome expectations)과 결과물을 얻기 위해 요구되는 행동을 성공적으로 수행할 수 있다고 확신하는 효능기대감(efficacy expectations)으로 구성된다(Bandura, 1977). 자기효능감은 목표를 추구하는 행동에 영향을 미치며, 어려운 상황에서도 포기하지 않고 끝까지 목표 달성을 위해 노력하도록 만든다. 자기효능감이 높은 사람은 목표 달성에 적극적이고 어려운 과제를 피하지 않지만, 자기효능감이 낮은 사람은 목표 달성에 소극적이고 쉽게 포기하는 경향을 보인다.

교수 효능감(teaching efficacy)은 교사 스스로 자신이 학생들의 학습에 영향을 미칠 수 있다고 믿는 것으로(Ashton, 1984), 학생들의 학업성취와 동기, 학생과의 상호작용, 학급 운영, 교수에 대한 태도와 헌신 등에 영향을 미친다. 교수 효능감이 높은 교사는 적극적으로 새로운 아이디어를 수용하고, 학생들의 욕구를 충족시킬 새로운 방법을 사용하며, 교수 자체에 대해 열정적이고 헌신적이다. 또한 학교 분위기를 건강하고 긍정적으로 만들면서(Moore & Esselman, 1992) 인간적으로 학생들을 지도하고 학생들의 실수에도 관대함을 보인다. 반면에 교수 효능감이 낮은 교사는 엄격하게 학생들을 지도하며(Woolfok & Hoy, 1990), 획일적이고 전통적인 교수-학습 방법을 사용할 가능성이 크다(신혜영, 이은혜, 2005). 교사의 낮은 교수 효능감은 학생의 낮은 학업성취도로 이어지고, 이는 다시 교사의 교수 효능감을 떨어뜨리는 결과를 초래하게 된다(Bandura, 1997). 이처럼 교수 효능감은 학업성취나 교수몰입과 같이 교실에서 일어나는 상황뿐만 아니라 교육현장 전체에 영향을 미친다.

　과학 교수 효능감은 과학을 효과적으로 가르칠 수 있다고 스스로 믿는 것이다. 과학 교수 효능감이 높은 교사는 예기치 못한 유아의 질문이나 행동에 당황하지 않고 반응할 자신이 있으므로 과학교육을 적극적으로 실시하게 된다. 즉, 과학 교수 효능감은 유아교사의 과학 수업에 대한 적극성에 영향을 미치는 요인으로(유은영, 2013), 과학 수업의 운영 여부와 정도에 결정적 변수로 작용한다(조형숙, 유은영, 2011). 과학 교수 효능감에 영향을 미치는 요인으로 교사의 과학 관련 경험(조부경, 서소영, 2001), 교사의 과학에 대한 태도와 과학교육에 대한 지식(김혜라, 2013), 과학지식(김영옥, 이규림, 조홍자, 차금안, 2012) 등이 언급된다. 특히 교사가 된 후의 과학 관련 경험이 과학 교수 효능감에 크게 영향을 미친다(조부경, 서소영, 2001; 조부경, 이은진, 2007). 교사교육을 통해 다양한 교수-학습 방법을 습득하거나 유아교사로서 성공적인 과학교육의 경험이 있으면 과학 수업에 대한 자신감이 생기고 더욱 더 적극적으로 과학 수업을 전개하면서 과학 교수 효능감이 커지게 된다.

　교사가 과학 교수 효능감을 높일 방법은 첫째, 과학 수업의 기회를 많이 얻는 것이다. 과학 수업을 계획하고 적용하는 과정을 통해 과학지식이나 교수-학습 방법을 습득하여 과학 수업에 대한 자신감을 높일 수 있다. 실제 과학 수업을 통해 유아의 우발적 질문이나 행동을 접하고 다양한 상황을 경험함으로써 유아의 질문에 당황하지 않고 대답하는 능력을 개발할 수 있다. 또한 유아가 과학 활동에 적극적이고 자발적으로 참여하는 성공적인 과학 수업을 통해 교사는 자기 능력에 대한 자신감을 느낄 수 있다. 둘째, 다양한 연수 프로그램에 참여하는 것이다. 교사는 연수 프로그램을 통해 여러 교사의 다양한 교수-학습 방법을 참관하고 교실 수업에 적용함으로써 자신감을 높일 수 있다. 따라서 교사는 지속적인 학습으로 새로운 정보와 지식을 습득하고 변화하는 교육환경에 능동적으로 대처하는 것이 필요하다. 셋째, 과학에 대한 호기심과 흥미를 높이는 것이다. 과학에 대한 흥미가 높은 교사일수록 유아와 더 긍정적으로 상호작용하고 더 적극적으로 과학 수업을 전개하기 때문이다(조정화, 김경숙, 2013). 그러므로 교사는 일상생활에서 접하는 과학지식이나 과학 관련 직업, 과학자가 하는 일 등에 관심을 가지는 것이 필요하다. 과학에 대한 긍정적 태도를 보임으로써 교사는 과학의 가치나 과학자의 사회적 책임에 대해 논의할 수 있다.

3. 과학적 소양

현대 사회는 지식기반사회(knowledge-based society)로서 인간은 매일매일 다양한 지식과 정보를 접하고 평가하고 의사소통하며 지식과 정보에 근거해 복잡한 문제를 해결하고 수많은 판단과 의사결정을 하면서 생활하고 있다. 다시 말해, 과학과 기술의 비약적 발전으로 지식과 정보의 가치가 정치, 경제, 사회 전반에 걸쳐 커다란 영향력을 발휘하면서 지식과 정보에 근거한 판단과 의사결정이 중요해지고 있다. 그러나 인간이 합리적으로 판단하고 의사결정을 하려면 단순히 많이 아는 것이 아니라 문제해결에 가장 적합한 지식이나 정보를 추출하고 이용하는 것이 필요하다. 지식은 단지 어떻게 이용되고 선택되고 통합되느냐에 따라 가치를 지니기 때문이다(Vali, 2013). 합리적 판단을 위해 편견에 치우치지 않고 여러모로 문제를 바라볼 수 있는 지식이 필요한 것이다. 따라서 인간은 단일한 교과의 지식이 아니라 통합된 형태의 지식을 습득하고 일상생활에서 다양한 경험을 통해 과학적 소양을 갖추어야 한다. 특히 과거 한국 사회에서 과학이 주로 경제성장의 기반을 제공하는 역할을 담당한 것과 다르게 현재는 국민 행복에 이바지하는 역할이 강조되는 만큼 과학적 소양을 갖추는 것은 더욱더 중요하다.

1) 과학적 소양의 필요성

한국 사회는 1960년대부터 경제개발계획을 과감하게 추진하면서 한강의 기적이라 불리는 고도의 경제성장을 이루어 전 세계의 이목을 끌었다. 기술혁신을 통해 새로운 산업이 육성되고 생산구조가 변화함으로써 노동생산성이 높아져 생산력이 증대되었다. 생산성의 증대는 새로운 기술의 출현을 계속 요구하였으며, 이러한 요구에 부응하기 위해 경제적 효과를 창출하는 지식의 중요성이 강조되었다. 그러나 급격한 경제성장의 부작용으로 물질만능주의 팽배나 빈부 격차, 환경오염 등의 문제가 발생하게 되었고, 이러한 사회 · 경제적 문제의 해결이 현재 시급한 과제로 대두되고 있다. 양적 팽창이 아닌 질적 도약을 달성함으로써 사회구성원 모두의 행복한 삶을 보장하는 데 이바지할 수 있는 과학의 역할이 강조되는 것이다. 가령 국민의 먹거리 안전을 보장하려면 식품의 성분을 정확히 표기하고 각 성분의 유해성을 알리고 유해 식품의 유통과 판매를 금지하는 법적 장치 마련이 필요하며, 이를 위해 과학기술이 이용되고 있다.

현대 과학은 경제적 효과를 창출하는 기반을 제공할 뿐만 아니라 성숙한 사회구조 속에서 구성원이 행복하게 살 수 있도록 도와주는 임무를 수행해야 한다. 사회구성원이 안전하고 행복하게 살기 위한 프로그램 개발이나 제도 개선, 기반시설 구축 등을 연계하고, 사회구성원의 행복을 방해하는 여러 가지 사회문제를 해결하는 데 과학기술이 이용되어야 한다. 이는 경제 발전을 위한 성장 중심 패러다임에서 삶의 질 향상을 추구하는 인간 중심 패러다임으로의 전환을 의미한다. 인간 중심 패러다임은 과학기술이 인간에게 미치는 긍정적·부정적 영향을 모두 고려하여 과학기술이 삶의 질 향상에 이바지하도록 하는 것이다. 더 나아가 인간이 자연의 일원으로서 자연과 함께 살아가야 함을 깨닫고 인간과 자연이 현명하게 더불어 사는 방법을 터득하게 하는 것이다. 특히 패러다임은 사물을 바라보는 이론적 틀로서 오랜 시간 동안 형성되므로 유아기부터 인간 중심 패러다임을 능동적으로 습득하는 것이 필요하다.

결국 현대 사회가 복잡해지고 항상 다양한 문제가 발생하면서 과학을 언급하지 않은 채 인간의 가치, 정치, 경제, 교육 등을 논할 수 없게 되었다. 과학기술의 발전이 개개인의 삶에 큰 힘을 발휘하면서 개인은 일상생활에서 부딪치는 사소한 문제를 해결하는 데도 과학지식과 정보를 사용한다. 개인의 직관이나 감정으로는 문제를 객관적으로 바라볼 수 없을뿐더러 해결할 수 없기 때문이다. 단지 대중매체의 정보를 접할 때도 정보가 충분한 증거에 근거하는지, 논리적으로 제시되는지 등을 파악하여 정보의 진위를 판단해야 한다. 즉, 현대 사회는 일상생활에서 제기되는 다양한 문제에 능동적으로 대처하는 인간을 요구한다. 합리적·창의적으로 생각하고 스스로 의사를 결정하고 문제를 해결하는 인간을 우선으로 요구하는 것이다. 그러므로 과학을 이해하고, 과학지식을 일상생활의 경험에 적용하며, 과학적 사고

방식으로 합리적 의사결정을 함으로써 궁극적으로 삶의 질을 높이기 위해 과학적
소양이 필요하다.

2) 과학적 소양의 정의

과학적 소양(scientific literacy)은 개인의 과학지식뿐만 아니라 문제를 파악하
고, 새로운 지식을 획득하고, 과학적 현상을 설명하고, 증거에 기초하여 과학 관
련 쟁점에 대한 결론을 도출하는 데 과학지식을 사용하는 것으로 정의된다(OECD,
2009). 즉, 지식과 연구의 형태로서 과학의 속성을 이해하고, 과학기술이 어떻게 물
질적 · 인지적 · 문화적 환경을 구성하는지를 깨닫고, 과학과 연관된 쟁점에 대해
논의하는 등 반성적 시민으로서 사고하고 실천하는 것이 과학적 소양이다. 1958년
에 허드(Paul DeHart Hurd)가 처음 과학적 소양의 정의를 내린 이후(Hurd, 1958), 과
학적 소양은 60년이 넘는 세월 동안 여러 학자에 의해 다양하게 정의되고 있다. 과
학적 소양은 보통 과학교육의 목적으로 제시되고 있으나 학자마다 이를 조금씩 다
르게 정의하면서 혼란스러운 상황이다. 게다가 과학적 소양은 어떻게 과학을 가
르쳐야 하는지에 관한 구체적 내용을 포함하지 않는다. 그런데도 전 세계 대부
분 국가가 과학적 소양을 과학교육의 목적으로 받아들이면서 OECD(Organization
for Economic Cooperation and Development)에서 주관하는 PISA(Programme for
International Student Assessment)는 3년 주기로 만 15세 학생들을 대상으로 과학적
소양을 평가하고 있다.

과학적 소양은 과학적 개념, 과학적 과정, 상황과 맥락의 세 부분을 포함한다. 과
학적 개념은 자연현상을 이해하고 인간 활동을 통해 자연세계를 변화시키기 위해
요구되는 것이다. 과학적 과정은 증거에 기초하여 획득하고 해석하고 행동하는 능
력에 중점을 두는 것이다. 이는 과학적 현상의 기술과 설명, 예측에 관한 첫 번째
과정, 과학적 탐구의 이해에 관한 두 번째 과정, 과학적 증거와 결론의 해석에 관한
세 번째 과정을 포함한다. 상황과 맥락은 실험실에서의 과학 활동이나 과학자의 전
문적 작업이 아니라 일상생활에 과학지식을 적용하는 것이다. 그러므로 과학적 소

양이란 의사결정, 사회참여, 경제생산을 위해 필요한 과학적 개념과 과정에 대한 지식과 이해를 의미한다. 과학적 소양을 갖춘 사람은 일상생활의 경험에 호기심을 가지고 문제를 제기하고 탐색하며 해결하고자 한다. 또한 자연현상을 기술하고 설명하며 예측할 수 있고, 과학에 관한 글을 읽고 이해할 수 있으며, 과학과 관련된 국가나 지역의 쟁점을 확인하고 자신의 견해를 밝히기도 한다. 과학적 정보의 원천과 정보 수집 방법에 근거하여 정보의 질을 평가하고, 증거에 바탕을 두고 주장을 평가한 후 그 주장으로부터 얻은 결론을 적절하게 적용할 수도 있다.

NSTA(National Science Teachers Association)는 지능, 태도, 사회, 학제 간의 네 가지 측면에서 과학적 소양을 갖춘 사람에게 요구되는 능력을 언급한다(NSTA, 1991). 지능은 과학기술의 개념뿐만 아니라 윤리적 가치를 반영하여 일상생활의 문제를 해결하고 결정에 책임을 지는 것이다. 태도는 새로운 증거에 대한 개방성과 과학지식에 대한 망설임을 포함하며, 사회는 삶의 질을 높이는 데 미치는 과학과 기술의 영향력과 한계를 인정하는 것이다. 학제 간 능력은 과학기술과 다른 인간의 활동인 역사, 수학, 예술, 인문학 등을 연결하고, 과학기술의 정치적·경제적·윤리적 측면을 고려하는 것이다(Coll & Taylor, 2009). 이처럼 과학적 소양은 인간과 자연, 사회가 연결된 공동체에서 어떻게 살아가야 하는지를 모색하기 위해 길러야 하는 것으로, 사물에 대한 문제 제기와 문제해결을 위한 능동적 자세를 요구한다. 과학적 소양은 단순히 과학적 개념이나 지식의 습득에서 그치는 것이 아니라 문제를 인식하고, 문제해결을 위해 노력하며, 의사결정에 능동적으로 참여함으로써 길러지는 것이다. 과학적 소양은 현대 사회에서 과학기술의 중심적 역할을 담당할 모든 학생이 학교교육을 마쳤을 때 달성해야 할 가장 중요한 성과이기도 하다.

결국 과학적 소양은 개인적 수준의 학습과 문제해결의 의미를 넘어서서 사회적 맥락에서 과학을 이용하는 시민이 갖춰야 하는 자질을 의미한다(홍혜진, 2020). 즉, 과학적 소양은 사회구성원으로서 실천과 참여를 위해 갖춰야 하는 자질이다. 그러므로 유아기부터 인간과 자연에 대한 지속적인 관심을 가지고 과학이 사회에 미치는 영향에 대해 끊임없이 문제 제기하고 문제해결을 위한 방법을 모색하는 것이 필요하다. 과학의 가치와 기여에 대해 폭넓게 이해하고, 이를 바탕으로 과학과 관련

된 사회문제에 비판적으로 참여하려면 유아기부터 과학적 소양을 습득해야 한다. 유아기부터 과학적 소양을 습득함으로써 사회문제의 상당수가 예방될 수 있으며, 사회구성원의 삶의 질이 향상될 수 있다. 또한 유아기부터 에너지 절약이나 걷기를 생활화하여 자연 보호를 실천하고, 스마트폰이나 컴퓨터의 올바른 사용으로 사이버 중독이나 폭력을 예방할 수 있다. 유아기에 형성된 과학적 소양은 세계를 바라보는 태도와 가치관에 영향을 주면서 평생을 통해 지속해서 발전한다. 사회구성원으로서 스스로 문제를 해결하고 올바른 습관을 생활화하며 온전하게 자기 삶을 즐기려면 유아기부터 과학적 소양을 습득해야 한다.

3) 과학적 소양의 평가

　과학적 소양은 사회와 세계의 요구를 반영하므로 과학교육의 변화와 함께 과거와 다르게 평가되기를 요구받는다. 과거에는 과학을 사실과 숫자, 이론 등으로 구성된 지식의 덩어리로 간주하면서 과학교육이 사실을 담은 정보 제시에 초점을 두었지만, 현재에는 미래 시민 양성에 초점을 두고 태도와 가치를 중시하기 때문이다. 송진웅 등(2019)은 미래세대 과학교육 표준(Korean Science Education Standards for Next Generation)을 제시하면서 과학적 소양을 갖추고 더불어 살아가는 창의적 인간을 미래 과학교육이 추구하는 인간상으로 간주한다. 예거(Robert E. Yager)와 맥코맥(Alan J. McCormack)은 지식과 이해의 영역에서만 학생들을 평가하는 것은 학생들의 과학적 소양을 발달시킬 수 없으므로 과학적 소양을 평가하기 위해 다섯 영역을 제안하였다(Yager & McCormack, 1989). 다섯 영역은 개념, 과정, 적용, 태도, 창의성이며, 이후에 과학의 본성이 포함되어 현재는 여섯 영역으로 구성된다. 이 여섯 영역은 과학적 소양의 평가뿐만 아니라 과학적 소양을 증진할 수 있는 과학 활동의 틀로서 제안된다(Enger & Yager, 2009).

잉거(Sandra K. Enger)와 예거가 제안한 여섯 영역과 영역별 요소는 다음과 같다. 개념 영역은 사실, 법칙, 이론, 내면화된 지식 등을 포함하며, 학생들은 개념적으로 배열된 교육과정을 통해 개념을 가장 잘 배울 수 있다. 과정 영역은 관찰, 비교, 분류, 측정, 의사소통, 추론, 예측, 실험 등과 같이 과학적 탐구과정에서 요구되는 능력을 포함한다. 적용 영역은 자신이 알고 있는 것을 일상생활에서 효과적으로 사용하는 것으로, 일상생활에서 제기되는 문제를 해결하기 위해 비판적 사고와 개방적 질문, 탐구과정 등을 사용하는 능력을 포함한다. 태도 영역은 적극적으로 감정을 표현하고, 다른 사람의 감정을 살피고 존중하며, 사회적·환경적 쟁점을 판단하고, 과학과 자신에 대한 긍정적 태도를 개발하는 것이다. 창의성 영역은 은유의 일반화, 발산적 사고, 상상력, 개방적 질문, 장치와 기계의 고안 등을 촉진하는 활동을 가리킨다. 마지막으로 과학의 본성 영역은 과학적 연구의 주제와 방법, 그리고 과학, 기술, 경제, 정치, 역사, 사회학, 철학 사이의 상호작용을 다루는 것이다(Enger & Yager, 2009).

과학적 소양은 잉거와 예거가 제안한 여섯 영역에서 평가될 뿐만 아니라 다양한 방법으로 평가되는 것이 필요하다. 각 영역의 내용과 성격이 달라서 같은 방법으로 평가되는 것이 불가능하며, 같은 영역 안에서도 요소 간 차이가 있어서 가능한 한 다양한 방법으로 평가되어야 한다. 가령 표준화 검사는 개념 영역과 같이 사실적 지식의 평가에는 적절하지만, 태도 영역과 같이 정의적 가치의 평가에는 부적절하다. 그러므로 과학적 소양을 평가할 때는 각 영역의 특성과 더불어 영역별로 포함

된 요소의 특성까지 고려하여 평가 방법을 선정해야 한다. 특히 유아교육현장에서 과학적 소양의 평가는 유아의 과학적 소양을 증진하는 데 초점을 두어야 한다. 다시 말해, 과학적 소양을 평가하는 여섯 영역은 유아의 과학적 소양을 증진하기 위한 과학 활동의 틀로 활용되는 것이 바람직하다. 유아교사는 유아가 각각의 영역에서 무엇을 알고 모르는지, 무엇을 잘하고 못하는지 등을 판단하고, 부족한 부분을 채워 줄 수 있는 다양한 과학 활동을 계획하고 시행해야 한다. 과학적 소양을 평가하는 여섯 영역은 유아의 능력을 향상하는 수단으로 활용되어야 한다.

〈표 2-1〉 과학적 소양을 기를 수 있는 과학도서 50선

1. 강석기(2014). 과학을 취하다 과학에 취하다. 서울: 엠아이디출판사.
2. 강양구(2006). 세 바퀴로 가는 과학 자전거. 서울: 뿌리와이파리.
3. 강윤재(2011). 세상을 바꾼 과학논쟁. 서울: 궁리.
4. 곽재식(2022). 지구는 괜찮아, 우리가 문제지. 서울: 어크로스.
5. 구보타 기소(2014). 손과 뇌: 손은 외부의 뇌다. 서울: 바다출판사.
6. 그레고리 주커만(2022). 과학은 어떻게 세상을 구했는가: 세상을 구한 백신 그리고 그 뒷이야기. 서울: 로크미디어.
7. 김명진(2008). 야누스의 과학: 20세기 과학기술의 사회사. 경기: 사계절.
8. 김성호(2011). 나의 생명 수업: 자연의 벗들에게 배우는 소박하고 진실한 삶의 진리. 경기: 웅진지식하우스.
9. 남재작(2022). 식량위기 대한민국. 서울: 웨일북.
10. 닐 디그래스 타이슨, 도널드 골드스미스(2018). 오리진: 우주 진화 140억 년. 서울: 사이언스북스.
11. 다케우치 가오루(2014). 무섭지만 재밌어서 밤새 읽는 과학이야기. 서울: 더숲.
12. 레이첼 카슨(2011). 침묵의 봄(개정판). 서울: 에코리브르.
13. 리처드 도킨스(2012). 현실, 그 가슴 뛰는 마법. 경기: 김영사.
14. 리처드 도킨스(2018). 이기적 유전자(40주년 기념판). 서울: 을유문화사.
15. 리처드 랭엄(2011). 요리 본능: 불, 요리, 그리고 진화. 서울: 사이언스북스.
16. 리처드 파인만(2003). 파인만의 여섯가지 물리 이야기. 서울: 승산.
17. 마크 챈기지(2013). 자연 모방: 언어와 음악은 어떻게 자연을 흉내 내고 유인원을 인간으로 탈바꿈시켰을까?. 서울: 에이도스.
18. 메리 로치(2014). 꿀꺽, 한 입의 과학: 달콤 살벌한 소화 기관 모험기. 서울: 을유문화사.
19. 박문호(2008). 뇌, 생각의 출현: 대칭, 대칭의 붕괴에서 의식까지. 서울: 휴머니스트.
20. 베른트 하인리히(2022). 뛰는 사람: 달리기를 멈추지 않는 생물학자 베른트 하인리히의 80년 러닝 일지. 경기: 월북.
21. 브라이언 헤어, 버네사 우즈(2021). 다정한 것이 살아남는다: 친화력으로 세상을 바꾸는 인류의 진화에 관하여. 경기: 디플롯.
22. 빌 브라이슨(2020). 거의 모든 것의 역사(개역판). 서울: 까치글방.
23. 빌리 우드워드(2011). 미친 연구, 위대한 발견: 세상을 구한 사이언스 히어로즈. 서울: 푸른지식.
24. 샘 킨(2011). 사라진 스푼: 주기율표에 얽힌 광기와 사랑, 그리고 세계사. 서울: 해나무.
25. 시어도어 그레이(2012). 세상의 모든 원소 118: 눈으로 보는 세상의 모든 원소. 서울: 영림카디널.

26. 쑨이린(2012). 생물학의 역사. 서울: 더숲.

27. 앤드루 파커(2007). 눈의 탄생: 캄브리아기 폭발의 수수께끼를 풀다. 서울: 뿌리와이파리.

28. 에드워드 오즈번 윌슨(2005). 통섭: 지식의 대통합. 서울: 사이언스북스.

29. 에드워드 오즈번 윌슨, 조지 셸러(2013). 과학자의 관찰 노트: 자연을 관찰하고 기록하는 12가지 방법. 서울: 휴먼사이언스.

30. 엘릭스 벤틀리(2012). 현대 과학 · 종교 논쟁. 서울: 알마.

31. 온케이웨더 취재팀(2014). 날씨충격: 대한민국 기후변화 탐사 리포트. 서울: 코난북스.

32. 이강영(2012). 보이지 않는 세계: 눈으로는 볼 수 없는 아름다운 물리학의 세계. 서울: 휴머니스트.

33. 이광식(2018). 천문학 콘서트(개정증보판). 서울: 더숲.

34. 이나가키 히데히로(2006). 풀들의 전략. 강원: 도솔오두막.

35. 임두원(2022). 과학으로 생각하기: 생각의 그릇을 키우는 42가지 과학 이야기. 서울: 포레스트북스.

36. 임소연(2022). 신비롭지 않은 여자들. 서울: 민음사.

37. 장하석(2013). 온도계의 철학: 측정 그리고 과학의 진보. 서울: 동아시아.

38. 전창림(2013). 미술관에 간 화학자 1(개정증보판). 서울: 어바웃어북.

39. 전창림(2019). 미술관에 간 화학자 2. 서울: 어바웃어북.

40. 정재승(2020). 정재승의 과학 콘서트(개정증보 2판). 서울: 어크로스.

41. 제인 구달, 세인 메이너드, 게일 허드슨(2010). 희망의 자연. 서울: 사이언스북스.

42. 제임스 글릭(2013). 카오스: 새로운 과학의 출현. 서울: 동아시아.

43. 조홍섭(2011). 한반도 자연사 기행: 발로 뛰며 기록한, 살아 있는 한반도의 지질 · 지형 · 생명 이야기. 서울: 한겨레출판.

44. 최재천(2022). 생명이 있는 것은 다 아름답다(개정 3판). 서울: 효형출판.

45. 카를로 로벨리(2019). 시간은 흐르지 않는다: 우리의 직관 너머 물리학의 눈으로 본 우주의 시간. 서울: 쌤앤파커스.

46. 토마스 새뮤얼 쿤(2013). 과학혁명의 구조(출간 50주년 기념 제4판). 서울: 까치글방.

47. 홍윤철(2014). 질병의 탄생: 우리는 왜, 어떻게 질병에 걸리는가. 서울: 사이.

48. 홍준의, 최후남, 고현덕, 김태일(2006). 살아있는 과학 교과서 1: 과학의 개념과 원리. 서울: 휴머니스트.

49. 홍준의, 최후남, 고현덕, 김태일(2006). 살아있는 과학 교과서 2: 과학과 우리의 삶. 서울: 휴머니스트.

50. 황상익(2014). 콜럼버스의 교환: 문명이 만든 질병, 질병이 만든 문명. 서울: 을유문화사.

제**3**장

유아와 과학

1. 유아의 특성

유아는 사물에 대한 호기심이 많고 주변의 자연현상에 궁금증을 가지고 끊임없이 질문하고 만지고 관찰하며 궁금증을 해결한다. 교사나 부모에게 끊임없이 질문하고 그에 대한 반응을 통해 유아는 다양한 지식뿐만 아니라 지식 획득에 필요한 기술을 다양하게 습득한다. 가령 묻고 답하는 과정을 통해 의사소통능력이 발달하고, 사물을 세고 구분하는 과정에서 수 세기와 분류하는 능력이 향상된다. 유아는 단순히 궁금증을 표현하는 것에서 그치지 않고 자신의 궁금증을 해결하기 위해 끈질기게 질문하면서 논리적 사고력을 증대시킨다. 또한 다른 유아와 함께 문제를 해결하면서 다양한 의견에 귀 기울이고 새로운 아이디어를 수용하는 자세를 배운다. 자기 생각과 타인의 생각을 비교하고 공통점과 차이점을 찾는 과정을 통해 자기 생각을 재구성하고 새로운 지식을 형성한다. 유아는 단순히 사실을 아는 수준에서 그치는 것이 아니라 관찰하고 추론하고 분석하면서 과학적 사고방식을 습득하게 된다. 더 나아가 유아는 과학지식을 다양한 맥락과 상황에 적용함으로써 일상생활 속에서 제기되는 여러 가지 문제를 해결한다. 유아는 능동적으로 문제를 제기하고 해결하면서 나름의 지식을 형성하는 것이다.

1) 유아의 과학적 재능

유아는 타고난 과학자로서 주변의 사물과 현상에 대해 호기심을 가지고 끊임없이 질문하고 만져 보며 궁금증을 해결한다. 유아는 미세한 변화도 쉽게 감지하고 관심을 보이며 주의를 기울이는 등 민감하게 반응한다. 배고픔이나 아픔, 낮과 밤의 변화, 날씨에 따른 온도변화 등을 뛰어난 오감을 통해 감지하면서 세상을 경험하는 것이다. 유아는 다양한 놀이를 통해 자연스럽게 과학적 사실을 경험하고 있으며, 일상생활에서 부딪치는 다양한 문제를 해결하는 데 과학지식을 활용하고 있다. 또한 유아는 항상 새로운 것에 흥미를 보이고, 이미 알고 있는 정보와 새로운 정보를 연결하면서 새로운 지식을 습득한다. 유아는 사물과 직접 접촉하면서 능동적으로 참여할 때 더 많은 내용을 더 오랫동안 기억하면서 효과적으로 학습할 수 있다. 유아는 문제를 찾아내고, 관찰하고, 가설을 설정하고, 실험을 수행하는 등 과학적 탐구과정을 통해 학습하는 것이다.

특히 유아는 자신만의 독특한 방식으로 세상을 탐색하면서 문제를 인식하고 사고를 확장한다. 유아는 각기 다른 인적·물적 환경에서 성장하므로 유아마다 다르게 경험하고, 그러한 경험을 통해 습득한 지식과 관심사가 다르며, 자신의 관심사에 따라 탐색하고 발견하는 것이 제각각이다. 어떤 유아는 만지고, 어떤 유아는 맛보고, 어떤 유아는 듣는 식으로 새로운 사물을 탐색한다. 자신이 이전 경험을 통해 터득한 방식을 고집할 수도 있고, 교사가 제시한 새로운 방식을 시도할 수도 있다. 이렇게 문제를 해결하는 과정에서 유아는 여러 시행착오를 경험하고, 시행착오를 통해 자신의 모순을 발견하고, 그러한 모순을 수정하고 보완하면서 마침내 새로운 것을 창조한다. 결국 유아는 나름의 방식으로 자신이 이해한 것을 구성하여 세상을 탐구하고, 사물 간의 관계를 이해하며, 새로운 것을 추리하면서 과학적 재능을 발휘한다.

2) 과학 활동이 유아발달에 미치는 영향

(1) 과학 활동이 유아의 신체발달에 미치는 영향

과학 활동이 유아의 신체발달에 미치는 영향은 유아의 감각기능이 정교해지고 운동능력이 향상하는 것으로 나타난다. 유아는 자연물을 직접 찾아다니면서 근력이 발달하고 면역력이 증대된다. 공굴리기나 화분 나르기, 지레 사용하기, 도르래 움직이기 등을 통해 대근육 운동능력이 발달하고, 종이 자르기나 밀가루 반죽하기, 씨앗 분류하기 등을 통해 소근육 운동능력이 발달한다. 과학 활동에는 물체를 만지고, 비비고, 뭉치고, 냄새 맡고, 온도를 느끼는 등 오감을 이용하거나 눈과 손의 협응으로 관찰하고 측정하는 작업이 많이 포함된다. 그러므로 과학 활동에 참여할수록 유아는 신체발달을 촉진할 기회를 더 많이 얻게 된다.

2019 개정 누리과정에서 놀이가 강조됨에 따라 과학 활동을 통해 유아의 신체발달이 이루어질 기회가 점점 더 많아지고 있다. 예를 들어, 숲이나 들에서 풀과 흙냄새를 맡고 바람에 흔들리는 나무 소리를 듣고 발바닥으로 흙이나 풀의 감촉을 느끼면서 유아의 오감이 발달한다. 실내에서 이루어지는 과학 활동이 아니라 실외에서

뛰어놀면서 이루어지는 다양한 과학 활동을 통해 유아의 감각기능과 운동능력이 발달할 기회가 더 많아지는 것이다. 그러므로 과학 활동이 유아의 신체발달에 미치는 영향을 극대화하려면 자기 신체를 가능한 한 많이 움직이고 자신의 오감을 최대한 활용할 기회를 유아에게 제공해야 한다.

(2) 과학 활동이 유아의 인지발달에 미치는 영향

과학 활동이 유아의 인지발달에 미치는 영향은 유아의 논리적 사고력과 문제해결력, 창의성 등의 향상으로 나타난다. 과학 활동에는 짝짓기, 변별하기, 분류하기 등이 포함되는데, 이를 통해 유아는 사물의 속성이나 유사점, 차이점 등을 파악하면서 사물에 대한 이해력을 증진할 수 있다. 유아는 같은 소나무라도 생김새가 다르고 각각의 특징이 있음을 파악하고, 나무 블록마다 다른 모양과 쓰임새를 구별할 수 있다. 이러한 정보를 활용하여 유아는 나무 블록을 높이 쌓을 수 있고, 나무 블록을 높이 쌓기 위해 여러 번의 시행착오를 거치면서 논리적 사고력과 문제해결력을 향상하게 된다.

과학 활동은 대부분 실험과 같은 직접 조작을 통해 이루어지며, 혼자보다 둘 이상이 참여하는 소집단 활동으로 이루어지는 경우가 많다. 소집단 활동을 통해 활발한 의견 교환이 일어나고 서로 다른 아이디어를 주고받으면서 유아의 창의성이 발달하게 된다. 필요한 정보나 도움을 요청하고 새로운 방법을 제안하는 과정을 통해 여러 가지 생각과 반응을 접하고 다양한 해결방법을 적용하면서 유아의 창의성이 발달하는 것이다. 따라서 유아가 문제해결을 위해 다양하고 독창적인 방법을 고안하고 스스로 창안한 해결방법을 적용하여 과학적 발견에 이를 수 있도록 과학 활동이 시행되어야 한다.

(3) 과학 활동이 유아의 언어발달에 미치는 영향

과학 활동이 유아의 언어발달에 미치는 영향은 유아가 다양한 어휘를 사용하고 의사소통능력을 향상하는 것으로 나타난다. 과학 활동에는 동·식물의 이름과 기관, 과학 도구의 명칭과 쓰임새, 자연환경의 변화를 나타내는 형용사와 부사 등 다양한 어휘와 표현이 포함된다. 이를테면, 날씨가 흐리다는 표현 대신 날씨가 끄물끄물하다, 스산하다, 을씨년스럽다 등의 다양한 어휘를 사용하여 흐린 날씨를 기술할 수 있다. 실험할 때도 끓는다, 녹는다, 휘젓다 등의 서술어를 사용하고, 온도계나 비커, 저울 등의 기구 명칭을 언급한다. 과학 활동을 통해 다양한 어휘를 습득하고 상황과 맥락에 맞게 표현함으로써 유아는 언어발달의 기회를 가지는 것이다.

유아는 자신이 발견한 사실을 다른 유아와 공유하고 자신의 궁금증을 물어보면서 의사소통능력을 발달시킬 수 있다. 의사소통은 듣기, 말하기, 읽기, 쓰기의 네 가지 기둥에 의해 떠받쳐지는 것으로, 이 네 기둥의 발달이 이루어져야 원활한 의사소통이 가능하다. 말하기 전에 듣기, 읽기 전에 말하기, 쓰기 전에 읽기 등 읽기와 쓰기에 앞서 듣기와 말하기의 발달이 이루어져야 한다(김승희, 2021). 과학 활동을 통해 유아는 다른 유아의 이야기에 귀 기울이고, 자기 의견을 말하고, 관찰한 것을 말이나 글로 표현하면서 의사소통능력을 발달시킨다. 과학 활동이 보통 혼자가 아닌 여럿이 함께 참여하는 형태로 이루어지므로 유아의 의사소통능력 발달이 활발히 이루어지게 된다.

(4) 과학 활동이 유아의 정서발달에 미치는 영향

과학 활동이 유아의 정서발달에 미치는 영향은 유아가 직접 과학 활동에 참여하면서 성취감이나 만족감, 자신감 등을 느끼는 것으로 나타난다. 과학 활동을 통해 유아는 다양한 사물을 직접 관찰하고 만지고 궁금증을 해소하면서 즐거움과 성취감을 느끼고 과학에 대한 흥미와 호기심을 가지게 된다. 유아는 실험을 통해 성공과 실패를 경험하고 원인과 결과를 탐구하면서 자신이 한 일에 대해 자부심을 느끼게 된다. 또한 다른 유아와 의견을 교환하면서 타인의 정서를 고려하고 자기감정을 조절할 기회를 얻는다. 실패를 경험하거나 의견이 다르더라도 화를 내지 않고 다시 시도하면서 자기감정을 조절하는 것이다.

실외에서 이루어지는 과학 활동은 유아에게 자연현상을 직접 체험하고 교감할

기회를 제공함으로써 유아가 실내에서 생긴 긴장감과 억압으로부터 해방감을 느끼도록 도와준다(김명희, 2017). 유아는 오감을 통해 바람과 구름, 빛과 그림자, 꽃과 열매 등을 경험하면서 심리적 긴장감을 해소하고 정서적 안정감을 느낄 수 있다. 아울러 유아는 다양한 자연물에 감정이입하고 공감하면서 생명의 소중함과 경이로움을 체험하게 된다. 유아는 씨앗이 자라서 꽃이 피고 열매를 맺는 것을 관찰하면서 놀라움을 감추지 않으며, 떨어지는 낙엽을 보거나 병들고 힘없는 동물을 보면서 슬픔을 느끼기도 한다.

(5) 과학 활동이 유아의 사회성발달에 미치는 영향

과학 활동이 유아의 사회성발달에 미치는 영향은 유아가 규칙과 질서를 준수하고 타인을 배려하고 돌봐 주는 것으로 나타난다. 여럿이 함께 과학 활동에 참여하는 과정에서 차례를 지켜 도구를 나누어 쓰고, 서로 협동하여 물건을 찾고, 다른 유아의 생각을 존중하면서 유아의 사회성이 발달한다. 과학 활동에서 규칙과 질서의 준수는 특히 중요한데, 왜냐하면 규칙과 질서가 지켜지지 않으면 과학 활동이 원활히 진행되지 않을뿐더러 안전사고가 발생할 수 있기 때문이다. 따라서 과학 활동에서 요구되는 규칙과 질서를 준수함으로써 유아는 양보하고 인내하고 배려하는 태도를 기를 수 있다.

소집단으로 역할 분담이 이루어지는 과학 활동은 유아의 사회성발달에 훨씬 더 긍정적 영향을 미친다. 각자 역할을 분담하고 자신이 맡은 임무를 수행하면서 서로 칭찬하고 격려하며 도움을 주고받기 때문이다. 자기 의견만을 고집하지 않고 다른 유아의 의견을 존중하면서 서로 돕고 배려하므로 사회성이 발달한다. 즉, 성공적 결과를 위해 역할을 분담하고 과학 활동에 필요한 도구와 재료를 함께 운반하고 나누어 쓰며 빈번하게 도와주므로 사회성이 발달한다. 집단의 구성원으로서 자신의 임무를 충실히 수행함으로써 자신이 가진 능력을 발휘하므로 유아의 사회성이 발달하는 것이다.

2. 유아과학교육의 목적과 목표

유아는 타고난 과학자로서 주변의 사물과 현상에 호기심을 가지고 있지만, 유아의 자연세계에 관한 관심과 호기심이 지속해서 발달하려면 체계적 학습이 필요하다. 체계적 학습이 이루어지지 않으면 유아의 호기심이 금방 사라져서 과학적 개념이나 지식으로 발전하지 못하기 때문이다. 특히 과학적 소양은 유아 스스로 습득하기 어려우므로 유아는 과학을 학습해야 한다. 과학적 소양을 기르는 것에 의해 유아는 과학적 이해와 판단에 근거하여 합리적으로 의사결정하고, 과학을 인간과 자연, 사회 등과 연결하여 사고할 수 있다. 이러한 사고는 성장하면서 자원을 효율적으로 배분하고 이용하는 것과 같은 공공의 이익을 비롯하여 과학이 사회문제를 해결하는 데 이바지할 수 있는 다양한 정책과 제도에 관한 생각으로 발전하게 된다. 따라서 합리적으로 판단하고 실천하려면 유아기부터 과학적 소양을 기르는 것이 필요하다. 유아가 과학적 소양을 기르기 위해서는 다양한 문제를 접하고, 문제를 여러모로 살펴보고, 문제해결을 위한 여러 가지 방법을 시도할 기회를 얻어야 한다. 이러한 기회는 학습을 통해 얻을 수 있으므로 유아는 과학을 배워야 하며, 교사는 유아에게 과학을 가르쳐야 한다.

1) 유아과학교육의 목적

유아과학교육의 목적은 유아가 과학적 방법을 통해 과학지식을 습득하고 과학적 태도를 형성하는 것이다. 즉, 유아과학교육은 유아가 자신을 둘러싼 주변에 호기심을 가지고, 과학적 탐구과정에 필요한 기술을 습득하며, 과학지식을 실제 상황에 적용할 수 있도록 논리적 사고력을 기르는 것이다. 유아과학교육은 유아가 과학에 대한 흥미와 호기심을 가지고 유아 스스로 오감을 이용하여 주변 세계의 여러 현상과 사물을 탐색하고 이해하도록 도와준다. 단순한 호기심에 그치지 않고 유아의 호기심이 과학적 개념이나 지식으로 발전하도록 도와주는 것이 유아과학교육이다. 따라서 유아과학교육은 유아가 알고 싶어 하는 것에서 시작하고 과학적 소양을 길러 줄 수 있는 환경을 구성하는 것이 필요하다. 이러한 환경에서 유아는 자유롭게 질문하고 반응하면서 궁금증을 다양하게 해결할 수 있기 때문이다.

유아과학교육은 유아가 자기 삶을 긍정적으로 변화시킬 수 있는 과학지식과 과학적 태도 함양이 목적이므로 유아가 일상생활에서 겪는 모든 현상에 관심을 가지고 탐구하도록 촉진한다. 다시 말해, 유아과학교육은 유아가 생활 속의 다양한 현상이나 문제에 관심을 두고 상상력 안에서 알고 있는 법칙을 일상에 적용하여 문제를 해결하도록 유아의 주변과 일상생활을 강조한다. 또한 유아과학교육은 모든 유아를 위한 것이므로 나이와 성별, 문화적 배경, 신체적 조건, 과학에 대한 포부나 동기 등과 상관없이 모든 유아가 높은 수준의 과학적 소양을 성취할 수 있어야 함을 강조한다. 그러나 유아마다 다른 방식으로 세상을 탐색하면서 문제를 인식하고 사고를 발달시키므로 유아에게 나타나는 개인차를 고려한 교수-학습 방법을 다양하게 개발하는 것이 요구된다.

2) 유아과학교육의 목표

유아과학교육의 목적을 달성하기 위한 첫 번째 목표는 일상생활에서 접하는 사물과 현상에 대한 유아의 호기심을 발달시키는 것이다. 유아의 타고난 호기심과 흥미는 유아가 주변의 사물을 적극적으로 탐구하면서 과학지식을 습득하고 과학적 태도를 함양하는 원동력으로 작용한다. 주변 세계에 대한 유아의 호기심과 흥미가 없다면 과학 활동에 대한 유아의 능동적 참여는 기대하기 힘들다. 유아가 주변의 사물이나 현상에 의문을 가지고 끊임없이 질문을 던지고 탐구할 때 유아는 자발적으로 과학지식을 습득하고 과학적으로 사고할 수 있다. 그러므로 유아의 호기심이 단순히 호기심에 머무르지 않고 과학적 탐구과정을 통해 과학적 개념이나 지식으로 발전하려면 다양한 교수-학습 방법을 통해 유아의 호기심을 발달시키는 것이 필요하다.

두 번째 목표는 유아의 과학적 탐구능력을 신장시키는 것이다. 과학적 탐구과정에는 관찰이나 실험, 자료 수집과 분석 등이 포함되며, 이러한 과정에 원활히 참여하려면 다양한 능력이 요구된다. 돋보기나 자, 온도계와 같은 도구를 다룰 수 있어야 하고, 비교·분류·추론할 수 있어야 한다. 또한 소집단으로 여러 유아가 함께 실험을 수행하려면 자기 의견을 제시하고 다른 유아의 아이디어에 귀를 기울이는 등 서로의 아이디어를 교환하기 위한 의사소통능력이 필요하다. 유아는 일상생활에서 이용하는 도구나 기계의 쓰임새와 기능에도 관심을 기울이고 기본적인 사용 방법을 터득할 수 있어야 한다. 과학적 방법으로 문제를 해결하는 능력을 개발함으로써 유아는 과학 활동에 더 주도적으로 참여할 수 있으며, 과학적 탐구과정 자체를 즐기며 과학지식을 습득할 수 있다.

세 번째 목표는 유아의 비판적 사고력과 문제해결력을 향상하는 것이다. 과학은 인류의 역사와 함께 발전하면서 인간의 삶에 긍정적·부정적 영향을 미치고 있으므로 인간은 항상 과학과 사회의 관계에 대해 생각해야 한다. 다시 말해, 과학자의 사회적 책임이나 사회 속에서 과학의 역할, 문화에 대한 과학의 기여 등에 비판적으로 문제 제기하고 사고하고 판단하는 것이 필요하다. 단순히 과학지식을 많이 습득하는 것이 아니라 과학적으로 사고하고 창의적으로 문제를 해결할 수 있어야

한다. 그러므로 유아과학교육은 유아 스스로 문제를 제기하고 능동적으로 문제를 해결하고 생활 속에서 과학지식을 활용하는 데 역점을 두어야 한다. 유아가 어떻게 관찰하고 비판하고 새로운 생각을 구성하는지에 초점을 두고 과학 수업이 이루어져야 한다. 비판적 사고력과 문제해결력을 향상함으로써 유아는 과학자의 삶에 관심을 가지고 과학의 가치를 인식하며 인간과 자연의 조화로운 삶을 추구할 수 있다.

3. 유아과학교육의 역사

과학은 거의 백 년이라는 세월이 흘러 학교 교육과정 속에 자리매김하였다. 19세기에 과학이 교육에 도입되었으며, 자연과학과 기술이 급진적으로 발전한 19세기 후반에 본격적으로 학교교육에 과학 과목이 포함되었다. 과학교육은 자연과학의 발전과 세계정세의 변화에 따라 변천을 거듭하다가, 20세기 초 진보주의 이후 과학교육이 우리의 일상생활과 밀접한 관계를 맺게 되었다. 20세기 중반 이후 과학교육은 개인과 시민의 삶에 초점을 두면서 과학적 소양을 강조하게 되었으며, 현재 세계 대부분의 국가가 과학적 소양을 과학교육의 목적으로 받아들이고 있다. 우리나라의 과학교육은 미국 과학교육의 영향을 많이 받으며 시대적 요구를 반영하여 변화해 왔다. 즉, 우리나라 과학교육의 역사는 본질주의, 진보주의, 실증주의, 구성주의 등 미국 교육사조의 변화와 맥을 같이한다. 또한 교과 중심 교육과정, 경험 중심 교육과정, 학문 중심 교육과정, 인간 중심 교육과정 등으로 미국의 교육과정이 변함에 따라 과학교육의 목적과 방향이 변화하였다(이명제, 2001). 이처럼 미국 교육과정의 영향을 받은 우리나라 과학교육은 경험 중심 교육과정에서 학문 중심 교육과정으로 전환된 제3차 교육과정(1973~1981년)에서 가장 큰 변화가 있었다.

1) 미국 과학교육의 역사

미국 과학교육의 역사에 가장 큰 획을 그은 것은 1957년 소련이 미국보다 먼저 세계 최초의 인공위성인 스푸트니크(Sputnik)를 우주에 쏘아 올린 사건이다. 이 사건을 계기로 국가안보에 대한 위협과 위기의식이 고조되면서 미국은 유아교육부터 대학교육까지 전 교육과정을 개편하였다. 미국은 교육을 국력 강화의 주요 변인으로 간주하게 되었으며, 특히 학습자의 흥미를 중시하는 교육이 과학기술 발전에 도움이 되지 않는다는 비판이 거세지면서 수학과 과학교육을 대폭 강화하는 방향으로 교육과정이 개편되었다. 1957년 스푸트니크 충격으로 미국이 교육과정을 대대적으로 개편하면서 미국 과학교육의 역사는 1960년대 이전과 이후로 구분된다. 1960년대 이전에는 진보주의 시대로, 아동 중심 교육과 일상생활 문제해결을 강조하면서 아동 스스로 단서를 찾고 결론에 도달하도록 지도하는 방법이 지배적이었다. 스푸트니크 충격 이후 1960년대에는 학문 중심 교육이 강조되다가 1970년대 베트남 전쟁의 여파로 개인의 능력과 흥미의 차이를 고려한 인간 중심 교육으로 방향이 전환되었다.

교과 중심 교육과정은 학습자의 흥미나 요구보다 교과의 논리와 체계를 중시하는 교육과정으로, 항존주의(perennialism)에 기초한다(권낙원, 김민환, 한승록, 추광재, 2011). 교과(subject matter)는 학교교육의 목표를 달성하기 위해 교육내용을 체계적으로 조직해 놓은 묶음으로, 학습자는 교과의 지식을 습득함으로써 여러 가지 능력을 기르고 다양한 문제를 해결하게 된다. 교과 중심 교육과정은 학습자의 교과 지식 습득에 중점을 두고 교과의 지식을 중심으로 교육과정을 구성하며, 지식인을 이상적 인간으로 간주한다(유광찬, 2010). 교사가 교과의 지식을 논리적으로 전달하는 데 주안점을 두므로 교과 중심 교육과정은 학습자가 추상적 개념이나 원리, 이론 등을 학습함으로써 지적 활동의 수준을 높이는 데 매우 효과적이다. 그러나 수업이 주입식으로 이루어짐으로써 학습자의 능동성이나 자발성이 발휘되기 어렵고, 교육내용이 일상생활에 적용되기 어려운 경우가 많아서 학습자의 경험과 지식이 일치하지 않는다는 문제점이 제기된다.

경험 중심 교육과정은 학습자의 흥미와 동기 유발에 초점을 둔 교육과정으로, 진보주의(progressivism)에 근거한다(박휴용, 2012). 경험 중심 교육과정은 학습자를 교육의 핵심적 존재로 간주하는 만큼 학습자에게 다양한 경험을 제공하는 데 초점을 둔다. 1929년에 시작한 대공황으로 엄청난 시련을 겪으면서 미국은 실생활과 동떨어진 지식으로 더는 일상생활에서 부딪히는 문제를 해결할 수 없음을 절감하고 교과 중심 교육과정에 회의를 느끼게 되었다(유광찬, 2010). 즉, 경험 중심 교육과정은 교과 중심 교육과정을 비판하면서 등장한 교육과정으로, 실생활과 긴밀하게 연관되어 학습자의 문제해결력을 향상하는 데 효과적이다. 그러나 학습자의 구체적 경험을 지나치게 강조함으로써 학문의 구조와 체계를 소홀히 한다는 비판을 받았다. 이는 교육내용의 논리적 체계가 빈약하여 학습자가 체계적 지식과 기술을 습득하기 어려움을 가리킨다. 학습자의 흥미와 요구를 만족하는 학습활동에 치중함으로써 학습자의 기초 학력이 저하하는 결과가 초래된 것이다.

학문 중심 교육과정은 지식의 본질과 기본개념 습득을 강조한 교육과정으로, 본질주의(essentialism)에 뿌리를 둔다(유광찬, 2010). 학문 중심 교육과정은 학습자의 지적 능력 개발에 그 목적이 있으므로 학습자가 지식의 구조를 파악하도록 교육과정을 구성한다. 1957년 스푸트니크 충격으로 국가안보에 대한 위기의식이 고조되자 미국에서 과학교육에 대한 반성과 경험 중심 교육과정에 대한 비판이 거세게 일어나면서 학문 중심 교육과정이 대두되었다(홍후조, 2002). 학습자의 지적 능력을 강조하는 학문 중심 교육과정은 교과의 기본개념과 원리, 법칙, 이론 등을 학습자의 수준에 맞게 제시하는 데 주의를 기울인다. 더 나아가 발견학습(discovery learning)과 탐구학습(inquiry learning)을 강조함으로써 학습자에게 지식 습득의 기회를 제공하는 데 관심이 있다. 그러나 학문 중심 교육과정은 지나친 지적 능력 강조로 학습자의 전인적 발달을 도모하기 어렵고(유광찬, 2010), 지식의 본질을 강조함으로써 학습자가 현실과 유리되어 사회문제를 등한시한다는 비판을 받았다(양재훈, 2007).

인간 중심 교육과정은 학습자 개개인의 자아실현을 추구하는 교육과정으로, 인본주의(humanism)에 기초한다(고재희, 2010). 인간 중심 교육과정은 학문 중심 교육과

정의 문제점을 해결하고자 1970년대부터 등장한 교육과정으로, 인간성 함양과 전
인적 발달을 강조한다(권낙원 외, 2011). 인간 중심 교육과정은 학습자가 잠재능력
을 개발함으로써 자아를 실현하고 사회구성원으로서 자기 임무를 수행하는 데 초
점을 둔다. 따라서 인간 중심 교육과정은 학습자가 자신의 가능성을 발견할 수 있
는 교육환경을 강조한다(박휴용, 2012). 교사는 학습자의 잠재능력 개발을 위해 인
간성이 구현되는 교육환경을 구성하고, 학습자가 자기 생각이나 느낌을 솔직하게
표현할 수 있는 개방적이고 수용적인 교실 분위기를 조성한다. 이처럼 인간 중심
교육과정은 인간성을 강조함으로써 학습자의 자아실현에 이바지한다. 하지만 잠
재능력 개발이나 자아실현 등의 교육목표가 달성 여부를 확인하기 어렵고(유광찬,
2010), 학교와 학급의 규모가 적정 수준으로 조정되지 않으면 실현되기 어렵다는
문제점이 제기된다.

2) 우리나라 과학교육의 역사

우리나라는 1945년 광복 이듬해 교수요목(1946~1954년)이란 이름으로 간결한 교
육과정을 공포하였다. 이는 홍익인간을 우리나라의 교육이념으로 표방하면서 과
학기술의 인류 문화에 대한 공헌을 명시한 것이다. 미국의 진보주의 교육사조의 영
향을 받아 초등학교 1~3학년 과학이 '자연관찰'이라는 내용으로 '사회생활'에 통합
하여 편성되고 실생활과 관련된 내용을 많이 포함하였다(김헌수, 2012). 1954년부
터 1963년까지의 제1차 교육과정은 빈곤타파를 위해 과학기술 교육을 강조하였다.
제2차 교육과정은 1963년부터 1973년까지에 해당하고, 실험과 실습 위주의 과학교
육을 언급하였다. 제1차와 제2차 과학과 교육과정은 경험 중심 교육과정의 영향으
로 일상생활과 관련된 내용을 많이 포함하였다.

1973년부터 1981년까지의 제3차 교육과정은 교과의 기본개념과 원리를 강조하
는 학문 중심 교육과정의 영향을 받아 국가경제발전에 이바지하는 과학의 중요성
을 강조하였다. 특히 스푸트니크 충격 이후 교육과정을 대대적으로 개편한 미국의
영향을 많이 받은 제3차 교육과정에서 과학교육이 가장 크게 변화하였다. 제4차 교

육과정(1981~1987년)은 인본주의에 기초한 인간 중심 교육과정의 영향을 받아 학습자의 수준과 발달에 적합하도록 학습의 내용과 양을 조정하였다. 제5차 교육과정(1987~1992년) 역시 인간 중심 교육과정으로 문제해결력과 사고력의 중요성을 언급하고, 학습자의 수업 부담을 줄이기 위해 과학 선택과목을 축소하였다(김헌수, 2012).

제6차 교육과정(1992~1997년)은 우리나라 최초로 중앙집권형에서 지방분권형으

로 전환한 교육과정으로, 과학교육의 중요성보다 과학적 소양을 기르는 데 중점을 두었으며(김영수, 임용우, 2013), 제7차 교육과정(1997~2007년)은 학습자의 수준을 고려하여 심화형과 보충형의 수준별 교육과정을 도입하였다. 2007 개정 교육과정(2007~2009년)은 학습자가 과학에 흥미를 느끼고 탐구능력을 향상할 수 있도록 자유탐구를 도입하였다. 2009 개정 교육과정(2009~2015년)은 학습자의 흥미와 적성에 따라 필요한 과목을 선택하고 집중할 수 있도록 교과군과 학년군을 도입하고 고등학교 과학을 융합형 과목으로 개정하였다. 2015 개정 교육과정(2015~현재)은 기존 교육과정과 확연히 다른 문·이과 통합교육과정이다. 현재 우리나라 과학교육은 시민으로서 과학을 이해하고 과학과 사회의 관련성을 사유하는 과학적 소양에 초점을 둔다.

3) 유아과학교육의 발달 과정

1969년에 처음으로 제정되고 공포된 제1차 유치원 교육과정은 경험 중심 교육과정의 영향을 받은 것으로, 아동과 경험, 흥미, 생활 중심의 교육을 강조한다. 제1차 유치원 교육과정은 건강, 사회, 자연, 언어, 예능의 다섯 가지 생활 영역으로 구성되며, 이 중 자연생활 영역에서 과학교육을 다룬다. 과학교육의 목표는 유아가 생활 속에서 접하는 동·식물과 자연현상에 흥미를 갖고 관찰하고 활용하는 태도를 기르는 것이며, 생활필수품의 성질과 용도를 알고 활용하는 등 실생활의 경험에 초점을 둔다. 1979년에 공포된 제2차 유치원 교육과정은 학문 중심 교육과정의 영향을 받은 것으로, 사회정서발달, 인지발달, 언어발달, 신체발달과 건강의 네 가지 발달 영역으로 구성된다. 과학교육은 학문 중심 교육과정의 영향으로 사물과 자연현상에 대한 기본개념 형성, 지식 구조 이해 등을 강조하고, 목표 진술에서도 '~하게 한다.' '~이해시킨다.' 등의 개념을 형성하는 문장을 사용한다(채윤정, 2009).

1981년에 공포된 제3차 유치원 교육과정은 처음으로 초·중등 교육과정과 함께 개정된 것으로, 유·초·중등 교육과정의 상호연계성을 고려하여 유치원 교육과정이 집중적으로 연구된 최초의 교육과정이다. 이 시기부터 교육과정은 단일한 교육사조의 영향을 받기보다 여러 가지 이론에 근거하여 개인적·사회적·학문적 조화를 추구하는 전인적 성장을 강조한다. 제3차 유치원 교육과정은 신체발달, 정서발달, 언어발달, 인지발달, 사회성발달의 다섯 가지 발달 영역으로 구성되며, 과학교육은 직접적 경험을 통해 자연현상에 대한 기본개념을 습득하는 데 초점을 둔다. 제4차 유치원 교육과정은 1987년에 공포되고, 교육현장의 실태와 요구를 반영하여 교육목표와 교육내용, 교육자료, 교육평가 등을 구체적으로 개정한 것이다. 제3차 유치원 교육과정처럼 다섯 가지 발달 영역으로 구성되며, 과학교육 역시 구체적 경험을 통한 자연현상에 대한 기본개념 습득을 목표로 한다.

1992년에 고시된 제5차 유치원 교육과정은 한국유아교육학회가 개발한 것으로, 만 3세 유아의 유치원 입학이 합법화되면서 교육과정의 내용이 만 3, 4세를 위한 수준 I과 만 4, 5세를 위한 수준 II로 나뉘어 제시된다. 이전 교육과정과 다르게 제5차 유치원 교육과정은 건강생활, 표현생활, 사회생활, 언어생활, 탐구생활의 다섯 가지 생활 영역으로 구성되며, 탐구생활의 하위 영역인 과학적 사고에서 주변 환경과 자연현상에 대한 과학적 사고 함양을 강조한다. 1998년에 발표된 제6차 유치원 교육과정은 수준별 교육내용의 연속성과 교육과정 운영의 자율성에 중점을 둔 것으로, 제5차 유치원 교육과정처럼 다섯 가지 생활 영역으로 구성된다. 제6차 유치원 교육과정은 제5차 유치원 교육과정의 과학적 사고를 과학적 탐구로 바꾸고, 일상생활의 문제를 탐구하고 해결하는 태도를 강조하면서 탐구 그 자체를 목표로 설정한다.

2007 개정 유치원 교육과정은 유아의 발달을 돕는 총체적 환경으로서 유아교육을 체계화하고 초·중등 교육과정과의 연계성을 강화한다. 탐구생활 영역은 탐구하는 태도와 과학적 기초능력을 기르는 데 중점을 두고, 현대 사회에 능동적으로 대처할 수 있도록 창의적 탐구능력과 논리적 문제해결력의 함양을 목표로 한다. 2011년에 고시된 5세 누리과정은 유치원 교육과정과 어린이집 표준보육과정이 통합된 것으로, 교육과 보육에 대한 국가의 책임을 골자로 한다. 유치원 교육과정의 탐구생활 영역은 누리과정에서 자연탐구 영역으로 바뀌고, 호기심을 가지고 탐구하는 태도와 생활 속 문제를 해결하기 위한 기초능력 함양에 중점을 둔다. 2013년

부터는 만 3, 4세까지 누리과정이 확대되어 3~5세 연령별 누리과정이 시행되고 있으며, 현재는 유아가 중심이 되는 놀이 위주의 교육과정인 2019 개정 누리과정이 유치원과 어린이집에 공통으로 적용되고 있다.

　2019 개정 누리과정은 교사의 교육과정 운영에 대한 자율성과 다양성을 지원하고 놀이가 중심이 되는 국가 수준 교육과정으로, 유아의 놀이를 지원하기 위한 교사의 자율성 강화를 강조한다. 과학교육의 내용과 방법에서도 최소한의 기준만을 제시함으로써 교사의 일방적 과학지식 전달이 아니라 유아 스스로 발견하거나 재구성하는 데 초점을 둔다(이은송, 2021). 과학교육은 신체운동, 의사소통, 사회관계, 예술경험, 자연탐구의 5개 영역 중 자연탐구 영역에 포함되며, 유아가 탐구과정을 즐기고 자연과 더불어 살아가는 태도를 기르는 것을 목표로 한다. 과학교육의 내용은 물리학과 화학, 생명과학, 지구과학, 공학, 생태학 등의 내용 범주를 포함하고, 과학교육의 방법은 교사가 놀이의 가치와 의미를 이해하고 유아가 놀이를 통해 과학지식을 습득하도록 지원하는 데 중점을 둔다. 2019 개정 누리과정은 교사가 과학교육에 통합적으로 접근할 수 있다는 장점과 교사가 교육내용을 정확히 알지 못하면 형식적이고 피상적인 교육이 될 수 있다는 한계점을 지닌다(최혜윤, 2020).

제2부

유아과학교육의 내용

제4장 과학지식

제5장 과학적 방법

제6장 과학 태도

제**4**장

과학지식

1. 유아의 개념

유아는 체계적인 과학교육을 받기 전부터 일상 경험을 통해 여러 가지 사물의 특징과 현상에 대한 나름의 개념을 형성한다. 이러한 유아의 개념은 유아가 일상생활과 대중매체를 통해 다양한 사람을 만나고 다양한 정보를 접하면서 형성되며, 과학적 개념일 수도 있고 아닐 수도 있다. 과학적 개념이 아니면 교육을 통해 수정되고 보완되면서 과학적 개념으로 변화되기도 하지만, 바뀌지 않은 채 성인이 될 때까지 지속될 수도 있다(Viennot, 1979; von Glasersfeld, 1995). 기존의 개념으로 이후에 나타나는 사건이나 현상이 잘 설명되면 그 개념이 강화되거나 확장되면서 유아의 개념이 공고화되기 때문이다. 즉, 유아는 자신의 잣대로 주변 세계를 해석하기 때문에 학습이 이루어진 후에도 자신의 방식으로만 이해하면서 개념이 변화되지 않을 수 있다(송연숙, 2011). 심한 경우에 평생 잘못된 개념으로 세상을 오해하면서 살아가기도 한다. 따라서 교사가 할 일은 유아의 순진무구한 생각을 정확하고 논리정연한 개념으로 바꾸는 것이다(Pine, Messer, & St. John, 2001). 교사는 적극적으로 유아가 과학적 개념을 형성할 수 있도록 도와주어야 하며, 이러한 이유로 유아과학교육의 내용에 과학적 개념이 포함된다.

1) 유아의 개념 형성

유아는 시각, 청각, 미각, 후각, 촉각의 오감을 이용해 주변 세계를 인식하고 이해하면서 나름의 방식으로 개념을 형성한다. 유아는 주변 세계와 능동적으로 상호작용하면서 수많은 직관적 아이디어와 이론을 만든다(Kuhn, 1989). 새로운 지식은 유아의 직관적 아이디어에 닻을 내리고 만들어지므로(Clement, Brown, & Zietsman, 1989) 유아의 직관적 아이디어는 유아발달의 출발점이 된다(Karmiloff-Smith, 1992). 유아는 자신의 인지구조에 의해 형성된 기존의 개념 체계나 해석적 틀을 이용하여 주변 세계를 이해한다. 그러나 전조작기에 해당하는 유아는 자신의 인지구조에 의해 사고능력이 제한될 수 있다. 인지구조 때문에 유아는 자신의 신념이나 기대하는 방향으로만 생각함으로써 현상을 객관적으로 관찰하거나 판단하지 못하는 것이다. 결국 유아가 교실에 가지고 오는 기존 개념은 유아의 학습 과정에 결정적 영향을 미치므로 교사는 유아의 기존 개념을 파악하고 유아가 기존 개념을 변화시킬 수 있도록 도와주어야 한다.

기존 개념을 변화시키는 것은 유아가 기존 개념을 버리고 새로운 개념으로 대체하거나 기존 개념을 재구성하고 발전시키는 것에 의해 가능하다. 이러한 개념 변화에 대한 관점은 두 가지가 있는데, 하나는 유아의 부정확한 개념이 교사의 정확한 개념화를 지지하면서 마침내 버려진다고 말한다(Posner, Strike, Hewson, & Gertzog, 1982). 유아의 개념이 과학자의 관점에서 잘못된 것이므로 제거되어야 한다는 것이다. 다른 하나는 유아의 개념이 성인의 개념과 양립할 수 있어서 단지 재개념화가 필요하며(Carey & Gelman, 1991), 경험으로 다듬어질 뿐 기본 원칙은 버려지거나 대체되지 않는다고 말한다. 유아의 개념이 잘못된 것이 아니므로 유아가 자연세계를 이해하고 해석하는 데 기준이 되는 지식 체계로서 의미가 있다는 것이다. 두 가지 관점이 반대되는 주장을 펼치고 있음에도 두 관점 모두 유아가 점진적 학습을 통해 기존 개념을 변화시키고 새로운 개념을 형성해야 한다는 것에는 동의한다. 따라서 교사는 다양한 교수-학습 방법을 사용하여 유아의 개념이 명백하고 정확한 개념으로 발전될 수 있도록 다각적인 노력을 기울여야 한다.

2) 유아의 오개념

(1) 오개념의 정의

오개념(misconceptions)은 실제 과학적 사실에 기초하지 않은 믿음으로, 종교적 · 문화적 영향에 의해 사전에 형성된 개념이다. 오개념은 과학교육에서 가장 폭넓고 종합적으로 연구되는 주제로(송진웅, 2003), 오개념의 유형과 형성 원인, 오개념의 변화과정, 오개념 변화를 위한 교수-학습 방법 등이 연구되고 있다. 오개념은 맥락 의존적으로 형성되며, 한번 만들어진 오개념은 바꾸기 어렵고 안정적이며 적용 범위가 넓다는 특성이 있다(Taber, 2009). 이러한 특성 때문에 오개념은 유아가 새로운 정보를 받아들이거나 맥락에서 지식을 재구성하는 것을 방해할 수 있다.

그런데도 유아는 많은 오개념을 가지고 있으며, 그것에 기초하여 새로운 지식을 형성하므로 오개념은 학습 과정에서 무시될 수 없는 중요한 요인이다(Pine, Messer,

& St. John, 2001). 따라서 교사가 유아의 과학적 개념 형성을 도와주려면 유아의 오 개념을 파악하는 것이 우선으로 요구된다. 유아가 가진 오개념의 유형을 정확히 파 악할수록 교사는 유아의 개념 변화를 더 신속하고 효과적으로 도와줄 수 있기 때문 이다. 교사는 오개념을 과학적 개념으로 변화시킬 수 있는 다양한 교수-학습 방법 을 개발하고 적용함으로써 적극적으로 유아의 개념 변화를 도와주어야 한다.

(2) 오개념 형성 원인

오개념이 형성되는 원인은 크게 내적 요인과 외적 요인으로 구분된다. 내적 요 인은 유아의 인지발달 단계에 따른 특성으로, 직관적 사고와 성급한 일반화, 무분 별한 유추 등으로 인해 오개념이 형성된다. 유아는 보고 듣는 능력이 제한적이고, 현상의 전반적 면보다 한정된 측면만을 지각하며, 현저하게 보이는 특징에만 관심 을 보인다. 즉, 유아는 관찰할 수 있는 특징에만 주의를 집중하고 관찰되지 않는 것 에 대해서는 존재를 인식하지 못하거나 부정하는 경향 때문에 오개념을 형성한다. 또한 유아는 한 곳에 오랫동안 주의를 집중하지 못하고, 문제 상황에서 관찰할 수 있는 속성에 바탕을 두고 추론한다. 유아는 사건의 동시성을 깨닫지 못하고 연달아 일어나는 사건을 순차적으로 지각하므로 사건의 가역적 관계를 파악하지 못한다. 유아는 시간에 따른 순서에 집착하여 인과 관계를 찾으므로 서로 무관한 사건을 원 인과 결과로 연관 짓는 등(권예순, 2005) 모든 사건을 원인과 결과의 관점에서 추론 한다. 이렇듯 유아는 시간적 순차성과 공간적 인접성에 의해 현상을 지각하는 경향 때문에 오개념을 형성한다.

오개념 형성에 영향을 미치는 외적 요인은 물리적 환경과 사회문화적 환경으로 구분되며, 유아의 일상생활과 밀접한 연관이 있다. 물리적 환경은 부모의 나이와 직업, 가정의 사회·경제적 지위, 주거지의 자연환경, 학교의 지리적 조건과 설비 등을 포함하며, 유아의 개념 형성에 많은 영향을 미친다. 어떤 물리적 환경에서 자 라느냐에 따라 유아의 놀이나 상호작용하는 사물 등이 달라지면서 유아가 외부 세 계를 탐색하고 받아들이는 지식과 정보에서 차이가 생긴다. 가령 농촌에 사는 유아 는 주변에서 자연스럽게 곤충을 접하고 직접 관찰하면서 구체적 지식을 획득하지만, 도시에 사는 유아는 곤충에 관한 지식을 주로 책에서 얻기 때문에 곤충에 대한 오개념을 형성하기 쉽다(이정애, 홍승호, 2008). 유아는 감각적 경험과 관찰을 통해 물리적 환경과 상호작용하면서 의식적·무의식적으로 개념을 형성하는데, 이때 오개념이 형성되기 쉬운 것이다(Head, 1986). 따라서 유아가 오개념을 형성하지 않으려면 현장학습을 통해 자연환경에서 직접 관찰하고 탐색하는 것이 무엇보다 필요하다.

사회문화적 환경에는 부모, 교사, 또래와 같이 유아의 주변 사람들, 과학 관련 책, 라디오와 영화, 텔레비전과 같은 대중매체 등이 포함된다. 유아의 주변 사람 중에서도 특히 교사는 유아가 오개념을 형성하는 데 많은 영향을 미친다. 교사가 과학지식 부족으로 개념을 잘못 설명하거나 충분하게 의미를 전달하지 않을 때 유아의 오개념이 형성된다(김신곤, 2013). 더군다나 교사 자신이 상당히 많은 오개념을 소유하고 있으면 교사의 오개념이 그대로 유아에게 전달되어 유아의 오개념이 형성될 수 있다. 부모 또한 유아의 오개념 형성에 영향을 미치는데, 왜냐하면 부모의 오개념이 일상적 대화를 통해 유아에게 전달되기 때문이다. 대부분 부모는 자신이 알고 있는 개념이 오개념인지도 모른 채 유아와 대화하는 경우가 많아서 유아에게 많은 오개념이 전달될 수 있다. 그러므로 교사나 부모가 자신의 오개념을 깨달을 수 있도록 교사연수나 부모교육이 필요하며, 이를 통해 오개념을 끊임없이 점검하고 수정하는 작업이 이루어져야 한다.

과학 관련 책은 과학 활동의 중심적 자원으로 유아에게 정보를 제공하면서 유아가 오개념을 형성하는 근원으로 작용한다. 부모나 교사가 과학 관련 책을 읽어 주고 유아는 들으면서 과학지식을 습득하기 때문이다. 과학 관련 책에서 개념에 대한 설명이 불명확하거나 잘못된 경우, 단계별로 연관된 설명이 부족한 경우(김우현, 2001), 정확하지 않은 용어를 사용한 경우, 비유가 적절하지 않은 경우, 삽입된 그림이나 사진이 적절하지 않은 경우에 유아의 오개념이 형성될 수 있다. 대부분 부모나 교사는 과학 관련 책을 세세히 살펴보고 평가한 후 선정하지 않으므로 과학 관련 책에 의해 유아의 오개념이 쉽게 형성될 수 있다. 부모나 교사는 책이 잘못된 개념을 포함할 것으로 생각하지 않고 신뢰하는 경향이 있어서 책에 의한 오개념 형성이 자주 발생하는 것이다. 책에 의한 오개념 형성은 나이가 증가하면서 스스로 책을 고르고 읽을 수 있을 때 더 두드러지는데(한태현, 2015), 왜냐하면 사실보다 흥미 위주의 책을 고르는 경우가 많아지기 때문이다.

유아는 언어를 통해 사회문화적 환경과 상호작용하고 있으며, 이때 언어를 사용하는 상황에 따라 언어의 의미가 달라지면서 오개념을 형성하게 된다(Gilbert, Osborne, & Fensham, 1982). 예를 들어, 과학 활동에서 자주 사용하는 '들다'라는 말은 볕이 들다, 새집에 들다, 단풍이 들다, 마음에 들다, 나이가 들다, 감기가 들다, 맛이 들다 등 셀 수 없이 많은 상황에서 다른 의미로 사용된다. 그러므로 유아는 환경과 상호작용하면서 어떤 한 의미를 다른 의미와 혼동하여 사용하거나 상황에 따라 다르게 적용하면서 오개념을 형성한다. 또한 같은 용어가 일상생활과 과학에서 쓰일 때 다른 의미를 지니는 경우 유아의 오개념이 형성될 수 있다. 과학에서 속도와 가속도는 정량적 의미를 지니면서 서로 다른 개념이지만, 일상생활에서 속도와 가속도는 '빠르다' '더 빠르다'와 같이 정도를 나타내는 개념으로 사용된다. 이처럼 일상 언어의 의미가 부정확하고 미분화되어 있어서 유아는 일상 언어를 통해 오개념을 형성하게 된다.

특히 언어가 지닌 독특한 성질인 사회성, 역사성, 법칙성, 창조성 등이 유아의 오개념 형성에 영향을 미친다. 언어의 사회성 때문에 유아는 자신이 속한 사회의 풍습, 종교, 가치, 신념 등을 사회구성원과의 상호작용을 통해 습득하면서 개념을 형성한다. 유아 자신이 속한 사회에서 사용하는 의미를 자신의 것으로 받아들여 개념을 형성하는 것이다. 가령 물을 얻기 위해 매일 11시간씩 걸어야 할 정도로 물 부족이 심한 곳의 유아는 물을 귀하고 소중하며 아껴야 하는 것으로 간주하지만, 그렇지 않은 곳에 사는 유아에게 물은 수도꼭지를 틀면 언제든지 나오고 그냥 마시고 먹고 씻기 위한 것일 뿐이다. 또한 언어의 창조성 때문에 언어는 그 의미와 가능성을 넓혀 항상 새로운 비유를 낳는 특성이 있다. 그래서 동화책이나 대중매체에 나타나는 언어의 은유적 성격 때문에 유아의 오개념이 형성된다. 이를테면, 하늘은 지표를 둘러싸고 있는 공간으로서 맨눈으로 볼 수 있는 범위를 말한다. 그러나 신화나 전설에서 하늘은 바람을 일으켜 구름을 몰아 비를 내리고 천지 만물을 주재하는 절대자의 모습으로 나타나며, 사람이 죽은 후 그 영혼이 올라가서 머무는 곳으로 묘사된다.

(3) 오개념 변화를 위한 교수-학습 방법

오개념은 일단 형성되고 나면 바꾸기 어렵고 학습 과정에 지속해서 영향을 미친다는 점이 특징이다. 또한 오개념은 유아의 인지구조 속에 존재하면서 교사가 가르치려는 내용과 상호작용하여 교사의 의도와 다르게 전달될 수 있다(이정애, 홍승호, 2008). 따라서 교사가 유아의 오개념을 과학적 개념으로 바꾸려면 전통적 교수-학습 방법이 아니라 좀 더 정교하고 계획적인 교수-학습 방법을 사용하는 것이 요구된다. 다시 말해, 강의나 질문과 같은 전통적 교수-학습 방법으로는 유아의 오개념을 성공적으로 변화시킬 수 없으므로 교사는 오개념을 바꾸기 위한 새로운 교수-학습 방법을 마련해야 한다. 교사는 유아 스스로 자신의 개념이 잘못된 것임을 인지할 수 있도록 학습 경험을 제공하여 과학적 개념이 형성될 수 있도록 도와주어야 한다.

유아의 오개념을 성공적으로 변화시키려면 우선으로 유아가 자신의 기존 개념에 불만을 느끼게 해야 한다(Posner et al., 1982). 기존 개념으로 풀리지 않는 문제가 많아질 때 유아는 기존 개념에 대한 신뢰를 잃게 되고 새로운 개념을 찾게 된다. 새로운 개념을 사용하여 기존 개념으로 풀리지 않던 문제가 해결되고, 새로운 개념이 다른 문제의 해결에 이용된다면 유아는 새로운 개념을 받아들이게 된다. 기존 개념에 대한 불만, 새로운 개념의 이해, 새로운 개념의 타당성, 새로운 개념의 유용성 등의 네 가지 조건이 충족될 때 개념이 변화하는 것이다. 드라이버(Rosalind Driver)와 올드햄(Valerie Oldham)은 자기 생각을 표현하고, 재구성하고, 재구성한 생각의 타당성을 평가하고, 재구성한 생각을 활용하고 검토하는 등의 과정을 통해 오개념이 변화될 수 있다고 말한다(Driver & Oldham, 1986).

결국 오개념이 변화되기 위해 가장 중요한 것은 유아가 오개념을 가지고 있다는 사실을 스스로 깨닫게 하는 것이다. 오개념은 거의 겉으로 드러나지 않아서 교사에게 종종 발견되지 않으며(Philips, 1991), 유아 자신이 오개념을 인지하지 못한 채 오개념에 근거하여 행동한다. 그러므로 유아가 자기 생각을 충분히 표현함으로써 자신의 개념을 인지하도록 하는 것이 중요하다. 교사는 비가시적 자연현상을 가시화하여 구체적 사례를 제시한 후, 유아가 사물과 현상에 대한 자기 생각을 정리하고 발표함으로써 자신의 오개념을 깨닫게 해야 한다(권용주, 남정희, 이기영, 이효녕, 최경희, 2013). 교사는 유아의 생각과 상충하는 현상이나 사건을 제시하여 유아가 자기 생각에 불만을 품고 새로운 생각을 구성하려는 동기를 유발해야 한다. 그러나 유아 스스로 새로운 생각을 구성하기는 쉽지 않으므로 교사는 과학적 개념을 구체적으로 제시하여 유아가 오개념을 과학적 개념으로 변화시킬 수 있도록 도와주어야 한다.

2. 자연과학에 대한 유아의 개념

과학지식은 과학교육의 목적과 목표, 내용, 교수-학습 방법 등을 결정하는 기준이 된다. 다시 말해, 교사의 과학지식이 부족하면 과학교육의 내용이 충분히 채워지지 않으며 다양한 교수-학습 방법을 사용할 수 없다. 따라서 교사는 유아에게 적합한 과학교육의 내용을 선정하고 유아의 과학적 개념 형성을 도와주기 위해 자신이 알고 있는 과학적 개념이 정확한지를 우선으로 검토해야 한다. 교사의 잘못된 설명이나 불충분한 의미 전달로 유아가 오개념을 형성하거나 교사 자신의 오개념이 그대로 유아에게 전달될 수 있기 때문이다. 실제로 많은 교사는 과학적 개념을 중시하기보다 활동 계획안 작성과 자료 준비, 활동 평가 등의 과학 활동을 전개하는 것에만 관심을 둔다. 과학적 개념을 가볍게 생각하거나 단순히 몇 개의 개념을 언급하는 정도로 과학 활동을 전개하는 것이다. 이는 유아의 오개념을 변화시키는 데 도움이 되지 않으며, 장기적으로 유아가 과학 활동에 흥미와 관심을 잃는 결과를 초래할 수 있다. 그러므로 교사는 유아의 개념을 파악할 뿐만 아니라 자신의 과학적 개념을 명확히 한 후 과학 활동을 전개하고, 항상 학습자의 자세로 새로운 개념을 습득하고 내면화하는 것이 필요하다.

1) 유아의 물리학 개념

(1) 물리학이란

물리학(physics)은 물체 사이의 상호작용과 물체 운동, 에너지 변화 등을 연구하여 자연을 이해하는 학문으로, 물질로부터 발생하는 현상을 다루고 현상들에 공통으로 나타나는 보편적 법칙을 발견한다. 예를 들어, 우주에 존재하는 모든 물체는 운동하며, 이러한 물체의 운동을 설명하는 객관적 법칙이 뉴턴의 운동 법칙이다. 뉴턴의 운동 법칙은 천체 운동뿐만 아니라 지구상 물체의 운동도 잘 설명함으로써 힘과 물체의 운동을 다루는 뉴턴역학의 기초가 된다. 물리학의 법칙은 광범위한 시간과 공간에서 보편적으로 성립하며, 물리학의 대상은 크기가 없다고 생각될 정도로 작은 전자나 쿼크부터 우주 전체에 이르기까지 광범위하다. 물리학은 자연에 대한 이해가 목적인 경험과학으로서 현상들 속에서 가장 기초적인 물질의 운동 형태를 다루므로 매우 추상적이고 보편적 특성이 있다.

물리학은 크게 고전 물리학과 현대 물리학으로 구분된다. 고전 물리학은 정상적 범위에서 관찰할 수 있는 물질과 에너지에 관심을 두지만, 현대 물리학은 매우 작거나 큰 범위의 극한적 조건에 있는 물질과 에너지의 움직임을 다룬다. 이를테면, 원자물리학과 핵물리학은 화학 원소가 발견될 수 있는 정도의 작은 범위에 있는 물질을 연구하며, 소립자물리학은 그보다도 더 작은 범위에 있는 물질을 다룬다. 결국 물리학은 지구와 지구 안의 생명체부터 우주 전체까지 망라하여 물질과 에너지에 관한 현상을 설명한다. 화학이나 천문학, 지질학, 생물학 등 자연과학의 모든 분야가 물리학의 법칙을 따른다. 그래서 물리학은 기초 과학으로 간주하며, 자연과학 중에서도 가장 기본적이고 가장 먼저 체계화된 학문이다.

(2) 힘

힘(force)은 물체 사이의 상호작용으로, 물체의 속도와 방향, 구조 등을 변화시키는 원인이다. 다시 말해, 힘은 물체를 가속하거나 변형시키는 요인이다. 우주의 모든 힘은 네 가지 기본 상호작용인 강한 상호작용, 약한 상호작용, 전자기 상호작용, 중력으로 표현된다. 구체적으로 지구가 물체를 잡아당기는 중력, 유체 속에서 받는 부력, 자석이나 전기를 띤 물체 사이에 작용하는 전자기력 등이 있다. 물체에 힘을 가하면 그만큼의 힘을 반대 방향으로 받는다. 그러나 힘은 인력이나 척력으로 인식되기 때문에 유아는 힘을 직관적으로 이해하기 쉽다. 이는 이경하(2007)의 연구에서 유아가 힘을 줘서 끌었으니까 바구니가 움직였다거나 고무줄을 당기면 날아갈 것이라고 대답하는 데서 잘 나타난다. 또한 유아는 힘을 용기나 정의, 두려움, 강인함 등 추상적이고 정의적인 것으로 생각한다. 물체가 크고 딱딱하면 힘이 더 세다고 생각하는 등 유아는 대상이 갖는 지각적 속성으로 힘을 이해한다.

압력(pressure)은 물체와 물체의 접촉면 사이에서 서로 수직으로 미는 힘으로, 단위 면적당 수직 방향으로 가해지는 힘을 말한다. 같은 크기의 힘을 가할 때 면적이 좁을수록 압력이 커지게 된다. 압력은 고체, 액체, 기체 등 물질의 모든 상태에서 나타나고, 작용하는 대상에 따라 수압이나 기압 등으로 부른다. 압력은 일상생활에서 느끼지 못하는 힘이어서 유아는 지각적 속성으로 판단하는데, 이때 오개념이 형성되기 쉽다. 가령 유아는 철판을 스펀지 위에 세우면 뾰족해서 더 많이 들어간다 거나(김효남, 조부경, 백성혜, 2003) 무게가 더 커져서 더 많이 들어간다고 생각한다. 주사기를 똑같은 힘으로 밀어서 주사기 안의 물을 내보낼 때도 유아는 주사기의 구 멍이 작으면 물이 조금씩 나오니까 가벼워서 더 멀리 나간다는 식의 비과학적 사고 를 한다. 유아는 사물이 갖는 지각적 속성에 의해 압력의 크기와 방향을 이해하는 것이다.

마찰력(frictional force)은 물체가 표면에 접촉해 있을 때 물체의 운동을 방해하는 힘이다. 표면이 맨눈으로 아무리 매끄럽게 보여도 미시세계에서는 매우 거칠어서 두 표면 사이에는 마찰력이 작용한다. 교실에서 책상을 밀 때 책상이 쉽게 움직이 지 않는 이유는 책상과 교실 바닥 사이에서 책상의 운동을 방해하는 마찰력이 작용 하기 때문이다. 마찰력은 물체가 움직이지 않을 때 작용하는 정지 마찰력과 두 물 체가 움직이고 있을 때 발생하는 운동 마찰력 등으로 구분한다. 김신곤(2013)의 연 구에서 유아는 거칠거칠한 면이 매끄러운 면보다 마찰력이 더 크다는 것을 경험으 로 알고 있다. 목욕탕이나 스케이트장에서 미끄러져 본 경험이나 놀이터의 미끄럼 틀에 모래가 있어서 잘 내려가지 못했던 경험을 통해 마찰력을 이해하는 것이다. 유아는 마찰력 때문에 경사로에서 물체가 잘 미끄러지지 못한다는 것을 이해하지 만(이경하, 2007), 가만히 서 있을 때도 마찰력이 작용한다는 것은 이해하지 못한다.

부력(buoyancy)은 유체에 잠긴 물체가 중력과 반대 방향으로 유체로부터 받는 힘 을 일컫는다. 즉, 물체를 둘러싼 유체가 물체를 위로 밀어 올리는 힘이 부력이다. 크고 무거운 배가 물에 뜨는 것이나 헬륨 풍선이 위로 올라가는 것도 부력 때문이 다. 부력의 크기는 유체에 잠긴 물체의 부피에 해당하는 유체의 무게와 같다. 유체 보다 밀도가 작은 물체는 뜨고, 밀도가 같은 물체는 유체의 어딘가에 정지하고, 밀 도가 큰 물체는 가라앉는다. 그래서 배가 물에 뜨려면 배의 내부에 빈 곳을 많이 두 고 공기로 가득 채워서 배의 밀도가 물의 밀도보다 작아야 한다. 부력에 대한 유아 의 개념은 무거운 물체가 가라앉는다고 생각하고, 부피와 무게를 동시에 고려하지 못하여 물체가 가라앉는 이유를 잘 설명하지 못하는 것으로 나타난다(김민정, 2003; 박선미, 2004; 송은영, 2007). 유아의 상당수는 나무토막이 가라앉을 것이라고 대답하며(박선미, 2004), 직관적 사고로 인해 물체의 외관상 특징만 보고 일관성 없이 물체가 뜨고 가라앉는 것을 예측한다(김민정, 2003; 송은영, 2007; 조부경, 이은진, 2011). 대부분의 유아는 물체의 뜨고 가라앉는 현상 자체뿐만 아니라 부력에 대해 잘 이해하지 못한다.

(3) 열

열(heat)은 에너지의 한 형태로, 높은 온도의 물체에서 낮은 온도의 물체로 이동하는 에너지를 말한다. 뜨거운 난로에 손을 쬐면 난로에서 손으로 열이 이동하고, 차가운 얼음을 만지면 손에서 얼음으로 열이 이동한다. 이처럼 온도가 높은 곳에서 낮은 곳으로 이동하는 에너지가 열이며, 이동한다는 것이 열의 가장 중요한 특성이다. 열에 의해 물체 온도가 높아지거나 상태변화가 일어나게 된다. 일상생활에서 열과 혼동하여 많이 쓰이는 온도(temperature)는 물체의 뜨겁고 찬 정도를 수치로 나타낸 것이다. 물체가 열을 얻으면 온도가 올라가고, 열을 뺏기면 온도가 내려간다.

열과 온도에 대한 유아의 개념은 큰 얼음이 작은 얼음보다 온도가 더 낮다고 생각하며, 뜨거운 물과 차가운 물을 섞으면 자기 경험을 토대로 중간이 된다고 응답한다(Paik, Cho, & Go, 2007). 유아는 온도를 크기와 연관 지어 생각하고 일상적 경험과 관련하여 감각적으로 이해한다. 또한 유아는 온도를 물체의 속성으로 이해하여 쇠나 스티로폼, 포일, 헝겊 등이 원래 차갑거나 원래 뜨거운 것으로 생각한다(Paik et al., 2007). 유아는 상황에 따라 열과 온도에 관한 생각이 바뀌는 등 열과 온도에 대한 개념이 명확하지 않은 것으로 나타난다.

2) 유아의 화학 개념

(1) 화학이란

화학(chemistry)은 물질의 성질, 조성, 구조, 변화 등을 다루는 자연과학의 한 분야다. 물리학은 물질로부터 발생하는 현상들에 공통으로 나타나는 보편적 법칙을 추구하지만, 화학은 물질 자체를 연구하는 학문이다. 화학은 주로 원자와 분자, 그들 사이의 상호작용과 변화에 관심을 두며, 다양한 물질의 성질을 이해하고 이를 이용하기 위해 많은 이론을 제시한다. 19세기에 돌턴(John Dalton)이 모든 물질은 더는 쪼개지지 않는 원자로 구성되어 있다는 원자설을 발표한 이래 화학은 의약을 비롯하여 여러 산업 분야에 크게 이바지하고 있다.

화학은 이미 존재하는 물질을 이용하여 특정 목적에 맞는 새로운 물질을 만들어 냄으로써 농업 생산성의 증대, 질병의 치료와 예방, 에너지 효율의 향상 등 여러 가지 이점을 제공한다. 비료와 살충제의 개발로 농업생산량이 증가하고, 신약의 개발로 인간 수명이 연장되며, 합성 섬유나 화장품과 같은 제품의 개발로 생활에 편리함이 더해지고 있다. 그러나 20세기 후반에 화학제품의 생산과정에서 발생하는 많은 환경오염 물질과 폭발사고로 인해 수많은 피해가 속출하면서 화학의 발전에 대해 많은 논의가 이루어지는 상황이다.

(2) 물질

물질(matter)은 물체를 구성하는 재료이며, 일반적으로 질량과 부피를 갖는 존재로 정의된다. 연필이나 지우개, 책상, 가방 같은 물체를 이루고 있는 흑연, 고무, 나무, 가죽 등이 물질이다. 옷이나 건물, 몸 등은 제각기 다른 물질로 구성되며, 각각의 물질은 나름의 특성이 있다. 나무는 단단하고 가벼우며, 금속은 무겁고 아주 단단하며, 유리는 투명하고 깨지기 쉽다. 우리 주위에는 셀 수 없이 많은 물질이 있으므로 물체를 만들 때는 각 물질의 특성을 고려하여 물체의 쓰임새에 맞는 물질을 선택하는 것이 중요하다.

물질은 크게 순물질과 혼합물로 구분된다. 순물질은 한 가지 물질로만 구성된 물질로, 고유한 성질을 가지며 녹는점, 어는점, 끓는점, 밀도 등이 일정하다. 순물질은 다시 홑원소물질과 화합물로 분류된다. 홑원소물질은 구리나 산소처럼 오직 한 종류의 원소만으로 이루어진 물질이고, 화합물은 소금처럼 두 종류 이상의 원소가 화학적 결합으로 이루어진 물질이다. 혼합물은 두 가지 이상의 순물질이 서로 섞여 있는 것으로, 자연계에 있는 물질은 순물질보다 혼합물이 더 많다. 혼합물은 각 물질의 성질을 그대로 지니고 있어서 밀도나 끓는점, 용해도와 같은 각 물질의 성질 차이를 이용하여 분리할 수 있다.

지구상의 물질은 대부분 고체, 액체, 기체의 세 가지 상태로 존재하며, 온도나 압력에 의해 물질의 상태가 변한다. 고체(solid)는 일정한 겉모양을 지니고 힘이나 압력의 변화에도 모양이나 부피가 쉽게 변하지 않으며, 입자 사이의 간격이 좁고 규칙적으로 배열되어 있다. 액체(liquid)는 흐르는 성질이 있어 담긴 그릇에 따라 모양이 자유롭게 변하지만, 부피는 일정하다. 기체(gas)는 일정한 모양과 부피를 갖지 않으며, 입자들 사이의 거리가 매우 멀고, 어떤 그릇에 담아도 그릇 속을 가득 채운다.

고체와 액체에 대해 유아는 모든 액체가 물로 이루어지며, 고체는 단단하다고 생각한다(Stavy & Stachel, 1985). 그래서 유아는 단단하지 않은 고체나 가루는 고체로 생각하지 못한다. 또한 마실 수 있는 것은 액체이고, 고체는 무겁고 딱딱하며 먹을 수 없고 깨지거나 구부러지지 않는 것으로 생각한다(Smolleck & Hershberger, 2011). 주스는 마실 수 있어서 액체이고, 식초는 맛이 없어서 마실 수 없으니까 액체가 아니라고 생각하며, 벽돌의 속성을 고체의 속성으로 일반화하여 고체에 대한 오개념을 형성한다. 즉, 물처럼 투명하고 색깔이 없고 표면을 젖게 하는 물질은 액체로, 단단한 물질은 고체로 이해한다. 이처럼 유아는 대표적인 물질의 전형적 특성을 준거로 물질을 이해하면서 오개념을 형성한다.

교사 역시 고체와 액체에 대한 오개념을 가지고 있는데, 예컨대 모든 고체가 일정한 모양을 가지고 있으며 고체는 단단한 물질로 이루어져 있다고 생각한다(Tatar, 2011). 더군다나 고체는 액체보다 입자가 많고 액체는 기체보다 입자가 많으며, 고체는 부피가 있지만, 액체나 기체는 그렇지 않다고 생각한다. 기체는 무게가 없으며 중력의 영향을 받지 않으므로 고체나 액체처럼 아래로 떨어지지 않는다고 믿는다. 이는 교사가 자신의 오개념을 의식하지 못한 채 그대로 유아에게 전달될 수 있음을 가리킨다. 따라서 교사는 유아가 오개념을 형성하지 않도록 항시 자신의 개념을 점검하는 것이 필요하다.

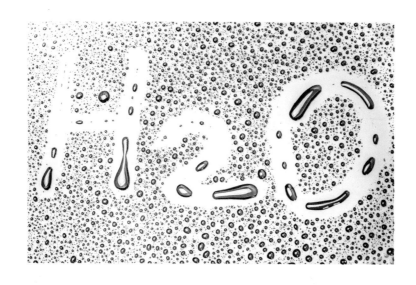

(3) 물질의 상태변화

상태변화(change of state)는 온도나 압력에 의해 물질의 상태가 변하는 현상으로, 주로 물질을 가열하거나 냉각시키면 물질의 상태가 변한다. 고체 상태의 물질을 가열하면 입자의 운동이 활발해지고 입자들 사이의 거리가 멀어지면서 액체 상태가 된다. 액체 상태의 물질을 계속 더 가열하면 입자의 운동이 더 활발해지고 입자의 개수는 변함없이 입자들 사이의 거리가 더 멀어지면서 기체 상태가 된다. 열에너지의 출입으로 입자들 사이의 거리와 인력 등이 변화하면서 물질의 상태가 변하는 것이다. 그러나 물질의 상태가 변해도 입자 자체는 변함이 없어서 물질의 성질은 변하지 않으며, 가열이나 냉각으로 물질을 원래 상태로 되돌릴 수 있다. 상태변화는 기체가 액체로 변하는 액화, 액체가 기체로 변하는 기화, 고체가 액체를 거치지 않고 기체로 변하거나 기체가 고체로 변하는 승화, 액체가 고체로 변하는 응고, 고체가 액체로 변하는 융해 등으로 나타난다.

액체의 표면에서 일어나는 기화 현상인 증발에 대해 대부분 유아는 '사라졌다'(Bar & Galili, 1994), '말랐다'(박진옥, 2001; 조부경 외, 2002), '없어졌다'(박진옥, 2001) 등으로 반응한다. 이는 유아가 눈에 보이는 대로 믿을 뿐 아직 보존개념이 없음을 보여 준다. 보존개념이 있는 유아는 '흡수되었다'라고 반응하며(Bar & Galili, 1994),

유리판 위의 물보다 종이 위의 물이 증발할 때 '흡수되었다'라는 반응을 더 많이 한다(조부경 외, 2002). 이는 유아가 단순한 상황 묘사에서 추론으로 나아가고 있으며 상황에 따라 상태변화를 다르게 이해함을 보여 준다. 또한 햇빛이 젖은 물건을 마르게 한다고 생각하는 유아는 그늘과 햇빛에서 젖은 물건을 말리는 실험을 한 후에도 그늘에 있던 물건이 마른 이유를 햇빛 때문이라고 대답한다(조부경 외, 2002). 이는 일상생활 경험을 통해 형성된 유아의 오개념이 쉽게 변하지 않음을 보여 주는 것으로, 유아의 오개념이 변하려면 장기적이고 반복적인 과학 활동이 필요함을 가리킨다. 응고와 융해에 대해서도 유아는 차가우면 얼고 얼음이 녹으면 물이 된다는 식으로 일상생활의 경험을 통해 이해한다(박진옥, 2001).

3) 유아의 생물학 개념

(1) 생물학이란

생물학(biology)은 생물의 구조와 기능, 성장, 진화, 분포, 분류 등을 다루는 자연과학의 한 분야다. 생물학은 방대한 주제를 다루는 학문으로, 수많은 하위 분야를 포함하고 있으며 점차 세분되고 전문화되면서 역동적으로 발전하고 있다. 생물학은 연구 대상에 따라 식물학, 동물학, 미생물학 등으로 나뉘고, 연구의 목적과 방법에 따라 세포학, 조직학, 형태학, 생화학, 생태학, 생리학 등으로 구분된다. 일반적으로 생물학은 세포를 생명의 기본 구성단위로, 유전자를 유전의 기본 구성단위로, 진화를 새로운 종을 만들어 내는 추진력으로 간주한다. 오늘날 모든 유기체는 에너지를 소비하고 체내 환경을 안정적으로 유지함으로써 생존한다.

　유아는 일상적으로 주변에서 동·식물을 접하고 있어서 자연과학의 다른 분야보다도 생물학에 친숙함을 느끼고 쉽게 접근할 수 있다. 2019 개정 누리과정에서 놀이가 강조됨에 따라 유아에게 실외놀이를 즐길 기회가 더 많이 제공되면서 유아는 동·식물을 더 자주, 더 가까이에서 관찰하고 탐색할 수 있다. 과학 활동을 통해 유아는 생물과 무생물을 구별하고, 생물의 종류와 형태를 파악하며, 생물의 특성을 이해하게 된다. 동물이나 식물에 관한 세분된 주제를 중심으로 유아는 생물학에 관한 지식을 습득한다. 더 나아가 생명의 소중함을 깨닫고, 생명체를 존중하며, 자연과 더불어 사는 즐거움을 느끼게 된다.

(2) 생물

　생물(organism)은 생명을 지닌 것으로, 동물과 식물, 미생물 등으로 구분된다. 모든 생물은 세포로 구성되며, 생장과 생식, 진화, 자극 반응성, 항상성 등의 특성이 있다. 즉, 생물은 물질대사를 하고, 생존을 위해 필수적으로 환경 변화에 반응하고, 외부 환경이 변하더라도 체내 환경을 일정하게 유지하려는 성질이 있다. 또한 생식과 유전을 통해 종족을 유지하며, 세포분열로 세포의 수가 많아지면서 생장한다. 이와 같은 생물의 특성에 의해 생물과 무생물이 구별된다. 현재까지 알려진 생물 종의 수는 170만이 넘을 정도로 다양하다. 이러한 생물 다양성은 지구상에 존재하는 생명 전체를 가리키는 것으로, 생태계 유지를 위해서 필수적으로 보존되어야 한다.

　유아는 무생물보다 생물을 더 잘 이해하고, 무생물보다 생물에 대한 개념을 더 잘 형성한다(강민정, 권용주, 정완호, 2004). 유아는 움직임, 인간의 형상, 생장 등을 생물의 속성으로 생각하고, 이를 기준으로 생물과 무생물을 구별한다(강민정 외, 2004; 권영례, 2004). 특히 유아는 움직임에 근거하여 생물과 무생물을 구별한다. 애벌레나 나비, 물고기, 달팽이, 개구리 같은 동물은 움직이니까 살아 있고, 전화기나 감자, 소나무, 인형 등은 움직이지 않으니까 살아 있지 않다고 생각한다. 하지만 자동차, 헬리콥터, 구름, 냇물 등은 움직이니까 살아 있다고 생각한다. 유아는 생물이 살아 있음은 쉽게 이해하지만, 무생물이 살아 있지 않음은 쉽게 이해하지 못한다.

유아는 생물에서도 식물보다 동물을 더 잘 이해하며, 식물보다 동물에 대한 개념을 더 잘 형성한다(강민정 외, 2004). 대부분 유아는 동물이 살아 있다고 생각하고, 적은 수의 유아만이 식물이 살아 있다고 생각한다. 유아는 인간의 속성을 중심으로 생물을 이해하기 때문에 식물보다 동물을 생물로 이해하는 경향이 매우 높다. 유아는 눈, 코, 입 등이 없으면 볼 수 없고, 냄새를 맡을 수 없으며, 말할 수도 없어서 생물이 아니라고 생각한다(강민정 외, 2004; 권영례, 2004). 그래서 소나무나 감자, 밤 같은 식물은 눈, 코, 입 등이 없고 움직이지 않아서 생물이라고 생각하지 않는다.

유아는 성장이나 번식, 움직임과 같은 속성 때문에 동물이 살아 있다고 생각하는 경우가 많지만, 식물은 식용 가능성이나 물을 뿌려 주면 자란다는 이유로 살아 있다고 생각하는 경우가 많다(강민정 외, 2004; 최진승, 김지영, 1998). 유아의 나이가 증가함에 따라 움직임 외에 성장, 죽음, 호흡, 영양과 같은 다른 특성에 의해 생물에 대한 개념이 형성된다(강민정 외, 2004; Inagaki & Hatano, 1996). 유아는 생물을 움직이는 것으로만 생각하다가 생물이 숨 쉬고 음식물을 섭취하고 죽는다는 개념을 인지하게 된다.

특히 유아는 맥락적 단서가 있을 때 성장, 질병, 호흡, 영양과 같은 생물의 특성을 더 잘 이해한다(이수이, 2003; Inagaki & Hatano, 1996). 예를 들어, '금붕어가 점점 자랄까?'라고 물을 때보다 '아기가 매일 밥과 반찬을 먹으면 어떻게 될까? 그러면 금붕어도 점점 자랄까?'라고 물을 때 유아는 생물의 특성을 더 잘 이해한다. 또한 유아는 낯선 대상이 아니라 친숙한 대상을 제시할 때 생물에 대한 개념을 더 잘 형성한다(유윤영, 2001). 유아는 자신에게 익숙한 인간에 비추어 다른 동물을 이해

하기도 한다(이보영, 2012). 즉, 사람의 경우를 동물에 적용하여 동물도 사람처럼 아기, 어린이, 어른의 순서로 자란다고 생각한다.

　결국 유아는 자신이 잘 알고 있는 인간이나 자신이 이전에 경험한 생물을 다른 상황에 적용하여 생물에 대한 개념을 형성한다. 따라서 유아가 생물에 대한 과학적 개념을 형성하려면 다양한 상황을 경험하고, 사전 경험과 새로운 경험을 연결하고, 과학적으로 사고할 기회를 얻는 것이 중요하다. 이를 위해 교사는 주변의 식물과 동물이 어떻게 음식을 먹는지, 어떤 특징이 있는지, 성장하면서 어떻게 변화하는지, 인간과는 어떠한 관계를 맺는지 등과 같이 폭넓은 주제를 과학 활동에 포함하는 것이 필요하다.

(3) 인체

　인체(human body)는 사람의 몸으로, 어떤 정밀 기계와도 비교가 안 될 정도로 매우 복잡하고 다양한 구조를 가지고 여러 가지 기능을 수행한다. 인체의 각 부분은 다양한 형태의 세포로 이루어져 있으며, 순환과 호흡, 소화, 배설 등의 생명 유지에 필수적인 기능을 수행한다. 인체는 다른 포유류와 마찬가지로 머리, 목, 몸통, 팔, 다리 등으로 구성된다. 그러나 인간은 다른 동물과 다르게 직립보행을 하므로 골반이 발달하고 뇌용량이 커지고 손이 발달하는 등의 특징을 갖추고 있다. 그중에서도 가장 두드러진 인체의 특징은 척주가 있다는 점이다. 척주는 인체의 중축으로, 뼈와 연골이 모여 기둥을 이룬 상태를 말한다. 척주는 위로는 머리를 받치고 아래로는 골반과 연결되어 신체를 지지하고 평형을 유지하며 척추의 움직임이 가능하도록 기능한다.

인체의 기관에 대해 유아는 코피를 흘리기 위해서 또는 코딱지를 파기 위해서 콧구멍이 있고, 귀지를 파기 위해서 귓구멍이 있다고 생각한다(유윤영, 2003). 아팠을 때는 있지만 지금은 없다거나 유치원에 가면 없고 집에 가면 있다고 응답하기도 한다. 유아는 음식 때문에 맛을 알고, 눈앞에 사물이 있어서 볼 수 있으며, 소리가 있으니까 소리를 듣는다고 생각한다(송연숙, 2011). 하지만 몇몇 유아는 혀나 입, 이, 식도 등의 기관 때문에 맛을 느끼고, 눈을 뜨거나 깜박여서 볼 수 있으며, 귀가 있어서 소리를 듣는다고 응답한다. 우리 몸속의 뼈는 우리를 보호해 주고 건강하게 도와준다고 믿으며, 다칠 때 피가 나는 것으로 알고 있다(송연숙, 2013). 이처럼 유아의 직관적 사고와 성급한 일반화, 무분별한 유추 등으로 인체에 대한 유아의 오개념이 형성된다.

4) 유아의 지구과학 개념

(1) 지구과학이란

지구과학(earth science)은 지구와 그 주위의 천체를 연구하는 자연과학의 한 분야로, 지각과 지구 내부의 구성 물질, 우주의 구성과 구조, 대기에서 일어나는 변화 등을 다룬다. 지구과학은 지구를 다루는 학문 분야를 모두 아우르는 용어로, 지질학을 비롯하여 해양학, 기상학, 천문학 등을 포함한다. 지구과학에서 다루는 내용은 낮과 밤, 계절과 날씨의 변화, 지진, 화산, 태풍처럼 모두 인간의 실생활과 밀접하게 연관되고 주변에서 흔히 볼 수 있는 자연현상이다. 이러한 자연현상은 거시적인 경우가 많아서 유아가 이해하고 적용하는 데 어려움이 있지만, 유아는 성장하면서 주변에 있는 흙, 바위, 강, 구름, 해, 달, 별 등에 관심을 가지면서 자연스럽게 자연현상을 경험하게 된다.

　기상학이 날씨의 변화와 같이 모든 사람이 관심을 가지는 문제를 다루듯이 지구과학은 매우 실제적인 학문이다. 특히 최근에 기후변화로 인해 지구와 지구에 존재하는 여러 생명체가 위협받으면서 지구과학의 중요성이 크게 대두되고 있다. 기후변화로 인한 국지성 집중호우나 이상기온 때문에 인명과 재산 피해가 점점 더 커지면서 지구과학이 중요해지는 것이다. 지구과학자들은 이례적인 가뭄과 홍수의 강도와 빈도가 점점 더 강화되면서 이러한 문제를 전 지구적 차원에서 함께 해결하기 위해 머리를 맞대고 있다. 에너지를 개발하고 지구를 보호할 방법을 구상하는 등 지구가 직면한 문제를 해결하기 위해 지구과학자들은 학제적·융합적 연구를 활발히 진행하고 있다.

(2) 지구

　지구(earth)는 인류가 사는 천체로, 태양으로부터 세 번째 궤도를 돌고 있는 태양계의 행성이다. 지구는 달을 위성으로 가지고 있으며, 현재까지 생물이 살 수 있다고 알려진 유일한 행성이다. 지구는 엷은 대기층으로 둘러싸여 있으며, 지구의 대기는 약 78%의 질소 분자와 약 21%의 산소 분자, 그리고 다른 기체 분자들로 구성된다. 고도가 증가함에 따라 대기의 구성과 온도 등의 물리적 성질이 달라지며, 이에 따라 대류권, 성층권, 중간권, 열권 등으로 나누어진다. 지구의 내부 구조는 보통 가장 바깥에 있는 지각, 지각과 외핵 사이의 구간인 맨틀, 맨틀과 내핵 사이의 구간인 외핵, 외핵과 지구 중심 사이의 구간인 내핵 등으로 구분된다. 외핵은 전기전도도가 높은 철과 니켈로 이루어진 유체로, 이 유체의 운동으로 전류가 발생하고 지구자기장이 생기기 때문에 지구는 매우 커다란 구형의 자석으로 볼 수 있다. 이러한 지구자기장 덕분에 태양풍으로부터 지구가 보호되어 지구에 생명체가 존재할 수 있는 것이다.

　지구에 대해 유아는 무한한 것을 지각하지 못하기 때문에 지구에 한계가 있고 끝이 있다고 생각한다(Vosniadou & Brewer, 1992). 유아는 지구의 표면이 평평하고 물체가 아래로 떨어지고 지구가 끝이 있는 것처럼 보여서 지구의 모양이 원판형이나 사각형이라고 믿는다(Vosniadou & Brewer, 1992). 유아는 나이가 증가함에 따라 구형이나 반구형으로 지구를 표현하며, 지구의 위와 아래에 공간이 있는 것으로 이해한다. 즉, 초기 인류가 지구를 사각형으로 이해하다가 점차 원반 모양의 땅으로, 다음에 반구로, 그리고 구형으로 인식하면서 발전한 것과 유사한 양상을 보인다. 또한 지구에 대해 유아는 땅속에 두더지, 개미, 지렁이와 같은 동물, 당근이나 고구마와 같은 식물, 공룡이나 동물의 뼈, 조개와 같은 화석 등이 있다고 생각한다(안경숙, 임수진, 이유리, 2009). 유아는 지구를 자신이 직접 관찰하고 경험한 것에 기초하여 직관적으로 판단하며, 아직 중력이나 지구의 내부 구조에 대해 정확한 개념을 형성하지 못한다.

(3) 지구의 운동

지구는 약 23시간 56분을 주기로 자전(rotation)하면서 동시에 1년을 주기로 태양 주위를 공전(revolution)하며, 자전축이 원을 그리며 움직이는 세차운동(precessional motion)을 한다. 지구의 운동으로 생기는 가장 대표적 현상은 일주운동(diurnal motion)과 계절 변화(seasonal change)다. 지구의 자전으로 낮과 밤이 생기며, 별과 태양이 한 시간에 15°씩 동에서 서로 이동하는 것처럼 보이는 현상인 일주운동이 나타난다. 푸코 진자 진동면의 회전, 코리올리 효과, 인공위성 궤도의 서편 현상 등이 지구 자전의 증거다. 코리올리의 힘, 즉 전향력에 의해 태풍이 북반구에서 반시계 방향으로 도는 등 전향력이 지구 규모의 거대한 대기나 해류의 운동에 많은 영향을 미친다. 또한 지구는 자전축이 약 23.5° 기울어진 채 태양 주위를 공전하고 있어서 계절의 변화가 생긴다. 태양의 남중고도가 북반구에서 여름에는 높고 겨울에는 낮아지는데, 이처럼 태양의 남중고도가 변하기 때문에 1년을 주기로 거의 규칙적으로 계절의 변화가 나타난다.

낮과 밤에 대해 유아는 잠을 자고 일어나라고, 해가 지고 달이 떠서, 우주나 달, 별, 날씨 변화 때문에(송연숙, 2013), 하나님이나 부처님 같은 신적 존재 때문에(송연숙, 2011) 낮과 밤이 생긴다고 믿는다. 초기 천문학자들처럼 유아는 태양이 밤에 언덕이나 산, 지구 아래로 움직여 사라진다고 생각하거나 구름 또는 어둠이 태양을 가려서 태양이 숨는다고 응답한다(Vosniadou & Brewer, 1994). 즉, 유아는 지구의 움직임을 전혀 생각하지 못하고 태양의 움직임에 의해 낮과 밤이 생기는 것으로 믿는다. 또한 유아는 봄은 따뜻하고 여름은 더워서 계절이 변한다는 식으로 계절의 변화를 설명한다(송연숙, 2011). 태풍의 원인에 대해 유아는 자기 경험과 연관 지어 비나 구름, 세찬 바람, 천둥, 번개 등을 언급한다. 태풍으로 인해 나타나는 현상을 태풍의 원인으로 생각하는 것이다. 이러한 유아의 개념은 주로 일상적 경험을 통한 관찰에 의존하거나 과학적 사실보다 흥미 위주의 상상력을 강조하는 동화책, 장난감, 대중매체 등을 통해 습득된다.

유아는 우주에 대한 개념을 주로 대중매체를 통해 습득한다. 그러나 수많은 동영상이나 애니메이션, 동화책 등이 우주를 소재로 다루면서 공상적 요소와 지식을

소개하고, 대부분 과학적 개념이 아니라 단순히 흥미 위주의 상상력만을 강조하면서 비과학적 내용을 포함한다는 문제점이 있다. 그래서 유아는 우주라는 공간을 과학적으로 논증할 수 없는 신비로운 일들만 일어나는 곳으로 오인하면서 오개념을 형성하게 된다. 더 나아가 사회문화적으로 형성된 많은 미신적 요소까지 더해져서 유아가 과학적 개념을 형성하기 어려운 상황이다. 우주는 너무 크고 멀리 있어서 대상화하여 경험하는 것이 불가능하고 유아가 직접 조작하거나 만져 보면서 개념을 습득할 수 없어서 오개념이 형성되기 쉽다. 그러므로 교사는 정확한 용어를 사용하고 매우 구체적인 실험을 통해 유아의 과학적 개념 형성을 도와주어야 한다. 이를테면, 유아는 달의 모양 변화를 관찰하고 그림으로 표현하거나, 태양 고도에 따른 그림자 길이 변화를 측정하는 실험을 통해 과학적 개념을 형성할 수 있다.

제**5**장

과학적 방법

1. 과학적 탐구능력

　과학자는 과학적 방법으로 문제를 해결하기 위해 수많은 자료를 수집하고 셀 수 없이 많은 실험을 수행하고 실험 결과를 분석한 후 연구 성과를 발표한다. 즉, 과학자는 과학적 개념이나 법칙, 원리, 이론 등을 생성하기 위해 오랜 시간 자료를 수집하고 끊임없이 토의하고 실험하는 등의 과정을 거친다. 유아 역시 과학적 방법으로 문제를 해결하려면 가설을 설정하고, 자료를 수집하고, 실험을 수행하고, 결론을 도출하는 등의 과정을 수행해야 한다. 이러한 과정을 원활히 수행하려면 관찰이나 측정, 추론 등의 다양한 능력이 요구된다. 다시 말해, 조사하고 연구하는 데 필요한 능력이 없으면 과학적 방법으로 문제를 해결할 수 없다. 유아는 관찰하고, 측정하고, 분류하고, 추론하는 등의 다양한 능력을 개발함으로써 과학적 방법으로 문제를 해결하고 과학지식을 습득할 수 있다. 유아는 과학적으로 사고하고 탐구하는 데 필요한 능력을 개발함으로써 구체적 경험을 통해 새로운 정보를 획득하고 일상생활에서 제기되는 문제를 효과적으로 해결할 수 있다. 결국 유아가 과학적 방법으로 문제를 해결하고 과학지식을 습득하려면 관찰, 비교, 분류, 측정, 의사소통, 추론, 예측, 실험 등의 과학적 탐구능력(scientific inquiry abilities)을 길러야 한다.

1) 관찰

관찰(observation)은 과학에서 기본적 활동이며, 가설의 생성과 검증 등으로 이어지는 일련의 과학적 탐구의 출발점이 된다(권용주, 정진수, 강민정, 김영신, 2003). 관찰은 감각기관이나 도구를 사용하여 사물이나 현상에 대한 모든 정보를 수집하는 활동으로, 사물이나 현상이 어떠하고 어떻게 변화하는지를 사실에 근거하여 파악하려는 것이다. 인간은 관찰을 통해 자연세계의 문제를 발견하고 문제에 관한 정보를 수집하고 분석함으로써 원리와 법칙을 발견한다. 관찰 결과에 근거하여 비교, 분류, 측정, 예측 등이 이루어지므로 관찰은 모든 탐구의 기본이며 과학 활동에서 필수적이다(박현주, 2014). 그러므로 관찰은 과학적 탐구뿐만 아니라 과학적 개념의 이해와 발달, 변화에서도 중요한 역할을 담당한다. 더 나아가 가장 기초적인 탐구능력 요소로서 관찰능력을 향상하는 것은 과학적 탐구능력 향상의 첫 단계가 된다(김찬종, 조선형, 2002).

관찰은 관찰자의 영향을 받는데, 왜냐하면 외부로부터 같은 정보를 감지해도 개인마다 다르게 인식할 가능성이 크기 때문이다(박현주, 2014). 관찰은 관찰자가 모든 감각기관을 활용하여 외부로부터 오는 정보를 감지하고 뇌에 전달하여 관찰된 정보를 분석하고 표현하는 일련의 과정이다(신동훈, 신정주, 권용주, 2006). 관찰 결과는 자연세계에 존재하는 어떤 실체나 현상 자체가 아니라 인간이 관찰하고 진술한 것이다. 따라서 관찰은 관찰자의 지식, 경험, 기대감, 관점 등의 영향을 받으며 뇌의 인지 과정을 거치므로 같은 현상도 개인에 따라 다르게 관찰될 수 있다. 이런 이유로 과학에서 관찰은 관찰자 개인의 자의적 판단이나 해석으로 사실이 왜곡되는 것을 경계하고 다른 관찰자에 의해서도 똑같이 관찰되는 재현성(reproducibility)을 강조한다. 같은 조건 아래에서 누가 관찰하더라도 반복적으로 같은 관찰 결과가 도출되어야 한다.

재현성을 고려하여 관찰할 때는 항상 자신이 사용한 도구의 정확성과 객관성을 검토하고 충분한 자료를 얻은 후 관찰 결과를 일반화하는 것이 필요하다. 더불어 과학에서 관찰은 우연히 일어나는 것이 아니므로 관찰 대상과 관찰 시기, 관찰 방법 등을 사전에 명확히 계획한 후 관찰이 이루어져야 한다. 관찰은 문제해결에 필요한 정보를 모으기 위한 첫 단계이므로 유아는 정확한 정보를 얻기 위해 사용할 수 있는 모든 감각을 사용하여 주의 깊게 관찰하고, 관찰한 것을 정확히 묘사해야 한다. 유아는 단지 눈으로 보는 것뿐만 아니라 듣고, 맛보고, 냄새 맡고, 만져 보는 등 오감을 사용하여 사물이나 현상의 특징과 변화를 관찰해야 한다. 유아는 관찰 대상의 특징과 변화를 언어로 표현하거나 자신의 사전 지식이나 경험을 적용하여 관찰 결과에 의미를 부여한다. 관찰은 오감을 통해 단순히 정보를 받아들이는 것이 아니라 유아 스스로 자신의 이론을 구축하는 출발점이 되는 것이다.

따라서 교사는 유아에게 관찰능력을 향상할 기회를 다양하게 제공해야 한다. 유아가 일반적으로 간과하기 쉬운 현상에 주의를 기울이고 사물을 다른 측면에서 살펴보도록 활동을 구성해야 한다. 예를 들어, 어항 속 물고기의 움직임만을 관찰하는 유아에게 어두울 때와 밝을 때 물고기의 움직임이 어떻게 달라지는지를 질문함으로써 유아의 관찰능력을 향상할 수 있다. 또한 교사는 무엇을 보고 듣고 느끼는지를 질문함으로써 유아가 사물의 모양, 크기, 색깔, 조직 등에 주의를 기울이고 여러모로 사물을 관찰하도록 도와주어야 한다. 즉, 유아의 관찰이 수동적 관찰에 머

무르지 않고 자발적 관찰로 발전할 수 있도록 도와주어야 한다. 수동적 관찰은 제시된 대상을 변형이나 조작 없이 주어진 그대로 관찰하는 것이고, 자발적 관찰은 제시된 대상을 변형하거나 조작하면서 관찰하는 것이다(박현주, 2014). 수동적 관찰에서 자발적 관찰로 발전함으로써 유아는 능동적이고 적극적으로 관찰능력을 향상시킬 수 있다.

2) 비교

비교(comparison)는 둘 이상의 사물이나 현상을 견주어 유사점이나 차이점, 공통점 등을 발견하는 것이다. 유아는 관찰을 통해 자연스럽게 비교하면서 유사점과 차이점을 발견하게 된다(Lind, 2005). 유아는 사물의 특성을 관찰하는 과정에 다른 사물과 비교하면서 더 많은 정보를 얻을 수 있다. 가령 유아는 잎의 모양이나 크기, 색깔, 촉감 등을 관찰하면서 다른 잎과 견주어 더 붉다, 더 거칠다, 더 크다는 식으로 비교함으로써 관찰하는 잎에 대한 정보를 더 많이 수집할 수 있다.

유아의 비교능력을 향상시키기 위해 교사는 일상적으로 사물 간의 유사점과 차이점, 공통점 등을 찾아보도록 격려하는 것이 필요하다. 이를테면, 교사는 유아에게 사물이 어떻게 다른지 비슷한지, 무엇이 더 큰지 작은지, 어떤 것이 더 가벼운지 무거운지, 유사점과 차이점에 대해 어떻게 느끼는지 등을 질문할 수 있다. 이러한 질문에 답하고, 다시 질문하고 답하는 과정을 반복함으로써 유아는 비교능력을 향상하게 된다. 유아의 비교능력은 분류능력의 발판이 된다.

3) 분류

분류(classification)는 사물이나 사건을 일정한 기준에 따라 구분하는 것으로, 유아가 관찰을 통해 사물의 특성을 파악한 이후에 이루어진다. 즉, 분류는 수집한 자료를 사물의 색이나 모양, 크기와 같은 보편적 속성이나 기능에 따라 조직하는 것이다. 그러므로 사물을 적절하게 분류하려면 각 사물의 특성을 이해하고 이미 알고 있는 다른 사물과의 관계를 파악할 수 있어야 한다(이용분, 2002). 여러 가지 사물의 공통된 속성을 추출하고, 그 속성을 지닌 범주를 확장할 수 있어야 한다. 예를 들어, 유아는 바구니에 들어 있는 단추를 단추의 색깔과 크기, 재질, 단춧구멍의 개수 등에 따라 분류할 수 있다. 분류 작업을 수행하기 위해 유아는 사물의 특징을 관찰하고 사물의 주요 특징과 사물 간의 유사점을 추출한 후 기준에 따라 정확하게 분류하는 과정을 거친다. 교사는 다양한 기준을 제시함으로써 유아가 속성에 따라 사물을 정확하게 분류할 수 있도록 도와주어야 한다.

분류는 과학 활동뿐만 아니라 일상생활에서 항상 이루어지는 것으로, 유아가 살아가면서 접하는 장소와 사물, 개념, 사건 등을 구분하여 자신의 주변 세계를 단순화하는 역할을 한다. 이를테면, 마트의 물건이 품목별로 진열되어서 유아는 마트에서 자신이 원하는 물건을 빠르고 쉽게 찾을 수 있고, 다양한 생물이 형질에 따라 분류되어서 각 생물에 대한 정확한 정보를 얻을 수 있다. 더 나아가 유아는 자신이 정한 기준에 따라 사물이나 사건을 구분함으로써 분류를 일상생활에 적용할 수 있다. 옷장의 옷을 색깔에 따라 정리하거나 책장의 책을 주제에 따라 배치하여 생활의 편의를 도모하는 것이 그 예다. 이처럼 분류는 새로운 사물을 접할 때마다 새롭게 적응할 필요성을 제거하므로 환경을 경제적으로 다루는 데 기본이 된다. 분류는 새로운 사물을 접할 때마다 개별적으로 다루는 대신 같은 종류의 사물끼리 묶음으로써 효과적으로 사물을 처리하는 것이다.

따라서 분류능력은 논리적 사고의 기초로서 사물의 속성을 파악하고 다루는 데 필수적이다. 분류능력이 발달하지 않으면 사물의 속성을 분명히 파악하지 못하여 정확한 개념을 형성하지 못한다. 즉, 분류능력은 개념 형성과 지적 발달의 핵심이다(이용분, 2002). 사물을 공통적 속성 중심으로 분류함으로써 유아는 사물 간의 논리적 관계를 이해하고 사물의 정확한 개념을 형성할 수 있다. 같은 종류의 물체로 집단을 구분함으로써 유아는 물체의 세계에 대한 지식을 효과적으로 조직하고 정리할 수 있다(Markman & Hutchinson, 1984). 그러나 유아는 사물을 직관적으로 판단하기 때문에 일상적으로 관찰되는 지각적 특성에 의존하여 사물을 분류하는 경향이 있다(Tversky, 1985). 유아가 범주에 근거하여 사물 간의 관계를 이해하고 정확한 개념을 형성하려면 과학 활동을 통해 분류능력을 향상하는 것이 우선이다.

4) 측정

측정(measurement)은 관찰을 수량화하는 것으로, 관찰과 함께 과학지식을 얻기 위해 자료를 수집하는 활동이다. 측정은 도구를 사용하지 않는 정성적 자료 수집과 도구를 사용하는 정량적 자료 수집으로 구분된다(권용주, 남정희, 이기영, 이효녕, 최경희, 2013). 정성적으로 자료를 수집하는 방법에는 눈대중이나 어림짐작이 포함되며, 정량적으로 자료를 수집할 때는 적절한 측정 유형과 측정 단위, 측정 도구, 측정 절차 등을 선택해야 한다. 측정 유형에는 길이, 부피, 무게 또는 질량, 시간, 온도의 다섯 가지가 있다(Martin, 2000). 길이 측정은 두 지점 사이의 거리를, 부피 측정은 물체가 차지하는 공간을, 무게 측정은 중력이 물체를 끌어당기는 정도를, 질량 측정은 물체의 고유한 양을, 시간 측정은 특정한 시점이나 일정한 시간적 간격을, 온도 측정은 물체가 가지고 있는 열의 양을 정량화하는 것이다.

측정을 통해 물체가 얼마나 무거운지, 얼마나 큰지, 얼마나 많은지, 얼마나 뜨거운지 등을 알 수 있으므로 유아는 사물을 더 정확히 관찰하고 비교하고 분류할 수 있다. 처음에 유아는 자기 손이나 발과 같이 비표준화 도구를 사용하여 측정하고,

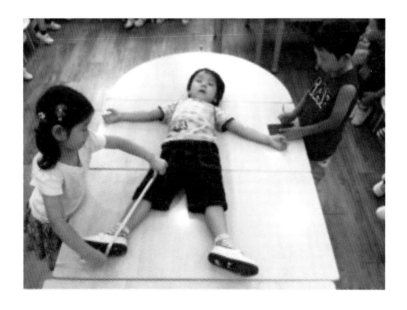

점차 온도계나 자와 같은 측정 도구를 사용하게 된다. 비표준화 도구의 경우, 유아는 손 뼘으로 책상의 너비를 재거나 엄지손가락을 대어 나뭇잎의 길이를 측정할 수 있다. 유아는 아직 측정 도구를 원활히 사용하기 힘들고 항상 휴대할 수 없으므로 교사는 다양한 비표준화 도구를 제시하고 충분히 사용할 수 있도록 기회를 제공하는 것이 필요하다. 서로의 등을 대고 키를 재 보다가 자를 이용하여 키를 재는 식으로 유아는 비표준화 도구의 사용에 충분히 익숙해진 후 측정 도구를 사용하는 것이 바람직하다(조부경, 고영미, 남옥자, 2013).

5) 의사소통

의사소통(communication)은 소리, 단어, 그림, 몸짓, 자세, 표정 등을 통해 자기 생각이나 감정을 표현하고 다른 사람에게 전달하는 것이다. 의사소통을 통해 유아는 과학적 개념과 지식을 구성하고 문제해결력을 신장시키며 비판적으로 사고하면서 과학적 소양을 기를 수 있다(Keys, 1999). 과학자들 역시 의사소통을 통해 자신이 발견한 것을 세상과 공유한다(Lind, 2005). 과학자들은 인류와 세계의 문제를 고민하는 지식인으로서 과학자 집단뿐만 아니라 과학 외 분야의 전문가나 일반인과 활발하게 의사소통하고 있다(전성수, 2013).

유아교육기관의 과학 활동에서 이루어지는 의사소통은 교사와 유아, 유아와 유아 사이에서 활발히 이루어진다. 유아는 그림이나 지도, 언어 등으로 사물이나 현상을 묘사하고, 자기 생각이나 의견을 표현하며, 교사나 다른 유아에게 관찰이나 실험 결과를 설명한다. 과학 활동에 참여하면서 유아는 수집한 정보나 자료를 다른 사람이 이해할 수 있도록 설명하고, 정보를 교환하고, 동의를 구하고, 방법을 제안하는 등 활발하게 의사소통한다. 자기 의사를 정확히 전달하고 타인과 의견을 교환하면서 유아의 의사소통능력이 향상하는 것이다.

따라서 교사는 상황에 맞는 적절한 질문과 격려를 통해 유아의 의사소통능력을 향상하도록 도와주어야 한다. 가령 오늘 날씨가 어떤지, 어제와 무엇이 다른지, 공원에서 본 것이 무엇인지 등을 질문하거나 유아가 보고 듣고 느낀 것을 그리게 함

으로써 유아에게 자기 생각을 표현할 기회를 제공해야 한다. 의사소통능력은 언어적 · 비언어적 방법으로 서로의 감정이나 생각 등을 전달하고 상호 간 영향을 주고받는 과정을 반복함으로써 향상할 수 있다(Myers & Myers, 1991).

6) 추론

추론(inference)은 수집된 자료를 토대로 새로운 판단이나 결론을 끌어내는 사고과정이다. 즉, 직접 경험하지 않더라도 사전 지식이나 경험, 관찰 등을 토대로 어떤 결론에 도달하는 것이 추론이다(Lind, 2005). 예를 들어, 유아는 창문 밖에 있는 나무의 나뭇잎이 흔들리는 것을 보고 창문을 열지 않더라도 이전 경험을 통해 바람이 불고 있음을 추론할 수 있다. 어느 봄날 교사가 오늘은 바람이 불어서 실외놀이를 할 수 없다고 말하면 많은 유아는 그것이 단순한 바람이 아니라 황사라고 추론할 수 있다. 교사가 황사라고 생각하는 이유를 물으면 유아는 저번에도 황사가 생겨서 실외놀이를 할 수 없었다고 답하는 등 이전 경험을 토대로 유아 스스로 결론을 도출할 수 있다.

이처럼 추론은 주어진 상황을 분석하고 관련된 정보와 이전 경험을 재구성함으로써 새로운 지식을 만들어가는 논리적 사고 과정으로, 주어진 문제를 해결하기 위해 새로운 정보를 사전 지식이나 경험과 연관 짓는 것이다. 그러므로 추론능력은 일상생활에서 일어나는 여러 사건에 관한 판단을 비롯하여 의미를 이해하는 모든 인지적 행동의 기본이 된다(이정욱, 유연화, 2006). 추론능력은 학습의 기초로서 정보의 재구조화와 통합을 포함하는 추상적 사고를 요구하므로 유아기부터 추론능력을 발달시키는 것이 필요하다. 그러므로 교사는 유아가 결론에 도달하기 위해 근거로 삼고 있는 사전 지식이나 경험에 대해 질문함으로써 유아의 추론능력 향상을 도모해야 한다.

7) 예측

예측(prediction)은 앞으로 일어날 것에 관한 주장으로, 기존 이론이나 연구 결과, 사전 지식이나 경험, 관찰 등에 근거하여 합리적으로 미래의 사건을 설명하는 것이다. 예측은 이미 알고 있는 지식이나 경험을 활용하여 앞으로 일어날 일을 예상하는 사고 과정으로, 현재의 정보를 바탕으로 앞으로 발견될 사실을 설명하는 것이다. 그러나 관찰, 분류, 측정, 추론 등에 근거하지 않은 예측은 단순한 추측에 그칠 수 있다. 따라서 예측의 정확도를 높이려면 체계적 관찰, 정확한 측정, 적절한 분류, 타당한 추론 등에 근거해야 한다(조희형, 2003). 예측의 옳고 그름은 관찰이나 실험을 통해 결정된다. 예측한 것과 실제 실험 결과가 다르면 탐구 활동이 계속 이루어지므로 예측은 지속적인 문제해결과정을 포함한다.

유아는 과학 활동을 통해 습득한 지식과 경험에 근거하여 가까운 미래에 일어날 일을 예측할 수 있다. 여러 가지 물체를 자석에 붙이는 실험을 전개한 후 교사가 새로운 물체를 제시하면서 '이것을 자석에 붙이면 어떻게 될까?'라고 물으면 유아는 그 물체가 자석에 붙을지 아닐지를 예측할 수 있다. 그러나 유아가 먼 미래에 일어날 일을 예측하기는 어렵다. 가령 오늘 날씨를 확인한 후 내년 이맘때 날씨가 어떨지를 물으면 유아는 예측하지 못하고 단순히 추측할 뿐이다. 그러므로 유아의 예측이 단순한 추측에 머무르지 않으려면 교사는 유아의 사전 지식이나 경험에 근거하여 가까운 미래에 일어날 일을 질문해야 한다. 아울러 교사는 유아가 그렇게 예측하는 이유에 대해서도 질문하는 것이 필요하다.

8) 실험

실험(experiment)은 가설을 검증하기 위해 일정한 조건을 인위적으로 설정하여 여러 가지를 실시하는 일이다. 실험은 기대했던 현상이나 다른 어떤 현상이 일어나는지를 조사하는 것으로, 자연과학 분야의 연구에서 필수적인 과정이다. 실험은 보통 현상의 재현 가능성을 전제로 성립된다. 다시 말해, 같은 현상을 인위적으로 재현할 수 없으면 실험을 통한 현상의 분석은 불가능하다. 그래서 실험은 반드시 가설(hypothesis)과 변인 통제(control variable)를 포함하며(Lind, 2005), 변인 간의 관계에 대한 통제를 최대화하여 정확한 실험 결과를 얻고자 한다.

가설은 두 변인 간에 존재할 수 있는 관계를 진술하는 것으로, '만약 ～이면 ～일 것이다.'라는 식으로 나타난다. 가설은 발전시키려는 지식이나 이해의 형태와 일치하며, 과학자가 연구하는 문제나 질문에 대한 잠정적 결론으로 나타난다. 예를 들어, 고기 섭취를 줄이면 지구온난화를 늦출 수 있을 것이라는 가설은 고기 섭취를 줄이는 것이 지구온난화를 늦추기 위한 하나의 방안이 될 수 있음을 보여 준다. 가설은 연구 문제에 대한 잠정적 결론으로서 자료를 수집하고 분석하여 결론을 도출하는 등의 경험적 검증과정을 통해 참과 거짓이 가려진다.

변인 통제는 실험에서 의도적으로 변화시키는 변인인 조작 변인을 제외한 모든 변인을 통제하는 것이다. 과학 활동 시 변인을 통제하는 것은 매우 중요한데, 왜냐하면 변인을 통제하지 않으면 조작 변인이 아닌 다른 변인이 실험 과정과 결과에 영향을 미쳐서 올바른 실험 결과를 도출할 수 없기 때문이다. 그러나 유아 스스로 변인을 통제하는 것은 어려우므로 변인 통제는 교사의 세심한 주의가 요구되는 일이다. 가령 경사로의 기울기에 따른 자동차의 구르는 속도 차이를 알고 싶다면 조작 변인인 기울기를 제외한 모든 변인을 통제하고 같은 경사로에서 같은 자동차를 경사로의 기울기만 변화시켜 굴려야 한다.

　관찰과 마찬가지로 실험에서도 재현성이 중요하다. 실험에서 정확한 결과를 얻기 위해서는 누구에 의해서나 실험 결과가 재확인될 필요가 있기 때문이다. 그러므로 연구자는 여러 번 실험하고, 실험 결과를 반복적으로 점검하고, 실험자료를 분석한 다음에 실험 결과를 발표해야 한다. 즉, 재현성을 높이기 위해 여러 번 반복하여 실험하고, 실험자료를 수집한 후 풍부한 자료에 근거하여 자료를 해석하는 것이 필요하다. 교사는 유아가 반복적으로 실험하도록 유도하고 실험 결과를 그래프나 표, 그림 등을 이용하여 다양하게 발표할 수 있도록 격려해야 한다.

2. 탐구능력 평가

교사는 유아의 탐구능력을 수시로 평가하여 부족한 점을 보완할 수 있는 수업을 계획하는 것이 요구된다. 유아의 탐구능력은 한두 번의 수업이나 설명으로 개발되는 것이 아니므로 교사는 끊임없이 유아의 탐구능력을 평가하고 탐구능력 발달을 도모하는 과학 활동을 전개해야 한다. 초·중등교육과 다르게 유아교육에서는 지필고사를 통해 유아의 학업성취도를 평가할 수 없으므로 교사는 수시로 유아의 현재 수준을 파악하고 부족한 점을 보완할 수 있는 교수-학습 전략을 세우는 것이 필요하다. 탐구능력 평가는 과학 활동이 진행되는 상황에서 자연스럽게 이루어지는 것이 바람직하므로 교사는 관찰과 비교, 분류, 측정 등에서 나타나는 각 유아의 반응과 참여 정도를 살피고 유아가 어려워하는 점이나 부족한 점을 파악해야 한다. 이를테면, 열심히 관찰하지만 관찰한 것을 언어로 표현하는 능력이 부족하여 다른 유아와 의사소통하기 힘든 유아에게 교사는 그림이나 도표로 관찰 결과를 제시하고 설명할 기회를 제공함으로써 유아의 의사소통능력 향상을 도모할 수 있다. 그러므로 교사는 유아가 일상생활 속에서 항상 자신의 탐구능력을 개발할 수 있도록 총체적이고 다면적인 평가를 지속해서 실시해야 한다.

1) 평가 내용

마틴(David Jerner Martin)은 유아의 탐구능력을 평가하기 위해 탐구능력 발달을 나타내는 구체적 행동을 지표(indicators)로 제시한다(Martin, 2014). 관찰의 경우, 사물을 찾아내고 적절한 감각을 모두 활용하여 속성을 정확하게 기술하였는지를 평가한다. 비교는 수집된 사물 간의 유사점, 차이점, 공통점 등을 발견하였는지를 평가한다. 분류는 사물의 주요 특성을 파악하고 일정한 기준에 따라 다양한 방법으로 정확하게 분류하였는지를 평가한다. 측정은 적절한 측정 유형과 측정 단위, 측정 도구 등을 사용하여 적절한 방법으로 측정하였는지를, 의사소통은 사물을 정확하게 묘사하고 다른 사람에게 정보나 자기 생각을 정확하게 전달하였는지를 평가한다. 추론은 사물과 사건의 관계를 기술하고 필요한 정보만을 사용하여 추론하였는지를, 예측은 패턴을 만들어 예측하고 예측한 이유를 논리적으로 말하였는지를 평가한다. 실험의 경우, 지시사항에 따라 물체를 조작하고 검증할 수 있는 의문점을 찾아내어 탐구 활동을 수행하였는지를 평가한다.

NRC(National Research Council)는 탐구능력을 성공적으로 평가하기 위한 핵심적 요소로 학생들의 능동적 참여를 강조한다(Atkin, Black, & Coffey, 2001). 학생들이 능동적으로 참여하지 않으면 각자가 무엇을 할 수 있고 무엇을 할 수 없는지, 무엇을 잘하고 무엇을 못 하는지 등을 정확히 파악할 수 없기 때문이다. 학생들이 단계별 목표와 범주를 명확히 알고, 범주에 필요한 노력을 기울이고, 자신의 노력에 대한 책임을 지려고 할 때 평가가 학생들의 학업성취에 긍정적 영향을 줄 수 있다. 유아 역시 단계별로 요구되는 탐구능력의 구체적 목표를 알고 문제해결과정에 참여한다면 평가 자체가 유아의 발달에 긍정적 영향을 줄 수 있다. 가령 유아가 무엇을 어떻게 관찰해야 하는지를 명확히 알고 관찰할 때 더 효과적으로 관찰할 수 있으며, 이러한 유아의 관찰 행동을 교사가 평가할 때 더 효과적인 피드백이 가능하다. 따라서 교사는 구체적인 행동 지표를 명확히 제시하고 행동 지표에 근거해서 유아

의 탐구능력을 평가하는 것이 필요하다.

2) 평가 방법

　유아의 탐구능력을 평가하는 가장 좋은 방법은 관찰이다. 관찰은 비형식적 또는 구조적 방법으로 진행된다(Martin, 2014). 비형식적 관찰은 활동을 수행하는 과정에서 교사가 유아의 행동을 주의 깊게 살펴보는 것이다. 교사는 제시된 행동 지표에 근거하여 유아의 행동을 살피고, 행동의 적절성 여부를 판단하고, 부족하거나 힘들어하는 점 등을 파악할 수 있다. 〈표 5-1〉은 마틴(Martin, 2014)이 제시한 탐구능력 발달을 나타내는 행동 지표 중 유아에게 적합한 지표를 선정하여 재구성한 것으로, 이러한 행동 지표를 이용하여 구조적 관찰이 이루어질 수 있다. 교사가 행동 지표를 이용하여 점검표를 만들고 각 유아의 행동을 관찰하면서 유아가 할 수 있는 항목에 표시하는 것이다. 이 방법은 각 유아가 무엇을 할 수 있고 할 수 없는지에 대한 정확한 정보를 제공한다는 장점이 있다. 더불어 주기적으로 유아의 행동을 점검함으로써 각 유아의 탐구능력 발달 정도를 파악할 수 있다는 장점이 있다.

　교사가 관찰할 때 구조화되거나 반구조화된 면담을 곁들이면 유아의 탐구능력에 관한 정보를 더 많이 얻을 수 있다. 교사는 먼저 각 유아가 무엇을 관찰하고 비교하고 분류하는지, 어떻게 측정하고 의사소통하고 실험하는지 등을 살펴본다. 다음으로 교사는 각 유아에게 무엇을 관찰하고 측정하고 비교하는지, 어떻게 결론을 내렸고 그렇게 결론을 내린 이유는 무엇인지 등을 질문하고 반응을 파악한다. '이게 무슨 모양이니?' '이걸 어떻게 만들었니?' '예를 하나 들어볼래?' 등의 질문을 던지고 이에 대한 유아의 반응을 평가함으로써 교사는 유아의 진척 정도와 성취 여부를 확인할 수 있다. 교사는 관찰하는 중간중간에 유아의 행동에 대해 질문하고 유아에게 답할 기회를 제공함으로써 유아의 탐구능력을 더 정확히 평가할 수 있다. 2019 개정 누리과정에서 교사가 유아의 놀이에 적절히 개입하기 위해 관찰은 더욱더 중요한 만큼 교사는 각 유아의 행동 하나하나에 주의를 기울이고 탐구능력을 평가하는 것이 요구된다.

〈표 5-1〉 탐구능력 발달을 나타내는 행동 지표

탐구능력	행동 지표
관찰	사물 찾아내기, 하나 이상의 감각 이용하기, 적절한 모든 감각 이용하기, 사물의 속성 정확히 묘사하기, 사물의 변화 묘사하기
비교	수집된 사물 비교하기, 사물 간 유사점 발견하기, 사물 간 차이점 발견하기, 사물 간 공통점 발견하기
분류	사물을 분류할 수 있는 주요한 속성 파악하기, 수집된 사물의 공통된 특성 찾아내기, 두 묶음으로 정확히 분류하기, 다양한 방법으로 정확히 분류하기, 하위그룹 구성하기, 자신의 분류 기준 세우기
측정	적절한 측정 유형(길이, 부피, 무게 등) 선택하기, 적절한 측정 단위 선택하기, 측정 도구 적절히 사용하기, 적절한 방법으로 측정하기
의사소통	대상 정확히 묘사하기, 알려지지 않은 대상을 다른 사람이 알 수 있게 묘사하기, 말과 글로 다른 사람에게 정확히 정보 전달하기, 생각을 말로 표현하기
추론	사물과 사건의 관계 기술하기, 적합한 모든 정보를 이용하여 추론하기, 없는 정보 이용하지 않기, 불필요한 정보 가려내기, 적합한 상황에서 추론하기
예측	규칙성 만들기, 규칙성 확장하기, 간단한 예측하기, 적합한 상황에서 예측하기, 예측한 이유를 논리적으로 말하기
실험	실험에 필요한 지시 따르기, 문제해결을 위한 대안 개발하기, 실험 재료 조작하기, 시행착오를 거쳐 탐구하기, 검증할 수 있는 문제 찾아내기, 자신의 탐구 절차 구상하기, 타당한 결론 내리기

제**6**장

과학 태도

1. 과학적 태도

현대 과학교육은 과학의 인지적 측면과 아울러 정의적 측면을 강조한다. 특히 유아과학교육은 과학지식 습득보다 유아가 주변의 사물에 호기심을 가지고 즐기면서 탐구하는 태도를 중시하므로 정의적 측면을 강조한다. 유아과학교육의 목표 중 하나는 사물과 현상에 대한 유아의 호기심을 발달시키는 것이며, 궁극적으로 유아가 과학적 태도에 기초하여 인간과 자연의 조화로운 삶의 가치를 인식하고 실천하는 데 초점을 둔다. 과학적 태도는 과학적으로 사고하거나 행동하려는 성향으로, 인지적·행동적 요소를 모두 포함한다. 탐구하는 자세, 아이디어와 정보의 비판적 수용, 문제해결과 의사결정에 대한 합리적 접근 등이 그 예다. 과학적 태도가 형성되지 않으면 과학적 방법으로 일상생활에서 제기되는 문제를 해결할 수 없다. 즉, 과학적 태도는 과학적 연구뿐만 아니라 합리적으로 생활하는 데 필요한 것이다. 따라서 유아가 인간과 자연의 조화로운 삶의 가치를 인식하고 실천하려면 과학적 태도가 유아과학교육의 내용에 포함되어야 한다. 과학적 태도는 성향이므로 유아기부터 형성되어 평생 발전되어야 한다. 유아기에 형성할 과학적 태도로 호기심, 적극성, 솔직성, 객관성, 개방성, 협동성, 비판성, 판단 유보, 끈기 등이 언급된다.

1) 호기심

호기심(curiosity)은 무엇이든 궁금해하고 알려고 하며 탐구하려는 태도다. 호기심은 항상 주변의 사물이나 현상에 의문을 가지고 끊임없이 질문을 제기하는 태도로, 학습이나 문제해결의 동기로 작용한다. 호기심은 인간의 타고난 특성으로, 자발적으로 지식을 습득하고 사고하고 행동하는 데 많은 영향을 미치며 일을 추진하는 원동력으로 작용한다. 호기심은 인간이 생존하고 적응하는 데 필수적 태도로서 미지의 세계에 관한 탐구 활동을 통해 인간의 인지적·정서적·사회적 발달을 촉진하는 것이다. 호기심은 확실하지 않은 것을 알고자 하는 욕구인 미지 선호와 새로운 환경이나 사건을 관찰하고 조작하고 질문하는 과정인 탐색 행동으로 구분된다(이미오, 2014).

호기심이 많은 사람은 항상 '왜'라는 질문을 던지고, 그 질문에 대한 답을 찾으려고 노력한다. 또한 새로운 시각으로 사물을 바라보고, 오랫동안 사실이라고 믿는 것에 대해 의문을 가지며, 예외적인 규칙에 주의를 기울인다(Lind, 2005). 호기심이 있는 유아는 알지 못하는 신비적 요소에 관심을 보이고 만져 보고 궁금증을 해결하기 위해 정보를 찾는 등 신비적 요소에 긍정적 반응을 보인다(서연희, 2012). 다시 말해, 호기심이 있는 유아는 주변 환경에서 특이하거나 새로운 것에 관심을 두고 주의를 집중하며 그것을 지속해서 관찰하고 탐색하는 등의 행동을 보인다. 이러한 행동을 반복하기 때문에 호기심이 있는 유아는 자존감이 높고 독립심이 강한 것으로 나타난다.

따라서 호기심은 과학적 태도 형성에 중요한 기초가 될 뿐만 아니라 과학적 연구의 중요한 추진력이 된다. 그러나 호기심은 고정되어 있지 않고 계속 변화하므로 교사는 유아의 호기심을 지속해서 자극하고 발달시켜야 한다. 교사는 흥미진진한 분위기에서 유아가 지속해서 탐구할 수 있도록 다양한 활동을 제공하고 유아 스스로 문제를 해결할 수 있도록 격려하는 것이 필요하다. 즉, 교사는 유아가 자주 질문하고 새로운 대상에 관심을 보이고 문제가 발생하면 원인을 찾도록 격려해야 한다. 유아가 자신이 가지고 있는 모든 감각과 에너지를 사용하여 주변 세계를 탐색하고

호기심에 대한 답을 찾을 수 있도록 유도하는 것이 교사의 역할이다.

2) 적극성

적극성(activeness)은 열정적으로 일을 완수하려는 태도로, 주어진 과제 외에도 자진해서 참여하여 적극적으로 문제를 해결하려는 것이다. 단순히 해야 하니까 어쩔수 없이 주어진 과제만을 하는 것이 아니라 일을 완수하기 위해 과제 외에 필요한 것을 적극적으로 찾아서 하는 것이 적극성이다. 적극성은 자발성과 능동성, 긍정성 등을 모두 포함하는 개념으로, 실패하더라도 낙담하지 않고 스스로 실패의 원인을 찾으며 다시 시도하면서 일을 완수하려는 태도다.

적극적인 사람은 일상생활의 모든 활동에 자발적으로 참여하고, 자신이 할 일을 찾으며, 문제해결에 필요한 것을 요구한다. 또한 자기 생각이나 의견을 분명히 표현하고, 다른 사람과 활발하게 상호작용하면서 자극받고 많은 정보를 얻으며, 새로운 것에 대한 시도와 도전을 두려워하지 않는다. 열정적으로 타인과 상호작용하고 타인의 생각과 의견을 지지하고 수용하면서 문제를 해결하므로 적극적인 사람은 쉽게 낙담하지 않고 항상 새로운 것을 시도하며 도전하는 모습을 보인다.

과학 활동에서 유아의 적극성은 활동에 능동적으로 참여하고, 과제 수행에 필요한 것을 찾고, 새로운 방법을 시도하고, 교사나 다른 유아와 적극적으로 의사소통하는 등의 모습으로 나타난다. 교사가 권유하지 않아도 유아는 실험이나 측정에 스스로 참여하고, 궁금증을 해결하기 위해 다양한 방법을 시도하며, 새로운 아이디어를 제안하면서 적극적으로 질문하고 탐색한다. 즉, 유아의 적극성은 자기 행동을 긍정적으로 인식하고 스스로 과학 활동에 참여하면서 과제를 수행하는 것으로 나타난다.

3) 솔직성

솔직성(honesty)은 정직과 같이 긍정적이고 공정한 도덕성을 가리키는 용어로, 거짓말하거나 속이지 않고 있는 그대로 표현함으로써 진심으로 신뢰하게 되는 것을 말한다. 과학적 연구에서 솔직성은 연구 결과를 왜곡하거나 선택적으로 취하지 않고 있는 그대로 보고하는 태도로, 연구의 진실성을 확보하기 위해 반드시 지켜져야 한다. 특히 위조, 변조, 표절과 같은 연구 부정행위로 얻어진 잘못된 연구 결과가 심각한 사회적 혼란을 일으킬 수 있으므로 솔직성은 과학적 연구에서 매우 중요하게 다루어지고 있다.

솔직성은 유아기부터 기르는 것이 필요한데, 왜냐하면 거짓말하지 않고 있는 그대로 말하는 것이 습성화하는 데 많은 시간이 걸리기 때문이다. 유아는 자신이 관찰한 것을 그대로 나타내고 힘들거나 어려운 점에 대해 솔직히 표현하며 실험 결과를 그대로 보고할 수 있어야 한다. 여러 번 실험한 결과가 예상한 것과 다를 경우, 대부분 유아는 여러 가지 이유로 실험 결과를 솔직하게 말하기를 꺼린다. 이럴 때 교사는 수용적이고 격려하는 분위기를 조성하여 유아가 솔직하고 당당하게 자신의 실험 결과를 발표하도록 도와주어야 한다.

4) 객관성

객관성(objectivity)은 편견이나 해석, 감정, 상상 등의 개인적 주관으로부터 완전히 독립된 상태로, 의식하는 주체와 상관없이 모든 사람이 공동으로 확인할 수 있으며 누가 의식하더라도 변하지 않는 성질이 있다. 과학에서 객관성은 과학적 연구의 방법이나 결과가 특별한 관점이나 가치, 공동체의 편견, 개인의 관심사 등의 영향을 받지 않는 것을 가리킨다. 즉, 과학에서 객관성은 개인의 편견이나 감정, 이전 경험 등에 치우치지 않고 실험 결과에 근거하여 결론을 내리는 태도다.

과학적 연구에서 객관성을 유지하려면 결론을 내리기 전에 가능한 한 많은 자료를 수집해야 한다. 수집된 자료가 많다는 것은 공동으로 확인할 수 있는 사람들이 그만큼 많고 개인의 편견이 개입될 가능성이 적다는 것을 의미하기 때문이다. 적은 양의 자료에는 소수의 관점을 반영하는 자료만 포함되어 편협한 결론이 나기 쉽고 일방적 주장이 내세워질 가능성이 크다. 자료가 많을수록 다수의 관점을 반영하는 자료가 포함되어 다양한 시각에서 문제를 바라봄으로써 객관적인 결론을 도출할 수 있다.

객관성을 기르기 위해 유아는 과학 활동에서 여러 번 반복하여 실험을 수행하는 것이 필요하다. 개인의 주관적 판단이 아니라 반복적 실험을 통해 얻은 결과를 근거로 유아가 결론을 내릴 수 있어야 한다. 그러나 같은 실험을 반복할 때 유아가 쉽게 싫증을 낼 수 있으므로 교사는 유아와 끊임없이 상호작용하면서 격려하고 참여를 유도해야 한다. 또한 교사는 유아의 흥미와 관심이 지속될 수 있도록 발달에 적합한 실험을 설계하고 충분한 시간과 적절한 공간이 확보된 상태에서 실험을 전개하는 것이 필요하다.

5) 개방성

개방성(open-mindedness)은 자기 생각과 다르더라도 새로운 아이디어를 수용하고 낯선 것을 인내하고 탐색하는 태도다. 개방성은 일상생활에서 다른 사람의 관점이나 지식의 가치를 인정하고 받아들이는 것으로, 효과적인 모둠 활동을 위해 필요한 태도다. 개방성은 합리적 판단과 의사결정을 요구하는 현대 사회에서 특히 강조된다. 편견에 치우치지 않고 객관적으로 문제를 바라보고 합리적으로 해결하기 위해 여러 사람의 의견을 듣고 수용하는 것이 필요하기 때문이다.

개방적인 사람은 기꺼이 다른 사람의 의견을 듣고, 쟁점에 대해 여러모로 생각하며, 성급하게 결론을 내리지 않는다. 또한 자기주장과 다른 결론이 나오더라도 밝혀진 결론에 근거하여 자기주장을 변경하며, 다른 사람의 의견을 기꺼이 수용하여 새로운 아이디어나 방법을 시도한다. 더 나아가 개방적인 사람은 문제해결을 위해 긍정적·부정적 면을 모두 고려하고, 확실한 증거를 충분히 확보한 후 행동을 취하며, 편견이 없고 관습에 순응하지 않는 모습을 보인다(하대현, 남상인, 황해익, 어윤경, 2007).

개방성은 유아의 일상생활에서 항상 요구되는 태도다. 유아는 매일 다양한 사람을 만나면서 서로 다른 생각을 접하고 합의한 후 결정을 내린다. 놀이터에서 어떤 놀이를 할 것인지, 누가 먼저 블록이나 장난감을 가지고 놀 것인지 등을 결정하기 위해 일상적으로 다른 유아와 의견을 교환하고 합의한다. 이러한 과정에서 의견 충돌로 감정이 상하거나 자기주장을 굽히지 않다가 울기도 한다. 그래서 유아가 여러

사람의 의견을 듣고 자기주장에 대한 비판을 수용하며 자기 잘못을 기꺼이 인정하는 등의 개방성을 기르는 것이 절실하게 요구된다.

6) 협동성

협동성(cooperation)은 공통의 목표를 달성하기 위해 서로 도우면서 함께 행동하려는 태도로, 개인보다 집단의 이익을 우선으로 생각하면서 협의하는 것을 말한다. 과학적 연구에서 협동성은 다른 사람과 협의하여 과학적 개념이나 용어, 연구 방법 등을 결정하고, 실험 도구를 함께 사용하고 실험 후 함께 정리하는 것으로 나타난다. 협동성은 현대 사회에서 필요불가결한 과학적 태도인데, 왜냐하면 공동으로 과제를 수행하는 것은 과학적 연구를 비롯하여 사회 모든 분야의 전반적 추세기 때문이다.

특히 협동성은 개방성과 함께 현대 과학에서 가장 많이 강조되는 과학적 태도다. 현대 과학은 연구의 규모가 거대하고 학제 간 연구가 활발하다는 점이 특징이다. 하나의 프로젝트를 위해 전 세계 수백, 수천 명의 과학자가 모이고, 학제 간 연구를 위해 서로 다른 학문 분야의 과학자가 결합한다. 프로젝트를 완수하기 위해 다른 사람의 의견을 수용하고, 집단 내 의견을 교환하고, 공통의 목표를 위해 협의하는 일이 빈번하게 일어난다. 과거에는 과학자 개인의 재능에 의한 우연적 발견으로 과학의 발전이 이루어졌지만, 현대에는 집단의 힘으로 과학이 발전한다. 그래서 현대 과학에서 협동성이 강조된다.

유아는 실험할 때 역할을 분담하고, 실험 도구를 함께 사용하고, 실험이 끝난 후 함께 정리함으로써 협동성을 기를 수 있다. 다양한 모둠 활동에서 역할을 분담하고 협의하는 과정에 갈등이 생길 수 있으며, 이러한 갈등을 해결하고 공통의 목표를 달성하면서 유아의 협동성이 길러지게 된다. 어떤 역할을 담당하는지에 따라 수행하는 임무가 달라지는 만큼 교사는 다양한 모둠 활동을 제공하는 것과 동시에 유아 개개인이 모둠 활동에서 자신의 임무를 끝까지 수행할 수 있도록 도와주는 것이 필요하다.

7) 비판성

비판성(criticism)은 사람의 장단점이나 선악, 사물의 진위 등을 판단하려는 태도다. 비판성은 다른 사람이 진술한 내용에 대해 증거를 요구하고, 증거에 근거한 진술을 선호하며, 증거를 찾고 다른 사람의 주장을 지지하기 위해 기꺼이 논쟁하는 것으로 나타난다. 비판은 삶의 모든 분야에서 다양한 형태로 이루어지므로 정확히 비판하려면 객관적 사실에 근거한 전면적 비판이 되어야 한다. 즉, 감정을 배제하고 논리적으로 타인의 주장에 대해 옳고 그름이나 좋고 나쁨을 따져야 한다. 특히 정보가 홍수처럼 쏟아지는 현대 사회에서 유익한 정보를 취사선택하고 활용하려면 비판성을 기르는 것이 필요하다.

유아 역시 다른 사람이나 대중매체를 통해 매일매일 다양한 정보를 접하며 살고 있으므로 정보를 비판적으로 수용하는 태도를 길러야 한다. 정보를 그대로 받아들이는 것이 아니라 그것의 출처가 무엇인지, 어떤 맥락에서 나온 것인지, 믿을 만한 것인지 등을 따져 보아야 한다. 유아의 비판성을 기르기 위해 교사는 유아의 주장에 대해 증거를 요구하고, 유아에게 근거를 설명할 기회를 충분히 주어야 한다. 다른 사람에게 객관적 근거가 분명한 정보를 전달하고, 다른 사람의 의견에 대해 증거를 요구하고, 객관적 사실에 근거하여 비판하는 것을 일상화함으로써 유아의 비판성이 길러질 수 있다.

8) 판단 유보

판단 유보(judgment reservation)는 충분한 정보나 자료가 확보될 때까지 결론이나 결정을 내리지 않는 태도다. 다시 말해, 판단 유보는 성급하게 판단하거나 결론을 내리지 않고 확실한 증거에 의해 자기주장이 뒷받침될 때까지 사실로 받아들이지 않는 태도다. 판단 유보가 중요한 이유는 일상생활에서 섣부른 판단이 가치 있는 것을 무가치한 것으로 만들 수 있고, 착한 사람을 나쁜 사람으로 만들 수 있기 때문이다. 전후 맥락을 고려하지 않은 성급한 판단은 많은 실수와 오해를 불러올 수 있고 누군가에게 심각한 피해를 줄 수 있다.

특히 과학에서 가설은 일시적이고 잠정적이며 지식은 끊임없이 변화하므로 충분한 증거를 가지고 판단하는 것이 요구된다. 지금 참이라고 믿는 것이 나중에 거짓으로 드러날 수 있기 때문이다. 그러므로 확실한 증거가 모일 때까지 판단이나 결론을 내리지 않는 판단 유보의 태도를 길러야 한다. 결론을 내리기 전에 많은 자료를 찾고, 자료에 근거하여 여러 번 생각한 후 신중하게 결론을 내리고, 확실한 근거를 찾을 수 없으면 다시 생각하는 태도를 길러야 한다(김경미, 2008).

유아는 사물을 지각적 속성과 특징으로 판단하는 경향이 있으므로 교사는 유아가 보고 듣는 것만으로 판단하지 않도록 주의를 기울여야 한다. 투명한 액체를 자신이 알고 있는 물이라고 판단하여 마실 수도 있고, 교사 앞에서 울고 있는 유아를 보고 교사한테 혼나는 것으로 판단하고 자신도 혼날 것이 두려워 미리 겁을 먹고 울 수도 있다. 따라서 유아가 판단하기 전에 의심하고 궁금해하고 '왜'라는 질문을 던질 수 있도록 교사가 수용적 분위기를 조성하고 세심하게 지도하는 것이 필요하다.

9) 끈기

끈기(perseverance)는 쉽사리 단념하지 않고 끝까지 노력하는 태도로, 어려운 상황에서도 목적 달성을 위해 참고 견디며 끈질기게 계속해 나가는 것이다. 즉, 끈기는 방해물이나 어려움, 절망감 등에도 포기하지 않고 목적을 향해 매진하는 악착스러움, 집요함, 참을성 등을 가리킨다. 끈기는 언뜻 보기에 과학적 태도와 거리가 멀어 보이지만, 과학자가 되기 위해 가장 필요한 자질로 간주할 만큼 중요한 과학적 태도다. 아무리 뛰어난 아이디어로 가설을 생성할지라도 가설을 검증하기 위해 반복되는 실험을 끝까지 수행하지 못하면 어떠한 결과도 얻을 수 없기 때문이다.

과학적 방법으로 문제를 해결하는 것은 뛰어난 아이디어로 한두 번의 실험을 통해 가능하지 않으며, 셀 수 없는 관찰과 측정, 실험 등을 수행하는 과정이다. 따라서 실험에 실패하더라도 실험 결과를 얻기 위해 반복하여 실험하고, 해결되지 않는 문제에 포기하지 않고 매달리며, 이 과정에서 겪는 좌절과 시련을 극복하는 끈기가 필요하다. 유전학의 아버지라 불리는 멘델(Gregor Johann Mendel)은 무려 1만 그루가 넘는 완두를 재배하여 1만 3천 건의 실험 결과를 얻을 만큼 지루하게 계속되는 실험을 수행한 것으로 유명하다(가마타 히로키, 2010).

끈기는 성취감이나 만족감과 연관된다는 점에서 유아에게 특히 필요한 과학적 태도다. 힘들더라도 원하는 것을 얻기 위해 끝까지 해 나가고 마지막에 목적을 달성함으로써 유아는 크나큰 성취감과 만족감을 얻을 수 있기 때문이다. 이러한 성취감이나 만족감은 한 문제를 해결하고 또 다른 문제를 찾아 해결하려는 원동력으로 작용하기 때문에 유아가 지속해서 발전하는 데 크게 이바지한다. 그러므로 유아가 과제를 수행하면서 포기하려고 할 때 교사는 새로운 단서나 아이디어를 제공하는 등 다양한 방법으로 유아가 단념하지 않도록 격려하는 것이 필요하다.

2. 과학 태도 평가

    과학 태도는 과학에 대한 태도와 과학적 태도로 구분되지만, 이 두 가지를 실생활에서 명백히 분리하기 어렵다. 그래서 과학에 대한 태도와 과학적 태도를 함께 평가하는 것이 바람직하다. 과학에 대한 태도는 과학과 과학의 중요성에 대한 가치를 결정하며 학습동기와 연결되는 만큼 과학에 대한 긍정적 태도를 기르는 것은 중요하다. 과학에 대한 긍정적 태도는 과학적 사고나 과학의 발전이 인간의 삶에 미친 영향 등을 가치 있게 생각할수록 길러질 수 있다. 과학에 대한 긍정적 태도는 과학적 태도 형성에 영향을 미치며 과학적 탐구능력과도 연관된다. 예를 들어, 자연세계에 관심과 호기심이 많은 유아는 항상 많은 궁금증과 의문점을 가지고, 이를 해결하기 위해 교사나 다른 유아에게 적극적으로 질문하면서 의사소통능력을 기를 수 있다. 그러나 태도는 단기간에 집중적으로 학습되는 것이 아니라 다양한 경험과 지속적인 관계를 통해 습득된다. 유아가 처한 특수한 상황이나 교실 분위기,

교사–유아 상호작용, 유아의 사전 지식과 경험 등에 따라 과학 태도는 끊임없이 변화한다. 따라서 교사는 유아의 과학 태도를 다양한 측면에서 지속해서 평가하고 부족한 부분을 보완할 수 있도록 수업을 설계하는 것이 필요하다.

1) 평가 내용

과학 태도는 과학에 대한 태도와 과학적 태도로 구분되므로 과학 태도 평가에는 과학에 대한 태도와 아울러 과학적 태도를 평가하는 문항이 포함된다. 〈표 6-1〉 은 유아의 과학 태도를 평가하기 위한 문항으로, 이러한 표에 근거하여 교사는 유아에게 질문하고 반응을 살펴봄으로써 유아의 과학 태도를 평가할 수 있다. 〈표 6-2〉는 과학적 태도의 구성요소별 평가 준거로(김경미, 2008), 이러한 평가 준거에 근거하여 교사는 유아의 과학적 태도를 정확하고 세심하게 평가할 수 있다.

〈표 6-1〉 과학 태도를 평가하기 위한 문항

- 과학 시간이 재미있는가?
- 과학 시간이 편안한가?
- 과학 활동에 참여하는 것이 즐거운가?
- 커서 과학자가 되고 싶은가?
- 궁금한 것이 있으면 선생님이나 친구한테 물어보는가?
- 박물관이나 천문대, 식물원 등을 자주 방문하는가?
- 도서관에 가면 주로 과학에 관한 책을 읽는가?
- 식물이나 동물을 기르는 것이 좋은가?
- 실험하는 것이 신나는가?
- 과학에 관한 프로그램이 재미있는가?
- 시계나 라디오를 열어 보고 싶은가?
- 친구들의 생각을 듣는 것이 흥미로운가?
- 실험이 끝난 후 정리를 잘하는가?
- 실험했던 것을 또 해 보고 싶은가?
- 과학상자 같은 것을 보면 만들어 보고 싶은가?
- 교사의 설명 중 모르는 것이 있으면 질문하는가?
- 실험이나 관찰할 때 앞장서서 하는가?
- 친구들이 실험을 일찍 끝마쳐도 끝까지 실험하는가?
- 내 생각과 다른 의견도 끝까지 잘 듣는가?
- 과학에 대해 알고 있는 것을 친구한테 잘 설명할 수 있는가?
- 세상에 궁금한 일이 많이 있는가?
- 실제로 식물이나 곤충을 채집하고 싶은가?

〈표 6-2〉 과학적 태도의 구성요소별 평가 준거

요소	평가 준거
호기심	• 자주 질문하는가? • 새로운 대상에 관심을 기울이는가? • 문제가 있을 때 원인을 찾으려 하는가?
적극성	• 실험이나 활동에 스스로 참여하는가? • 문제해결에 적극적으로 임하는가? • 궁금한 점을 해결하려고 시도하는가?
솔직성	• 자신이 예상하거나 관찰한 점을 그대로 나타내는가? • 어려운 점이나 안 되는 점을 그대로 나타내는가? • 활동이나 실험 결과를 그대로 나타내는가?
객관성	• 사물을 자기가 본 대로 정직하게 표현하는가? • 실험 결과에 근거하여 결론을 내리는가? • 문제를 해결할 때 몇 가지 가능한 해결방안을 고려하는가?
개방성	• 자기주장에 대한 비판을 수용하는가? • 실패한 것에 좌절하거나 의기소침해하지 않는가? • 한 가지 문제에 대해 다양한 의견을 듣는가?
협동성	• 역할을 맡아서 활동하는가? • 소집단 전체에 관한 생각이 드러나는가? • 실험 후 정리 정돈을 같이 하는가?
비판성	• 다른 사람의 의견에 대해 옳고 그름을 판단하는가? • 결론이나 설명에서 모순점을 찾는가? • 어떤 주장에 대한 대안을 제시하는가?
판단 유보	• 결론을 내리기 전에 많은 자료를 찾는가? • 결론을 성급히 내리지 않는 편인가? • 확실한 근거를 찾지 못하는 것을 다시 생각해 보는가?
끈기	• 활동 중 실패할 때 반복하여 결과를 찾으려 하는가? • 해결되지 않는 문제를 계속해서 해결하려고 하는가? • 한 문제가 해결되면 또 다른 문제를 해결하려고 하는가?

2) 평가 방법

　　유아의 과학 태도를 평가하는 효과적인 방법은 반구조화된 면담을 사용하는 것이다. 이 방법은 유아에게 말할 기회를 주면서 동시에 교사에게 들을 기회를 제공하기 때문이다(Martin, 2014). 반구조화된 면담을 위해 교사는 먼저 〈표 6-1〉에 제시된 문항이나 〈표 6-2〉의 평가 준거를 토대로 질문과 지침을 준비한다. 다음으로 교사는 모든 유아에게 비슷한 질문을 던지고 유아에게 좀 더 자세한 설명을 요구하거나 이유를 명확히 밝힐 기회를 제공한다. 교사는 유아의 반응을 파악하여 유아의 과학 태도를 평가한다. 만약 유아가 어떤 문항에 부정적 반응을 보이면 교사는 그 이유와 배경에 대해 질문하고 문제를 해결할 방안을 마련함으로써 유아가 과학에 대한 긍정적 태도를 형성하도록 도와줄 수 있다. 따라서 반구조화된 면담을 사용하여 평가하는 것은 유아의 과학 태도를 다각적으로 평가하고 유아에게 나타나는 문제를 즉각적으로 해결할 수 있다는 점에서 효과적이다.

  유아의 과학 태도를 평가하는 또 다른 방법은 어떤 대상이나 관념, 현상 등에 대한 개인의 태도나 성향의 강도를 측정하는 기법인 리커트 척도(Likert scale)를 이용하는 것이다. 리커트 척도에서 태도는 하나의 극단에서 중립을 거쳐 또 다른 극단으로 나가는 연속체로 가정되므로 응답자는 어느 정도 동의하는지 동의하지 않는지를 점수로 나타낸다. 이를테면, 교사가 〈표 6-1〉에 제시된 문항을 각 유아에게 질문하고, 유아는 네 가지 리커트 척도인 매우 그렇다, 그렇다, 아니다, 매우 아니다 중 하나에 응답하는 식으로 과학 태도가 평가될 수 있다. 이 방법은 각 문항에 대한 긍정적 반응과 부정적 반응을 측정함으로써 짧은 시간 안에 모든 유아의 반응을 파악할 수 있다는 이점이 있다. 그러나 이 방법만을 사용하면 피상적으로 유아의 과학 태도가 평가될 수 있으므로 교사는 유아의 과학 태도에 대한 더 많은 정보를 얻기 위해 반구조화된 면담을 곁들이는 것이 필요하다.

제3부

유아과학교육의 이론

제7장 교수-학습 패러다임

제8장 구성주의와 유아과학교육

제9장 유아과학교육의 교수-학습 모형과 방법

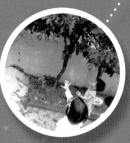

제7장

교수-학습 패러다임

1. 교수-학습 패러다임의 변화

교육은 기본적으로 가르치는 교사와 배우는 학습자 간의 상호작용으로 이루어진다. 그러므로 무엇을 어떻게 가르치고 배울 것인가는 교육의 핵심 주제로서 항상 논란의 중심에 놓여 있으며, 시대적 요구에 따라 계속 변화하고 있다. 즉, 가르치고 배우는 것에 대한 정의가 바뀌면서 교수-학습을 바라보는 관점이 달라지고 있다. 이는 한 시대를 지배하던 교수-학습 패러다임(paradigm)이 사라지고 새로운 패러다임이 그 자리를 차지하는 식으로 나타난다. 교수-학습 패러다임은 경험주의, 행동주의, 인지주의, 구성주의 순으로 변화하였다. 모든 지식의 기원을 경험에 두는 경험주의에 맞서 1950년대에 학습자의 관찰되지 않은 부분을 학습으로 보지 않는 행동주의가 등장하였다. 1970년대에는 행동주의를 비판하면서 학습자의 관찰 불가능한 부분을 관찰된 행동을 통해 추론할 수 있다는 인지주의가 나타났다. 1980년대에는 인지주의에서 주장하는 학습자의 인지구조뿐만 아니라 상호작용을 강조한 구성주의가 등장하였다(권용주, 남정희, 이기영, 이효녕, 최경희, 2013). 결국 교수-학습 패러다임은 고정되지 않고 계속 변화하고 있으며, 이러한 패러다임의 변화에 따라 학습자를 바라보는 관점이나 교사의 역할, 교수-학습 방법 등이 바뀌고 있다.

1) 행동주의

　행동주의(behaviorism)는 심리적 탐구의 대상을 의식 밖의 외현적 행동에 두는 관점으로, 인간을 자극 때문에 반응하는 존재로 본다. 다시 말해, 직접 관찰할 수 있는 외현적 행동을 탐구하여 자극과 반응의 관계를 분석하는 것이 행동주의다. 행동주의에서 학습은 적절한 자극을 통해 인간의 행동을 바람직한 방향으로 변화시키는 것이며, 교수는 학습자에게 제공되는 외적 자극으로 간주한다. 이처럼 학습자의 행동 변화를 학습으로 정의하기 때문에 행동주의는 관찰하고 측정할 수 있는 유기체의 행동만을 연구 대상으로 삼는다. 행동주의는 같은 자극에 학습자의 같은 반응을 기대하므로 어떤 학습자도 체벌이나 포상을 통해 기대되는 행동을 한다고 주장한다. 행동주의는 동물과 인간의 학습을 같게 간주하면서 관찰할 수 있는 외현적 행동에 초점을 두고 측정 불가능한 사고 활동은 배제한다. 행동주의에서 지식은 절대적이고 학습은 경험과 연습을 통한 직접적 결과이므로 학습을 통해 나타난 행동 변화는 관찰하고 측정할 수 있어야 한다.

　행동주의에는 파블로프(Ivan Petrovich Pavlov)의 고전적 조건화 이론, 손다이크(Edward Lee Thorndike)의 시행착오 이론, 스키너(Burrhus F. Skinner)의 강화이론, 가네(Robert M. Gagne)의 위계학습이론 등이 포함된다. 스키너의 강화이론은 학습자가 기대되는 행동을 할 때 주어지는 강화가 빠르면 빠를수록 학습의 효과가 크다고 말하며, 이는 행동주의 관점의 기본이 된다. 가네의 위계학습이론은 외적 교수 자극과 학습 결과와의 관계를 파악한 것으로, 단순한 외적 자극보다 위계적인 단계와 과제를 제시하는 교수 설계가 학습에 효과적임을 보여 준다. 가네는 학습 결과의 유형을 지적 기능, 언어 정보, 인지 전략, 운동 기능, 태도의 다섯 가지로 구분하고, 이러한 학습 결과를 얻기 위한 일련의 과정으로 학습을 간주한다. 결국 행동주의는 모든 상황에 적용되는 보편타당한 절대적 진리와 지식을 교사가 전달하고 학습자는 수용하는 것으로 교육을 바라보며, 학습자의 수동성, 외적 보상을 통한 강화, 수업 내용의 계열화 등을 강조한다.

2) 인지주의

인지주의(cognitivism)는 인간을 사고하는 존재로 간주하고 인간 내부의 인지구조와 능동적 사고 과정을 중시하는 관점으로, 학습자의 인지구조 변화를 학습으로 정의한다. 행동주의와 다르게 인지주의는 학습자의 인지구조 때문에 외적 자극에 대한 학습자의 반응이 다양하게 나타난다고 주장한다. 학습자마다 다른 인지구조를 가지고 있어서 같은 수업을 받아도 학습자마다 다른 결과가 나타나는 것이다. 따라서 인지주의는 교수–학습에서 가장 먼저 찾아내야 하는 것이 학습자의 인지구조임을 강조한다. 인지주의에서 학습자는 내적 정보처리 과정을 통해 능동적으로 주어지는 정보를 선별하고 처리하며, 인지 과정을 통해 학습이 이루어진다. 인지주의는 실재가 인식 주체자의 외부에 있으며 언어나 다른 표상을 통해 전달되어 학습자에 의해 발견된다고 말한다.

인지주의는 학습자의 사고 과정을 컴퓨터의 정보처리 과정에 비유한 정보처리이론과 맥을 같이하는 만큼 행동주의와 다르게 자극, 정보처리, 반응이라는 새로운 틀을 제시한다. 이처럼 인지주의와 행동주의는 많은 차이가 있지만, 지식을 독립적으로 존재하는 고정된 실체로 바라보고 교사가 지식을 전달하고 학습자는 지식을 수동적으로 수용한다는 점에서 공통점이 있다. 행동주의와 인지주의는 강의나 암송, 반복과 같은 교수–학습 방법을 사용하면서 듣는 것을 강조하고, 의도적 교육과정에 의한 양적 평가를 시행한다. 피아제(Jean Piaget)는 학습자의 지식 획득 방법에 대한 새로운 관점을 제시하여 인지주의가 형성되는 데 큰 영향을 미쳤다. 인지주의에는 피아제의 인지발달이론, 브루너(Jerome S. Bruner)의 발견학습이론, 오수벨(David Ausubel)의 유의미학습이론 등이 포함된다.

3) 구성주의

구성주의(constructivism)는 인간이 자기 경험과 생각을 통해 지식을 구성한다는 관점으로, 학습자의 능동적 지식 구성을 학습으로 정의한다. 구성주의는 객관적 실체나 절대적 진리는 존재하지 않으며, 실재는 인식 주체자의 경험으로 결정된다고 주장한다. 실재는 개인의 관찰이나 반성적 사고, 논리적 사고와 같이 개인 자신에 의해 구성되는 것이다. 따라서 인간이 경험하는 세계에 대한 의미는 개인마다 다르게 부여되고 구성되며, 세계를 이해하고 조직하는 방식 역시 개인마다 다양하게 나타난다. 구성주의에서 학습자는 어떤 개념을 학습하기 이전에 이미 일상 경험을 통해 세계에 대한 자기 생각이 있으며, 자신이 이미 알고 있는 지식이나 경험을 새로운 지식과 연결하는 학습으로 자신만의 의미를 구성한다. 그러므로 학습은 단순히 지식의 습득이나 인지구조 형성을 넘어서서 학습자의 내·외적 요인 간의 상호작용을 통해 능동적으로 구성되는 것이다. 구성주의에서 학습은 인지적·사회적·문화적으로 구성되는 능동적 과정이므로 지식은 독립된 실체가 아니라 문화와 전통에 의해 형성되는 것이다.

결론적으로 교수-학습 패러다임은 행동주의에서 인지주의, 구성주의로 변화하면서 외부적 관점에서 내부적 관점으로 변화하는 양상을 띤다. 실재가 인식 주체자의 외부에 있다는 관점에서 실재가 인식 주체자의 경험으로 결정된다는 관점으로 변화한 것이다. 구체적으로 학습자에게 전달되는 지식의 절대성을 강조하던 관점에서 학습자의 능동적 지식 구성을 강조하는 관점으로 변화하였다. 지식을 전달하던 교사의 역할이 개별 유아의 독특한 내면화 과정을 촉진하고 도와주는 것으로 바뀌었다. 듣는 것을 중시하던 교육에서 말하는 것을 강조하는 교육으로 바뀌었으며, 정답을 직접 추구하거나 논리적 기준을 적용하던 교육에서 학습자 스스로 발견하는 과정에 초점을 둔 교육으로 변화하였다. 구성주의에서 교수-학습 방법은 스스로 경험할 수 있도록 유아에게 구체적 사물이나 현상을 직접 조작할 기회를 충분히 제공하는 데 초점을 두기 때문이다. 결국 행동주의와 인지주의가 학습자를 수동적 존재로 보는 것에 반해 구성주의는 학습자를 능동적 존재로 보면서 교수-학습 방법에 많은 차이가 나타난다.

2. 구성주의

　현재 지배적인 패러다임인 구성주의 탄생에 가장 큰 영향을 미친 사람은 피아제로, 피아제의 인지발달이론이 구성주의의 출발점이 된다. 피아제의 인지발달이론은 개인의 인지구조가 평형화 과정을 통해 발달하며, 새로운 인지구조가 이전보다 높은 수준에 도달함으로써 인지발달이 이루어진다고 주장한다. 이러한 주장에서 더 나아가 구성주의는 학습자의 인지구조와 외부 환경에서 의미 있는 것 사이의 상호작용으로 학습을 정의한다. 즉, 인지구조 속에 이미 형성된 개념과 외부 환경으로부터 새로 배우게 될 개념과의 상호작용을 통해 학습자 스스로 의미를 구성하는 능동적 과정으로 학습을 간주한다. 구성주의에서는 학습이 이루어지기 전에 이미 형성된 개념을 토대로 학습이 진행된다고 보기 때문에 교사가 학습자의 사전 지식을 파악하고 학습자 스스로 의미를 구성하도록 도와주는 것이 중요하다. 수업도 주변 세계에 대한 학습자의 호기심과 질문에서 시작하며, 학습자 스스로 주변 환경과 사물을 탐색하면서 궁금증을 해결하는 교수-학습 방법을 강조한다. 구성주의는 지식을 구성하는 주요 요인을 개인의 인지적 작용에 두는지, 개인이 속한 사회적·문화적·역사적 상황에 두는지에 따라 인지적 구성주의와 사회적 구성주의로 구분된다.

1) 인지적 구성주의

(1) 지식의 구성 과정

인지적 구성주의(cognitive constructivism)는 피아제의 인지발달이론에 근거하며, 지식의 구성이 성숙, 경험, 상호작용, 평형화 등으로 이루어진다고 주장한다. 인지적 구성주의에서 지식은 개인이 환경과의 상호작용으로 사전 지식을 더욱 정교하게 다듬어 가는 과정을 통해 발달한다. 피아제는 지식을 하나의 상태가 아니라 조직과 적응의 과정이며 개인이 아는 것을 자신의 표현방식으로 구성하는 것으로 간주한다. 인간이란 타고난 능동적 주체이며, 모든 지식은 개인 내부의 적절한 표상과 해석을 통해 형성된다. 인지발달이란 능동적 주체가 지식을 새로이 구성하는 과정으로, 지식은 인지구조가 발달하고 점점 성숙해지는 사고방식과 지식의 표현방식을 통해 경험이 걸러지면서 변화하는 것이다(Martin, 2000). 사회적 상호작용에 대해 사회적 구성주의는 절대적 중요성과 가치를 부여하지만, 인지적 구성주의는 개인의 인지적 작용과 발전을 촉진하는 부수적 요인으로 본다(방선욱, 2005). 인지적 구성주의는 개인의 인지구조 변화와 활동에 관심을 두고 상대적으로 사회적·문화적 요인을 크게 고려하지 않는 것이다.

피아제 인지발달이론의 핵심은 어떻게 정신적 평형 상태인 평형화에 도달하느냐다. 평형화(equilibration)는 기존의 도식으로 동화할 수 없는 사건이나 사물을 접하면 인지갈등을 경험하고, 이러한 갈등 상황을 해결하기 위해 인지구조를 재구성하는 것이다. 도식(schema)은 인지구조의 집합체로서 새로운 정보가 유입될 때 열리고 확장되고 나누어지고 연결되며, 이러한 정신적 활동은 동화(assimilation)와 조절(accommodation)이라는 두 가지 과정을 거친다. 동화는 기존 도식에 새로운 정보가 들어가는 것이고, 조절은 기존 도식으로 새로운 정보를 이해할 수 없을 때 기존 도식을 바꾸는 것이다. 조절은 기존 도식에 너무 많은 정보가 있어서 더는 확장되기 힘들거나 새로운 정보에 적절한 도식이 존재하지 않을 때 일어난다. 이때 새로운 도식을 만들게 되고, 새로운 도식은 사전 지식과 경험에 자신만의 방식으로 연결되면서 평형화에 도달하게 된다. 새로운 지식은 단순히 동화와 조절 때문에 자동으로 수행되는 것이 아니라 계속된 구성을 통해 발달하며, 평형화는 개인의 지속적인 탐색과 인지갈등을 통해 이루어지는 역동적 과정이다.

인지적 구성주의에서는 학습자가 학습의 주체이며, 학습자의 사전 지식에 의존하여 무엇을 어떻게 학습할 것인가가 결정된다(권재술 외, 2013). 인지적 구성주의는 학습자의 적극적 참여와 학습자의 사전 지식이 새로운 내용의 학습에 미치는 영향을 중요시하므로 교사는 수업 내용을 학습자의 일상생활과 연관된 것으로 조직해야 한다. 다시 말해, 학습자가 새로운 것을 배우기 위해 이미 알고 있는 것과 연결하고, 동화와 조절을 통해 새로운 것에 대한 개인적 의미를 구성할 수 있도록 수업이 이루어져야 한다. 따라서 교사는 학습자 스스로 사전 지식과 연관 지어 새로

운 지식을 의미 있게 만들도록 격려해야 한다. 더 나아가 새로운 지식이 경험한 것과 연결될 수 없어서 도식이 고립되는 상황이 일어나지 않도록 주의해야 한다. 인식의 근원이 학습자 자체에 있으므로 인식의 주체인 학습자가 중요하며, 학습자가 어떻게 인식하고 지식을 구성하느냐에 따라 어떤 지식을 습득하느냐가 결정되기 때문이다(김경희, 나귀옥, 2009). 학습자는 스스로 환경을 탐색함으로써 지식을 구성하는 능동적이고 역동적인 학습의 주체다.

(2) 피아제의 인지발달 단계

피아제의 인지발달이론은 개인의 인지구조 특성에 따라 특수한 상황에서 사고하거나 행동하는 양식이 결정된다고 본다. 개인의 인지구조는 평생 느리게 변하기 때문에 일정 기간 나타나는 개인의 사고방식과 행동양식에는 일관성이 있다. 이러한 일관성은 인지발달 과정에서 개별 발달단계를 구성하며, 각각의 단계는 질적으로 다른 인지구조 때문에 단계별 특성이 나타난다. 발달단계는 감각운동기, 전조작기, 구체적 조작기, 형식적 조작기의 네 단계로 구성되며, 각 단계는 서로 다른 논리적 사고구조를 포함한다. 사고구조가 일련의 단계로 구성되어서 인지구조가 발달단계에 따라 다른 논리적 사고구조로 이행되는 것이 인지발달이다. 즉, 인지발달이란 인지가 구조적으로 발달하는 것과 동시에 지식이 개체 내부에서 구성되거나 재구성되면서 형성되는 것이다.

개인은 모든 발달단계를 순서대로 거치지만, 발달단계 사이에 뚜렷한 경계가 없어서 전 단계와 후 단계는 상당 부분이 겹치게 된다. 구체적 조작기의 아동은 어느 정도 감각운동기와 전조작기의 특성을 보이고, 어느 정도 형식적 조작기의 사고를 할 수 있다(Martin, 2000). 모든 전 단계는 후 단계의 기초가 되며, 전 단계를 바탕으로 후 단계로 발전한다. 인지발달의 각 단계는 이전 단계보다 더 높은 인지능력을 나타내며, 단계가 높아질수록 복잡성이 증가한다. 이는 인간의 성장과 변화가 위계적이고 더 나은 방향으로 발전함을 의미한다(김경희, 나귀옥, 2009). 따라서 교사는 학습자의 고차원적 사고능력을 개발하기 위해 학습자가 더 높은 단계의 사고에 스스로 도전할 수 있도록 격려하고, 효과적으로 가르치기 위해 각 단계에서 나타나는 학습자의 인지능력과 한계를 이해하는 것이 필요하다.

감각운동기(sensorimotor stage)는 0세에서 2세까지로, 이 단계에서 감각 운동체계를 사용하여 도식(schema)이 형성된다. 반사적 행동이 주로 나타나며, 인지구조는 반사적 행동에 수반되는 감각적 반응과 신체적 운동을 통해 발달한다. 즉, 감각과 움직임을 통해 환경과 상호작용하면서 인지발달이 이루어진다. 감각운동기 초기에 영아는 자기 자신을 주변 환경과 구분하지 못하지만, 감각운동기 후기에는 사물과 자신이 독립적으로 존재한다는 것을 인식하면서 대상 영속성 개념을 획득한다. 감각운동기에는 구체적 표상에 의존하여 지금 여기에만 관심이 있다. 따라서 교사는 영아에게 가능한 한 자주 환경과 접하고 상호작용할 수 있도록 다양한 기회를 제공함으로써 도식을 형성하고 인지발달을 도모하도록 격려해야 한다(Martin, 2014).

전조작기(preoperational stage)는 2세에서 7세에 해당하며, 아직 논리적 사고가 가능하지 않은 단계다. 전조작기는 아직 조작(operation)할 수 있지 않은 시기라는 의미로, 유아는 아직 논리적 사고가 부족하여 사물 간의 논리적 관계를 파악하지 못한다. 이 단계에서 유아의 언어발달이 급속히 이루어지면서 유아는 생각을 교환하기 위해 언어의 추상성을 사용하고, 상징적 기능이 향상되면서 가상놀이가 발달하게 된다. 놀이를 통해 유아는 필요한 기술을 습득하므로 놀이가 전조작기 유아의 인지발달에 중요한 역할을 한다. 유아는 자기중심적 사고를 하고 눈에 보이는 대로 믿으며 직관적으로 행동한다. 자신과 다른 관점을 사고하지 못하므로 교사는 다른 사람이 보는 것이 아니라 유아가 직접 보고 있는 것을 질문해야 한다(Martin, 2014). 또한 유아는 비가역적 사고를 하고 보존개념이 미흡하므로 어떤 행동을 관찰한 후 반대로 하면 어떤 일이 발생할지를 예측하지 못한다.

구체적 조작기(concrete operational stage)는 7세에서 11세로, 논리적 사고가 시작되면서 인지발달의 전환점이 되는 단계다. 이 시기에 아동의 사고가 급격히 발달하며, 아동은 인지적 조작에 의존하여 사물과 사건 사이의 관계와 기본적인 속성을 이해한다. 서열화와 유목화가 가능하므로 현상과 현상, 현상과 개념을 일대일로 대응시키며, 사물의 속성을 파악하고 관계를 고려할 수 있다. 가역적 사고가 가능하므로 문제에 영향을 미치는 여러 변인을 동시에 고려할 수 있으며, 과거에 일어났던 사건을 내면화시켜 논리적으로 연결할 수 있다. 그러나 아동은 아직 추상적 사고를 하지 못하므로 아동의 논리적 사고는 직접 관찰하고 경험할 수 있는 구체적 사물이나 사건에 한정된다. 아동은 중심화에서 벗어나 사물의 모든 특성을 고려할 수 있으며, 보존개념을 획득하여 물체의 형태나 순서를 바꾸어도 물체의 길이나 수, 양, 면적 등이 보존되는 것을 이해한다.

형식적 조작기(formal operational stage)는 11세에 시작하며, 구체적 사례가 제공되지 않아도 추상적으로 사고하고 추론할 수 있는 단계다. 구체적 사물이나 사건을 통해서만 논리적 사고가 가능한 구체적 조작기와 다르게 형식적 조작기에는 특별한 외적 자극이 없어도 가설 연역적 사고가 가능하다. 구체적 조작기에는 문제에 직면하면 과거 비슷한 상황에서의 문제해결 정보를 토대로 문제를 해결하지만, 형식적 조작기에는 문제에 내포된 정보를 토대로 '만일 ~하면 ~이다'라는 연역적 사고를 통해 하나의 가설을 생성하여 문제를 해결한다(김성희, 허혜경, 2002). 또한 여러 가지 변인을 통제하고, 변인들 사이의 모든 조합을 만들며, 상관관계를 유추할

수 있어서 과학적 탐구를 수행할 수 있다. 더 나아가 문제해결을 위해 사전에 계획을 세우고 체계적으로 해결방안을 제시할 수도 있다.

2) 사회적 구성주의

(1) 지식의 구성 과정

사회적 구성주의(social constructivism)는 비고츠키(Lev Semenovich Vygotsky)의 사회문화적 이론에 기초한 것으로, 개인이 사회와의 상호작용으로 지식을 구성한다고 주장한다. 인지적 구성주의에서는 개인이 환경과의 상호작용으로 지식을 구성하지만, 사회적 구성주의에서는 개인이 타인과의 상호작용을 통해 지식을 구성하며 문화와 언어의 중요성을 언급한다. 인지적 구성주의는 개인의 인지능력에 초점을 두고 개인적 본성을 강조하지만, 사회적 구성주의는 학습의 사회문화적 요인에 중점을 두고 사회적 본성을 강조한다(Martin, 2014). 인지적 구성주의는 지식을 구성하는 과정에서 개인의 인지적 작용을 주요 요인으로 간주하고 사회문화적 측면과 역할에 거의 관심을 두지 않는다. 그러나 사회적 구성주의는 개인의 인지적 발달과 기능을 사회적 상호작용이 내면화하여 이루어지는 것으로 간주한다. 결국 개인의 인지발달에 영향을 미치는 사회적 상호작용에 어느 정도의 비중을 두느냐에 따라 인지적 구성주의와 사회적 구성주의로 구분된다(방선욱, 2005).

비고츠키는 정신 기능을 두 가지 형태로 구분하고, 두 가지 정신 기능이 다르게 발달한다고 말한다(Vygotsky, 1978). 하나는 자연적 맥락에서 발달하는 저차원적 정신 기능이고, 다른 하나는 사회문화적 맥락에서 발달하는 고차원적 정신 기능이다. 주의나 지각, 기억, 사고 같은 저차원적 정신 기능은 자연적·생물적 요인의 영향을 많이 받지만, 개념의 발달이나 논리적 추론, 판단 등과 같은 고차원적 정신 기능은 사회문화적 요인의 영향을 많이 받으며 발달한다. 특히 고차원적 정신 기능은 인간에게만 있는 것으로, 타인과 사회문화적 상황에서 상호작용하고 개인적으로 내면화하는 과정을 통해 발달한다. 자발적 주의집중이나 논리적 사고, 문제해결력, 상상력, 추리력 등 인간에게만 있는 고등정신기능의 발달은 사회문화적 요인에 의해 결정된다. 따라서 개인은 의도적이고 반성적으로 사회문화적 활동에 참여함으로써 고등정신기능을 발달시킬 수 있다.

비고츠키는 고등정신기능의 발달이 언어를 매개로 한 사회적 상호작용을 통해 이루어지는 만큼 언어의 중요성을 강조한다(Vygotsky, 1978). 언어를 통해 타인과 의사소통하고 정신적 교감을 나누고 자기 생각과 행동을 조절할 수 있으므로 언어는 인지발달에 중요한 역할을 한다. 또한 비고츠키는 자신에게 말하거나 마음속으로 중얼거리는 혼잣말을 중시한다. 혼잣말은 의사소통이 아니라 자기 조절을 위한 것으로, 자신의 사고 과정과 행동을 조절하기 위해 자기 자신과 의사소통하는 것이다. 특히 유아의 혼잣말은 문제해결방법을 찾거나 새로운 대안을 모색하는 데 효과적이므로 인지발달에서 결정적 역할을 한다. 유아는 목표를 지시하거나 문제를 해결할 때, 학구적 활동을 할 때 혼잣말을 많이 사용하며, 쉬운 과제보다 어려운 과제를 수행할 때 혼잣말을 더 많이 사용한다. 그러므로 합리적이고 직접적 체험이 가능한 사회문화적 상황에서 공동으로 문제를 해결하면서 수업이 이루어질 때 인지발달이 효과적으로 이루어질 수 있다.

(2) 근접발달영역

근접발달영역(Zone of Proximal Development: ZPD)은 유아의 실제적 발달 수준과 잠재적 발달 수준 간의 거리로(Vygotsky, 1978), 유아의 현재 발달 수준과 타인의 도움을 받아 새로이 나타나는 발달 수준과의 차이를 일컫는다. 잠재적 발달 수준은 유아가 혼자서 해결할 수 없지만, 지적 기능이나 도구에 더 정통한 사회구성원과의 상호작용으로 문제를 해결할 수 있는 수준이다. 근접발달영역(ZPD)은 유아와 주변 환경의 특성에 따라 학습과 인지발달이 역동적으로 이루어지는 영역으로, 근접은 궁극적으로 도달하는 모든 행동이 아니라 가장 가까운 미래에 나타날 행동을 의미한다(권재술 외, 2013). 유아가 타인의 도움으로 잠재적 발달 수준에 도달하면 이 발달 수준은 새로운 근접발달영역(ZPD)의 실제적 발달 수준이 된다. 이 수준에서 유아는 다시 타인의 도움을 받아 더 높은 수준에 도달하는 과정이 연속적으로 일어나게 된다. 근접발달영역(ZPD)은 학습이 발달에 앞서며 발달에 지대한 영향을 미친다는 비고츠키 사회문화적 이론의 기본 가정을 반영한다(권용주 외, 2013).

근접발달영역(ZPD)에서 유아가 잠재적 발달 수준에 도달하는 과정에 받는 타인의 도움은 비계(scaffolding)라고 일컫는다. 비계는 건물을 지을 때 높은 곳에서 일할 수 있도록 임시로 설치하는 구조물로 작업을 위한 발판이 되는 것이다. 근접발달영역(ZPD)에서 비계는 유아보다 유능한 또래, 교사, 부모 등이 유아의 학습을 도와 인지발달을 가능하게 해 주는 발판 역할을 한다. 근접발달영역(ZPD)에서 이루어지는 교수-학습은 기본적으로 대화를 통해 이루어지며, 유아가 경험으로 획득한 사전 지식은 비계에 의해 과학적 개념으로 발달할 수 있다. 비계의 높이가 건물 높이에 따라 달라지고 건물이 완성되면 비계가 제거되듯이 근접발달영역(ZPD)에서도 유아의 요구에 맞게 도움이 조절되어야 한다. 처음에는 많은 도움을 주다가 유아의 자율성, 독립성, 책임감을 길러줄 수 있도록 도움을 점진적으로 줄이거나 철회하는 것이 필요하다. 유아가 무엇을 언제 어떻게 해야 하는지에 대한 자기 결정력을 길러주어 진정한 학습이 이루어지도록 하는 것이 비계다.

이처럼 성인이나 더 유능한 또래의 도움으로 유아가 발달하므로 근접발달영역(ZPD)에서는 항상 학습이 발달에 앞선다. 근접발달영역(ZPD)에서는 자발적 개념(spontaneous concepts)과 과학적 개념(scientific concepts)이 만나기도 한다(Vygotsky, 1986). 자발적 개념은 유아가 일상생활의 경험을 통해 자연스럽게 습득하는 것이고, 과학적 개념은 구조화된 교실 상황 속에서 체계적으로 조직화한 교수-학습 과정을 통해 획득하는 것이다. 과학적 개념은 자발적 개념보다 형식적이고 논리적이며 문화적으로 합의된 것이다. 비고츠키는 의도적인 교수-학습 활동이 없으면 유아가 과학적 개념을 획득하기 어려우므로 근접발달영역(ZPD)에서 교사의 도움으로 유아의 과학적 개념이 구성되어야 함을 강조한다. 자발적 개념은 지속해서 과학적 개념과 연결되어 유아의 개념이 변화하며, 이러한 과정을 통해 체계적이고 논리적으로 지식이 구성된다. 이를테면, 유아는 일상적으로 꽃과 나무를 접하면서 자발적 개념을 발달시키고, 과학 활동을 통해 동·식물의 분류체계를 이해하면서 과학적 개념을 획득하게 된다.

(3) 혼잣말

비고츠키는 혼잣말(private speech)이 유아의 사고와 행동을 이끌면서 인지발달에서 중요한 역할을 한다고 말한다. 혼잣말은 자신에게 말하고 지시하는 것으로, 혼잣말을 통해 유아는 자기 자신과 의사소통하면서 인지 과정과 행동을 조절한다. 유아는 문제를 해결하거나 목표를 달성하고자 할 때, 타인의 도움 없이 새로운 과제를 해결하고자 할 때 혼잣말하면서 자신에게 무언가를 지시한다. 특히 유아는 실수하거나 쉬운 과제보다 어려운 과제를 해결할 때 도움이 더 많이 필요하므로 혼잣말을 사용하는 경향이 두드러진다(Berk & Spuhl, 1995). 혼잣말은 문제해결이나 주의집중, 추론 등에 도움이 되므로 유아가 사회문화적 맥락에서 가치 있는 것을 터득하도록 도와준다. 이러한 비고츠키의 관점은 피아제의 입장과 극명히 대조된다. 피아제는 혼잣말이 자기중심적이고 비사회적이며 타인의 관점을 수용하지 못함을 의미하므로 유아가 인지적으로 발달하려면 반드시 혼잣말을 극복해야 한다고 말한다(Feldman, 1999).

비고츠키는 인지발달에 영향을 미치는 언어의 중요성을 강조하면서 언어가 인간이 외부 세계와 의사소통하기 위한 가장 훌륭한 수단이라고 말한다(Vygotsky, 1986). 언어는 혼잣말로 자기 자신을 통제하는 내적 언어(inner speech)와 타인에게 소리 내어 말하는 외적 언어(external speech)로 구분되며, 내면화 과정을 통해 외적 언어에서 내적 언어로 발달한다. 언어는 처음에 사회적 상호작용을 위한 도구로 시작되지만, 점차 자기 행동을 조절하고 지시하기 위한 도구로 혼잣말이 자주 사용되면서 결국 내적 언어가 된다(Rieber & Wollock, 1997). 사고(thought)는 내적 언어에 의해 중재되어 점점 더 높은 수준으로 성숙하면서 인지발달이 이루어진다. 생일 케이크가 단순히 케이크라는 물리적 특성보다 사랑이나 관심과 같은 의미를 더 많이 내포하듯이 내적 언어는 심리적 기능보다 더 많은 의미를 제공한다.

언어와 사고에 대한 비고츠키의 관점은 언어적 사고(verbal thought)에서 잘 나타난다. 언어적 사고는 각기 다른 뿌리에서 출발한 언어와 사고가 독립적으로 발달하다가 차츰 관련을 맺으면서 나중에 서로의 발달을 도와주는 관계로 발전함을 의미한다. 원래 서로 떨어져 있던 언어와 사고가 만나면서 사고는 언어적으로 되고 언어는 합리적으로 되는 것이다. 유아는 의미 있는 사회적 상호작용을 통해 각기 독립적인 언어와 사고를 통합시키면서 언어적 사고가 발달하게 된다. 이처럼 비고츠키는 인지발달에 대한 언어의 결정적 역할을 강조하면서 유아의 언어발달을 촉진하는 환경을 지속해서 제공하는 것이 필요하다고 주장한다. 또한 학습이 발달을 촉진하므로 유아가 지역사회의 의미 있는 활동에 참여하여 문화적으로 가치 있는 능력을 습득하도록 격려한다. 이렇듯 비고츠키는 유아발달에 영향을 미치는 사회문화적 맥락의 중요성을 강조하면서 유아발달과 학습에 대한 실질적 정보를 제공한다.

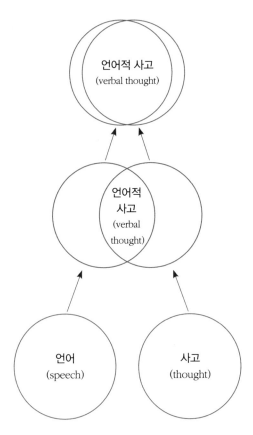

[그림 7-1] 언어와 사고에 대한 비고츠키의 관점

제8장
구성주의와 유아과학교육

1. 유아의 개념 변화

    과학교육의 궁극적 목적은 학습자가 과학적 개념을 명확히 이해하고 이를 실생활에 적용하는 것이다. 구성주의는 학습자가 과학 수업 이전에 자기 나름의 개념을 가지고 있다고 주장하며, 학습을 학습자 스스로 의미를 구성하는 과정으로 정의한다. 의미의 구성은 계속적이고 능동적으로 이루어지며 학습자의 사전 지식이나 경험의 영향을 크게 받는다(Gunstone, 2000). 즉, 학습자마다 사전 지식이나 경험이 달라서 같은 사건도 다르게 해석하며 같은 개념도 다른 방식으로 내면화한다. 학습자마다 자신만의 독특한 방법으로 사전 지식과 새로운 지식을 연결하면서 학습이 이루어지는 것이다. 다시 말해, 학습자의 사전 지식이나 경험이 새로운 지식이나 경험과 의미 있게 연결될 때만 학습이 일어난다(Martin, 2014). 그러므로 교사는 각 유아가 어떻게 의미를 구성하는지, 어떤 사전 지식이나 경험이 있는지, 새로운 경험을 제시하는 효과적인 방법은 무엇인지 등을 파악해야 한다. 교사는 유아 스스로 사전 지식이나 경험을 새로운 지식이나 경험과 연결하여 의미를 구성할 수 있도록 도와주어야 한다. 학습자가 이미 가지고 있는 개념을 교수-학습 과정을 통해 과학적 개념으로 변화시키도록 도와주는 것이 교사의 역할이다.

1) 선개념

선개념(preconception)은 유아가 과학 수업을 받기 전에 일상 경험을 통해 이미 형성된 주변 세계에 대한 개념이다(Martin, 2000). 유아의 선개념은 유아가 일상생활을 통해 관찰하고 경험하면서 획득한 것으로, 과학적 개념일 수도 있고 그렇지 않을 수도 있다. 이를테면, 유아가 알고 있는 사실 중에서 곰은 겨울잠을 자고 개나리꽃은 봄에 핀다는 것은 과학적 개념이다. 하지만 고래가 포유류임에도 물고기라고 생각하거나 지구가 행성임에도 별이라고 믿는 것은 과학적 개념이 아니다. 이러한 선개념이 유아에게 내재해 있으면 과학 수업을 통해 과학적 개념을 학습해도 과학적 개념 습득이 어려울 수 있다. 선개념이 과학적 개념 습득을 어렵게 만드는 요인으로 작용함으로써 학습에 결정적 영향을 미치는 것이다.

선개념은 유아에게 믿을 만한 것으로 작용하며 유아의 제한된 경험 때문에 쉽게 바뀌지 않는다(Martin, 2014). 견고해진 인지구조가 과학적 개념 습득에 부정적 영향을 미치고 후속 학습을 어렵게 만드는 변인으로 작용한다(강인숙, 정진우, 김윤지, 2008). 이를테면, 유아는 직접 야구공과 구슬을 떨어뜨려 비교한 적이 거의 없으므로 야구공이 구슬보다 크고 무거워서 더 빨리 떨어질 것으로 생각한다. 이러한 생각은 유아에게 믿을 만하고 의미가 있어서 과학 수업을 통해서도 쉽게 바뀌지 않는다. 따라서 교사는 같은 높이에서 야구공과 구슬을 동시에 떨어뜨리고 같이 바닥에 떨어지는 장면을 반복적으로 보여 줌으로써 유아가 자기 생각과 어긋나는 현상을 경험하게 해야 한다. 유아는 그 장면을 여러 번 보고도 바로 자기 생각을 바꾸기보다 계속 의혹을 가지면서 인지갈등을 경험한다.

그러므로 선개념은 인지갈등을 통해 구성되는 새로운 개념의 바탕이 되는 개념이다. 인간은 반복적으로 실험적 증거가 선개념을 지지하지 못하면 선개념의 타당성에 의문을 제기하고(Martin, 2014), 인지갈등을 경험하면서 선개념을 재구성하게 된다. 인지갈등은 학습을 위해 필수적인데, 왜냐하면 현재 알고 있는 지식으로 모든 것을 설명할 수 있다면 알 필요를 느끼지 않기 때문이다. 그러므로 교사는 유아가 가지고 있는 선개념을 파악하고 인지갈등을 일으킬 수 있는 자극을 주는 것이 중요하다. 유아가 선개념에 의문을 가지고 새로운 정보를 받아들이거나 수정하고, 자신에게 가치 있는 방법으로 지식을 재구성하도록 기회를 제공해야 한다. 교사는 유아가 자신에게 가장 적합한 방법으로 새로운 현상이나 경험을 사전 지식과 연결하면서 개념을 변화시키도록 유아의 능동적 탐구 활동을 격려해야 한다.

2) 인지적 비평형

인지적 비평형(cognitive disequilibration)은 인지적으로 균형이 깨진 상태로, 믿을 수 없는 상황을 접하거나 이해되지 않을 때, 예상과 다른 일이 발생할 때 나타난다. 새로운 경험은 인지적 비평형을 유발하며 새로운 도식을 만들거나 기존 도식을 바꿈으로써 평형화(equilibrium)에 도달할 수 있다. 이렇게 인지적 평형이 깨어지고 다시 평형을 이루는 동안 인지구조가 안정되기 위해 상당한 동요가 일어나면서 학습의 효과가 가장 크게 나타난다. 즉, 인지적 비평형에서 평형화에 도달하는 동안이 학습이 일어날 수 있는 최적의 시기다.

평형화는 인지갈등을 통해 지속해서 이루어지는 역동적 과정이다. 인지갈등(cognitive conflict)은 어떤 사건이나 상황에 대해 기존 도식으로 이해되지 않을 때 발생하는 지적 갈등상태로, 이처럼 도식이 만족스러운 결과를 내지 못하면 비평형의 불편한 상태가 된다. 유아는 스스로 모순된 사건을 경험함으로써 인지갈등을 겪기도 한다. 유아가 기존 도식이나 구조가 부적합하다고 느끼고 인지갈등을 극복하기 위해 평형화 과정을 거치면 이전 도식이나 구조보다 더 정교화된 상위 도식이나 인지구조가 형성된다.

따라서 교사는 사전 지식에 어긋나는 사건 또는 현상을 제시하거나 유아의 생각과 다른 내용을 질문하여 유아의 인지적 비평형을 끊임없이 유도하는 것이 필요하다. 인지갈등을 통해 새로운 지식을 구성하려면 유아가 불일치 상황을 대면하는 것이 필수적이기 때문이다(권재술, 이경호, 김연수, 2003). 그러나 불일치 상황을 대면하는 것이 곧 인지갈등이 일어남을 의미하지 않는다. 인지갈등이 일어나려면 유아 스스로 불일치 상황임을 인식해야 한다. 결국 유아가 인지적 비평형을 경험함으로

써 개념을 변화시키려면 교사는 유아에게 불일치 상황을 제공하여 인지갈등을 일으키는 것이 요구된다.

3) 개념화의 타당성

개념화(conceptualization)는 개념에 대한 주관화다. 개념이 객관적 · 보편적 · 추상적 특성을 보이는 것에 반해 개념화는 개념에 대한 주관적 · 개별적 · 구체적 의미 파악을 일컫는다. 유아가 새롭게 구성한 개념화 역시 주관적 성격을 띠며 선개념보다 그럴듯하게 보인다. 하지만 유아가 잠정적으로 받아들이기 때문에 유아가 지속해서 새로운 개념을 받아들이려면 타당성이 있어야 한다. 다시 말해, 유아가 스스로 구성한 의미를 내면화하려면 개념화의 타당성이 있어야 한다(Martin, 2014).

마틴(Martin, 2014)은 개념화의 타당성을 위해 설명력(explanatory power)과 예측력(predictive power)을 제안한다. 설명력은 관찰한 것을 설명할 수 있는 것으로, 새로운 개념이 반드시 각각의 상황에 대해 그럴듯하게 설명할 수 있어야 함을 의미한다. 예측력은 아직 일어나지 않은 현상을 정확하게 예측하는 것이다. 동전이 자석에 붙지 않는다는 새로운 개념을 이용하여 다른 동전도 자석에 붙지 않을 것을 예측하는 것이 그 예다. 그러므로 새로운 개념은 관찰한 것을 설명할 뿐만 아니라 무엇이 일어날지를 예측할 수 있어야 한다.

또한 새로운 개념은 다른 사람에게서도 확인되어야 한다. 유아는 또래나 교사와의 상호작용을 통해 자신의 개념에 대한 설명과 예측을 증명해 보임으로써 또래나 교사와 함께 자신의 새로운 개념을 공유할 수 있다. 유아는 자신의 방식으로 개념을 구성하므로 다른 사람과 의견을 교환하고 다름을 인정함으로써 확장된 새로운 개념을 구성할 수 있다. 다른 사람과의 상호작용을 통해 자기 생각에 다른 사람의 생각을 추가함으로써 생각을 확장하는 것이다. 이러한 과정을 통해 유아는 자신의 선개념이 잘못되었음을 인정하고 새로운 개념을 내면화하게 된다.

2. 구성주의 교수–학습 방법

구성주의에서 학습자는 자신만의 독특한 방법으로 선개념을 변화시키거나 더욱 정교하고 세련된 형태로 발전시켜 새로운 개념을 내면화한다. 그래서 교사는 학습자 스스로 의미를 구성할 수 있도록 학습자의 자율성과 주도성, 독창성 등을 수용하고 격려해야 한다(Brooks, 1990; Brooks & Brooks, 1999). 교사는 학습자에게 충분히 생각할 시간을 제공하고, 학습자의 반응에 따라 교수–학습 전략을 바꾸어야 한다(Brooks & Brooks, 1999). 특히 학습자의 사전 지식이 학습에 많은 영향을 미치므로 교사는 학습자의 사전 지식을 파악하는 것이 필요하다. 구성주의에서 유아는 호기심과 사물에 대한 흥미를 느끼고 주변의 다양한 사물과 현상을 끊임없이 탐색하고 도전하는 사고의 소유자다. 교사는 유아의 호기심을 유발하기 위해 유아에게 물체를 조작하고 변화과정을 관찰할 수 있는 구체적 활동을 제공해야 한다. 교사의 주된 임무는 유아가 새롭게 구성한 의미를 타당한 것으로 내면화하도록 도와주는 것이다(Martin, 2014). 그러므로 구성주의는 교사 중심의 지시적 교수-학습 방법보다 유아 중심의 참여적 교수-학습 방법을 지향한다. 유아가 직접 경험함으로써 자료를 탐색하고 지식을 구성하고 사고력을 신장시킬 수 있는 교수-학습 방법을 강조하는 것이다.

1) 기본 방향

(1) 유아의 능동적 참여 유도

구성주의에서는 유아가 직접 사물을 조작하고 문제해결과정에 참여함으로써 자연스럽게 과학지식을 습득하는 것이 중요하다. 그러나 단순히 사물을 조작하는 것만으로 유아의 과학적 사고가 발달하지 않으므로 유아가 직접 관찰, 비교, 분류, 측정, 예측, 실험 등을 수행하면서 지식을 구성할 수 있어야 한다. 즉, 유아는 과학적 방법으로 문제를 해결하는 과정에 능동적으로 참여함으로써 과학지식을 습득해야 한다. 따라서 교사는 유아에게 스스로 일상생활에서 접하는 사물이나 현상과 활발하게 상호작용할 수 있도록 다양한 기회를 제공해야 한다. 사물에 직접 행위를 가하거나 다른 사람의 행위에 따른 물체의 변화를 관찰하는 등 직접 조작할 수 있는 환경을 유아에게 제공하는 것은 과학교육에서 필수적이다(김신곤, 2009).

유아의 능동적 참여를 유도하기 위해 교사는 유아의 흥미와 관심을 반영하고 유아의 사전 지식과 경험에 기초하여 과학 활동을 계획해야 한다. 유아가 자기 생각을 반영하고 자유롭게 탐색할 수 있는 과학 활동이 되려면 교사가 과학 활동을 계획하고 준비하는 단계부터 유아에게 참여할 기회를 주어야 한다. 유아의 일상적 경험을 과학 활동으로 확장하거나 유아의 관심 분야를 과학 활동의 주제로 선정하여 유아의 적극적 참여를 유도하는 것이 중요하다. 유아의 관심 분야에서 과학 활동의 주제가 선정되면 유아는 적극적으로 주제를 찾고 관심 영역을 넓혀 과학 활동에서 주도성과 적극성을 발휘할 수 있다. 더 잘 알고 있는 영역에서 더 높은 수준의 추론이 가능하므로 유아는 사전 지식을 이용하여 적극적으로 문제해결과정에 참여하게 된다.

그러므로 교사가 일방적으로 과학지식을 전달하고 유아는 과학적 사고의 결과를 암기하는 전통적 교수-학습 방법이 아니라 유아 스스로 문제를 제기하고 해결하는 과정에서 그 의미를 찾을 수 있는 구성주의 교수-학습 방법이 사용되어야 한다(DeVries, Zan, Hildebrandt, Edmiaston, & Sales, 2002). 구성주의에서는 유아 스스로 구성하는 과학 활동이 중요하므로 교사는 유아에게 직접 체험할 수 있는 활동을 제공하여 유아가 능동적으로 정보를 해석하고 지식을 구성할 수 있도록 도와주어야 한다. 즉, 교사는 유아에게 직접 물체를 관찰하고 조작하고 비교할 수 있도록 다양한 활동을 제공하고 유아가 적극적으로 참여할 수 있는 분위기를 조성해야 한다. 이러한 분위기에서 유아는 사물과 직접 상호작용함으로써 사물의 특성을 이해하고 자신의 행위로 생성되는 현상을 직접 경험하면서 지식을 구성하게 된다.

(2) 유아의 개인차 고려

유아는 같은 나이임에도 인지발달 단계나 발달 속도에서 개인차가 크게 나타난다. 유아마다 다른 인지구조를 가지고 있으며, 발달단계의 전이에서도 차이가 생기기 때문이다. 더 나아가 유아는 각기 다른 사회문화적 배경에서 성장하므로 사전지식이나 경험, 적성, 동기, 학습 전략 등에서도 개인차가 발생한다. 이러한 개인차에 구성주의는 관심을 두는데, 왜냐하면 구성주의는 지식을 인식 주체의 능동적 활동을 통해 개인의 내면세계에서 구성되는 것으로 간주하기 때문이다. 개인마다 자신이 부여한 의미로 지식이 구성되기 때문에 어떤 사물이나 사건에 대한 견해에서도 개인차가 크게 나타난다.

구성주의에서 학습은 개인의 사전 지식이나 경험에 의존하여 새로운 지식이 구성되는 것이므로 교사는 개인차를 고려한 수업을 전개해야 한다. 교사는 개별 유아의 인지구조와 사고방식에 관심을 가지고, 유아 개개인의 사전 지식이나 경험, 흥미, 관심 등에 기초한 활동을 구성해야 한다. 아울러 유아 스스로 자기 문제를 해결하는 데 도움을 주는 교육환경을 설계해야 한다. 이러한 환경에서 유아는 자신이 구성한 의미를 적용하면서 실제 문제를 해결할 수 있는 능력을 기르게 된다. 또한 교사는 각 유아에게 다른 학습 방법과 학습과제를 제시하는 등 개인차에 따른 개별

화 수업이나 수준별 학습을 시행해야 한다.

특히 유아의 현재 수준보다 약간 높으면서 다른 사람의 도움으로 해결할 수 있는 과제를 제시하는 것이 효과적이다. 이러한 과제는 인지갈등을 유발하여 유아의 인지발달을 촉진할 수 있다. 유아의 인지발달 수준보다 너무 쉽거나 너무 어려운 과제는 인지갈등을 유발하지 않아서 유아의 과학적 개념 형성에 도움이 되지 않는다. 따라서 교사는 개별 유아의 인지발달 수준을 정확히 파악한 후 유아의 인지갈등을 유발할 수 있는 적절한 과제를 끊임없이 제시해야 한다. 유아 스스로 과학적 개념을 형성하도록 교사가 도와줌으로써 유아의 전조작기 사고가 구체적 조작기로 발전할 수 있다.

(3) 상호작용 활성화

구성주의는 개인이 환경이나 사회와의 상호작용으로 지식을 구성한다고 주장한다. 다시 말해, 개인이 스스로 지식을 구성하려면 외부 세계와 활발하게 상호작용하는 것이 필요하다. 유아는 일상생활에서 접하는 사물이나 현상과의 상호작용을 통해 자연스럽게 자발적 개념을 습득하며, 과학 활동에 참여하면서 교사나 좀 더 뛰어난 또래와의 활발한 의사소통과 의견 교환으로 과학적 개념을 획득하게 된다. 교사는 유아의 사전 지식과 경험을 과학적으로 정교화할 수 있는 설명과 피드백을 제공함으로서 유아의 지식 구성을 도와준다. 유아는 타인과의 상호작용을 통해 자신의 개념을 확장할 수 있으며, 자신이 주관적으로 구성한 개념의 타당성을 검증할 수 있다.

그러므로 구성주의는 유아가 또래나 교사와 함께 대화하고, 질문하고, 토론하는 등의 언어적 상호작용을 강조한다. 언어적 상호작용을 통해 유아는 자신과 다른 관점을 접하고, 자기 생각을 재고찰하고, 협상을 통해 지식을 구성할 수 있다. 그래서 교사는 언어적 상호작용이 활발히 일어날 수 있는 수업을 계획하고 매체를 활용하며 교육환경을 구성하는 것이 필요하다. 교사는 안내, 시연, 질문, 제안, 지시 등을 통해 적극적으로 유아의 과학 활동에 참여하여 학습을 촉진해야 한다. 실험이나 관찰 결과를 다른 유아와 공유하고 경험한 것을 표현할 수 있도록 유아에게 대화하고 토의하는 시간을 제공해야 한다. 한 가지 방법에서 발견되지 않던 개념이 다른 매체의 사용으로 발견될 수 있으므로 교사는 다양한 매체를 활용하여 유아의 지식 구성을 도와주어야 한다.

유아는 습득한 지식을 실제 상황에서 나타나는 문제와 연관시킴으로써 정확히 이해하게 된다. 유아는 습득한 지식을 이용하여 실제로 발생하는 문제를 융통성 있게 해결함으로써 더 정확한 지식을 구성할 수 있다. 유아는 실제로 문제를 해결하면서 다양한 사람들을 만나고 다양한 사회적 경험을 하게 된다. 사회적 경험은 유아의 지식 구성을 자극하고, 관습이나 사회적 정보, 사물의 이름 등과 같은 지식 구성에 중요한 원천이 된다. 유아 스스로 자신의 사회적 경험을 인지구조에 동화하거나 통합하면서 인지발달이 촉진된다. 특히 유아는 사회적 경험을 통해 다양한 사람들과 상호작용함으로써 문제해결력이나 추리력과 같은 고등정신기능을 발달시킬 수 있다. 따라서 교사는 유아에게 실제 상황에서 다양한 사람들과 상호작용함으로써 문제를 해결할 기회를 제공해야 한다.

2) 교사의 역할

(1) 활동 소개

구성주의에서 수업의 중심은 학습자이며, 교사는 학습자의 학습을 도와주는 역할을 담당한다. 교사는 항상 구체적 상황을 배경으로 한 지식을 제공하고 현실의 복잡성을 그대로 제시하여 학습자의 인지갈등을 유발한다. 모든 지식과 과제는 항상 실제 상황을 전제로 하며, 교사는 실제로 사회에서 맞닥뜨릴 수 있는 과제를 제시한다(김미리, 2018). 찰리(Christine Chaille)와 브리튼(Lory Britain)은 구성주의에서 교사의 역할로 활동 소개, 관찰, 질문, 환경 구성, 공보 관리, 학습 기록, 교실 문화 조성, 이론 정립의 여덟 가지를 제시한다(Chaille & Britain, 2005).

먼저 교사의 역할로서 활동 소개는 과학 활동뿐만 아니라 교육기관의 일과 중에 나타나는 모든 활동을 소개하는 것을 말한다. 교사는 대집단이나 소집단의 형태로, 강의나 질문의 형태로, 사진이나 동영상 등으로 활동을 소개한다. 이때 교사는 유아에게 단지 활동을 소개하는 것뿐만 아니라 활동을 선택할 기회도 함께 제공해야 한다. 활동을 직접 선택함으로써 유아는 활동에 대한 책임감을 느끼고 더 열정적으로 활동에 참여할 수 있기 때문이다. 따라서 교사는 유아에게 활동을 제시하고 활

동의 선택권을 제공함으로써 유아의 능동적 참여를 유도해야 한다.

교사가 어떻게 활동을 소개하느냐에 따라 유아의 반응이 다양하게 나타나므로 교사는 다양한 방법으로 개별 유아의 흥미와 관심을 고려하여 활동을 소개해야 한다. 예를 들어, 교사가 앞에서 시연하고 유아가 따라 하는 식으로 활동을 소개하면 유아는 그 활동에 별다른 흥미와 관심을 두지 않고 소극적으로 반응할 수 있다. 그러나 시연할 때 몇몇 유아에게 직접 참여할 기회를 주면 유아는 마치 자신이 직접 참여하는 것처럼 생각하고 많은 관심을 보일 수 있다. 아울러 동영상과 같은 시청각 자료를 함께 제시하면 유아는 활동을 더 쉽게 이해함으로써 적극적으로 활동에 참여할 수 있다.

(2) 관찰

관찰은 교사가 하는 모든 일의 기초가 된다(Chaille & Britain, 2005). 교사는 각 유아의 말과 행동을 관찰함으로써 유아의 흥미와 사전 지식을 파악하고, 언제 어떻게 유아와 상호작용할지를 판단한다. 교사는 유아 개개인의 욕구와 관심을 파악하고, 유아와 적절하게 상호작용함으로써 유아에게 선택의 폭을 확장할 기회를 제공한다. 유아가 제시된 자료나 활동에 몰두하는 중에 개입하면 오히려 유아의 사고 확장을 방해할 수 있으므로 교사는 세심한 관찰을 통해 적절한 시기에 개입해야 한다. 관찰은 공식적·비공식적 방법으로 항상 이루어져야 하며, 관찰 결과에 근거하여 과학 활동이 계획되어야 한다.

교사는 유아를 효과적으로 관찰하기 위해 기록을 일상화하는 것이 필요하다. 이러한 기록을 통해 교사는 개별 유아의 행동 양식, 생활습관, 사회적 상호작용 등에 관한 정보를 얻을 수 있으며, 유아를 즉각적으로 이해하고 적절하게 반응할 수 있다. 더 나아가 각 유아의 특성에 맞는 적절한 과제를 제공하는 활동을 구성할 수 있다. 관찰을 기록할 때는 제삼자가 읽어도 이해할 수 있게 사실적이고 객관적으로 기록해야 한다. 교사의 주관적 판단으로 유아에 관한 정보가 왜곡될 수 있기 때문이다. 다른 사람과 기록을 공유할 수 있다는 점을 고려하여 교사는 편견 없이 정확하게 기록하는 것이 중요하다.

(3) 질문

질문은 유아가 미처 생각하지 못한 문제를 발견하고 사물이나 사건을 서로 관계 짓도록 유도하는 기능이 있다. 교사의 질문을 통해 유아는 새로운 것에 관심을 두면서 과학적 사고를 확장하거나 새로운 지식을 구성할 수 있고 과학적 개념을 명료화시킬 수 있다. 교사의 질문에 따라 유아는 다른 관점으로 생각할 수 있고, 더는 과학 활동에 참여하지 않을 수도 있다. 따라서 교사는 유아의 사고 과정을 방해하지 않으면서 인지갈등을 유발할 수 있는 질문을 제공해야 한다.

교사는 유아가 스스로 의미를 구성할 수 있도록 개방적 질문을 해야 한다. 종종 높은 곳에서 뛰어내리는 것과 같은 위험한 상황에서는 폐쇄적 질문이 필요할 때도 있다. 하지만 유아에게 활동의 단서를 제공하면서 유아의 지속적인 탐구 활동을 유도하기에는 개방적 질문이 적절하다. '이것을 어떻게 움직일 수 있을까?' '이렇게 하면 어떤 일이 일어날까?'와 같은 개방적 질문을 통해 유아는 아이디어와 가설을 생성하고, 가설을 검증하기 위한 실험에 적극적으로 참여할 수 있다.

(4) 환경 구성

구성주의에서는 유아가 주변 세계와의 상호작용으로 지식을 구성하기 때문에 교사가 교실의 물리적 환경을 유아의 흥미와 관심을 유발할 수 있도록 구성하는 것이 중요하다. 환경은 교사의 요구가 아니라 유아의 요구에 맞는 것이어야 하며, 유아 자신이 무엇을 해야 하는지를 알 수 있어야 한다. 이러한 환경은 유아의 자기 주도적 활동을 촉진하기 때문에 유아의 인지갈등을 불러일으켜 과학적 사고를 확장하는 데 도움을 준다. 따라서 교사는 유아의 왕성한 흥미와 관심을 불러일으키는 매력적인 자료를 비치하고, 유아에게 다양한 방법으로 자료를 탐색할 기회를 제공해야 한다.

자료는 유아의 행위에 의한 결과가 시각적으로 크게 나타나는 것이 효과적인데, 왜냐하면 유아가 쉽게 성취감을 느끼면서 활동을 지속할 수 있기 때문이다. 행위의 결과가 쉽게 드러나지 않는 자료는 유아가 활동을 포기하는 요인으로 작용하기도 한다. 이를테면, 매일 물을 주다가 주말 동안 물을 주지 못하여 시드는 꽃을 보면서

유아는 꽃이 자라는 데 물이 필수적임을 알게 되고 물을 주는 활동을 지속하여 과학적 사고를 확장할 수 있다. 하지만 선인장과 같은 식물은 변화가 거의 나타나지 않으므로 유아의 흥미와 관심이 사라지면서 활동을 지속하기 힘들다.

(5) 공보 관리

구성주의는 교사가 교수-학습 방법과 교실에서 일어나는 상황에 대한 자부심을 느끼고 교육적 성과를 의식적으로 널리 알리기를 요구한다. 즉, 교사는 교실 상황에 대한 설명과 의의를 적극적으로 알림으로써 공보(public relations)를 관리하는 것이 필요하다. 유아들의 활동을 담은 사진이나 활동 결과물의 전시뿐만 아니라 수업 참관을 통해 교사는 동료 교사나 학부모, 행정가 등에게 활동의 중요성을 이해시키고 지지와 협력을 끌어내야 한다. 특히 유아들 사이의 활발한 상호작용은 그 자체로 교육적 효과가 큼에도 겉으로 드러나지 않아 제삼자의 눈에는 유아들이 그냥 노는 것으로 보일 수 있으므로 교사는 교수-학습 활동을 적극적으로 알리는 것이 필요하다.

　더 나아가 교사는 유아가 다른 유아와 활발히 상호작용함으로써 지식을 구성할 수 있도록 유아들 사이의 관계를 파악하는 것이 요구된다. 개별 유아는 각기 다른 사고방식과 적성, 흥미 등을 보이며 생활하기 때문에 유아들 사이에는 크고 작은 문제가 발생한다. 유아들 사이의 문제는 자연스럽게 해소되기도 하지만, 장기화할 수도 있으므로 교사는 유아들 사이에서 발생하는 문제를 파악하고 문제해결을 위해 노력해야 한다. 교사는 문제의 원인을 의식적으로 명료하게 인식하고 관계를 이해하고 지지하는 것에 의해 유아들 사이의 활발한 상호작용을 촉진할 수 있다. 그러므로 교사는 유아들 사이의 활발한 상호작용이 갖는 교육적 의의가 널리 알려질 수 있도록 공보를 관리해야 한다.

(6) 학습 기록

교사는 원래 유아가 교실에서 무엇을 하고 무엇을 배우는지에 관한 정보를 수집하고, 정리하고, 활용하고, 다른 사람과 공유해야 한다. 이와 같은 교사의 임무는 구성주의에서도 요구되는데, 왜냐하면 학부모나 행정가는 궁극적으로 유아가 무엇을 하고 무엇을 배우는지를 궁금해하기 때문이다(Chaille & Britain, 2005). 따라서 교사는 유아의 활동과 학습을 기록하는 의미 있는 문서 작업을 수행하고, 그 내용을 교육과정에 반영해야 한다. 즉, 유아가 좋아하는 것과 싫어하는 것, 잘하는 것과 못하는 것, 아는 것과 모르는 것 등을 상세히 기록하고, 이에 근거하여 유아 스스로 지식을 구성할 수 있는 활동을 시행해야 한다.

유아의 활동과 학습에 대한 기록에는 유아가 그리고 만든 모든 것, 활동사진이나 동영상, 교사의 관찰 기록이나 의견 등이 포함된다. 이러한 기록에 근거하여 교사는 정성적 평가를 시행함으로써 유아의 행동을 이해하고 유아 개개인의 이해와 요구에 적합한 교육과정을 운영할 수 있다. 유아의 학습을 평가하는 전통적 방식은 학습 정도를 수량화하는 정량적 평가인데, 이 방식은 교육과정이 복잡해짐에 따라 유아의 행동을 이해하는 데 한계를 보인다. 따라서 교사는 자료에 근거한 정성적 평가를 시행하기 위해 유아의 활동과 학습에 관한 모든 것을 기록해야 한다.

(7) 교실 문화 조성

　유아는 한 사회의 구성원으로서 자신이 속한 사회에서 강조하는 능력과 기술, 가장 가치 있는 지식, 선호하는 배움의 방법 등을 보고 배우면서 자란다. 개별 유아는 각기 다른 사회 속에서 성장하므로 감정을 표현하는 방식이나 시간을 사용하는 방법, 질문을 던지는 방식 등에서 차이가 있다. 교사에게 당연하게 생각되는 것이 어떤 유아한테는 전혀 그렇지 않을 수 있고, 교사가 무심코 던진 말 한마디에 어떤 유아는 크게 상처받을 수 있다. 어떤 유아는 솔직하고 거침없이 감정을 표현하지만, 어떤 유아는 쉽게 자기감정을 드러내지 않는다. 이러한 표현방식의 차이 때문에 종종 오해가 생기기도 하고, 교사가 유아의 행동을 잘못 판단하기도 한다. 결국 각기 다른 문화와 세계관, 학습 스타일 등을 가진 유아들이 교실에서 만나고 있으며, 유아들 사이뿐만 아니라 교사와 유아 사이의 다양한 사회적 상호작용으로 나름의 교실 문화가 형성되고 있다.

　특히 교사가 유아에게 질문하는 방식이나 유아를 평가하는 방법, 교사의 무의식적인 움직임이나 억양, 어조나 말투 등이 교실 문화에 많은 영향을 미친다. 교사가

유아의 질문에 즉각적으로 반응하는지, 개방적 태도로 유아의 반응을 수용하는지, 항상 유아의 생각을 지지하는지 등에 따라 교실 문화가 달라지는 것이다. 교사의 수용적 자세는 다른 사람의 문화와 세계관 존중을 의미하므로 교실에 다름을 인정하고 상호존중하는 문화가 형성될 수 있다. 또한 교실의 공간구성방식이 유아의 창의성을 확장할 수 있는지, 유아의 인지갈등을 불러일으키는 자료가 비치되어 있는지 등이 교실 문화에 영향을 미친다. 부족한 자료와 협소한 물리적 공간은 유아들 사이의 갈등을 유발하고 유아의 과학적 사고 확장을 방해한다. 따라서 교사는 유아의 지식 구성을 도와주기 위해 사회적 상호작용을 활성화할 수 있는 교실 문화를 조성하는 것이 중요하다.

(8) 이론 정립

교사의 과학지식은 유아의 과학적 개념뿐만 아니라 유아와의 상호작용, 교수-학습 방법 등에 큰 영향을 미친다. 과학지식이 부족한 교사는 유아의 질문에 적절히 반응하지 못하고, 유아에게 반복적 설명으로 개념을 전달하는 교사 중심의 지시적 교수법을 사용한다. 이는 교사의 과학 교수 불안을 증가시키면서 점점 더 과학 수업을 꺼리는 것으로 나타난다. 또한 유아가 과학에 대한 흥미와 관심을 잃게 만들어 결과적으로 유아의 지식 구성을 방해한다. 따라서 교사는 지식을 구성하는 학습자로서 끊임없이 자신의 이론을 정립해 나가는 것이 필요하다.

DNA의 이중 나선 구조를 밝힌 왓슨(James Dewey Watson)의 예는 교사가 끊임없이 과학지식을 습득하는 것이 필요함을 보여 준다. 왓슨은 호기심이 많아 항상 교사에게 '왜'라는 질문을 하였고, 질문에 답하기 위해 교사는 집에서 미리 공부했다고 한다(가마타 히로키, 2010). 교사가 예상하지 못한 질문 공세에 대응하기 위해 집에서 숙제한 셈이다. 이는 학습자와 적극적으로 상호작용함으로써 학습자의 지식 구성을 도와주는 교사의 모습을 보여 준다. 그러므로 유아의 질문에 적절히 반응함으로써 유아의 지식 구성을 도와주려면 교사는 유아와 마찬가지로 학습자의 자세로 학습해야 한다.

특히 유아의 흥미와 관심에만 초점을 맞춘 학습은 지속성을 담보하기 힘들므로 교사는 자신의 학습에 대한 열의와 흥미를 배양하기 위해 노력해야 한다. 다시 말해, 유아가 궁금해하는 것뿐만 아니라 교사 자신의 흥미와 호기심을 고려하여 지식을 구성하는 과정을 즐기는 것이 필요하다. 교사는 수업을 준비하기 위해 학습하는 차원을 넘어서서 자신의 과학에 대한 흥미와 관심을 높이고 과학지식을 쌓을 수 있도록 학습해야 한다. 과학 관련 책이나 동영상 등을 찾아보고 전시회나 박람회 등을 직접 방문하여 최근 추세나 관심사를 살펴보는 것이 일상화되어야 한다.

교사는 학습할수록 과학지식이 풍부해지고 과학 교수 효능감이 높아져 신명 나게 과학 활동을 전개할 수 있다. 교사가 신명 나게 활동을 전개하면, 그러한 감흥이 유아에게 전이되어 유아의 흥미와 관심이 증폭되고, 이러한 유아의 흥미가 다시 교사의 흥미를 높이게 된다(Chaille & Britain, 2005). 교사의 흥미는 궁금증을 유발하고, 궁금증은 학습을 촉진하여 새로운 정보와 교수-학습 방법을 탐색하는 등 교사가 끊임없이 지식을 구성하는 원동력으로 작용한다. 반대로 교사가 형식적으로 활동을 진행하면 유아의 흥미와 관심이 증폭되지 못하고, 이는 다시 교사의 흥미를 떨어뜨려 교사가 지식을 구성할 동력을 잃게 된다. 그러므로 교사는 학습자로서 계속해서 나름의 이론을 정립하는 것이 필요하다.

제**9**장

유아과학교육의 교수-학습 모형과 방법

1. 교수-학습 모형

　유아에게 과학을 어떻게 가르치는 것이 가장 효과적인지에 대해 정확하게 답할 수 있는 교사는 거의 없다. 과학 수업은 가르치려는 과학적 개념의 특성, 유아의 사전 지식과 경험, 유아교육기관의 물리적 환경 등에 따라 달라지기 때문이다. 유아스스로 관찰하고 탐색함으로써 획득되는 과학적 개념도 있지만, 과학적 개념은 대부분 교사의 계획된 수업 절차에 의해 습득된다. 실내보다 실외 수업이 효과적인 경우가 있고, 모둠 활동보다 개별 학습이 유아의 개념 형성에 효과적일 수 있다. 특히 과학 수업의 내용과 형식은 수업을 계획하는 교사 자신의 전문성에 따라 많이 달라진다. 그러므로 교사는 매번 수업을 계획할 때마다 과학 수업의 주제와 유아의 특성, 교실 환경 등에 가장 적합한 수업 모형을 선택하고 적용해야 한다. 교사는 유아에게 단순히 과학지식을 주입하는 것이 아니라 직접적인 활동을 통해 유아 스스로 지식을 구성하도록 도와주어야 한다. 일회적 경험이나 조작이 아닌 지속적인 인지갈등을 유발함으로써 유아의 사고가 끊임없이 확장할 수 있는 수업을 전개해야 한다. 따라서 교사는 다양한 교수-학습 모형에 대한 지식을 습득하고 과학 수업에 적용함으로써 유아의 개념 형성을 효과적으로 도와주어야 한다.

1) 발견학습모형

(1) 특징

발견학습모형(discovery learning model)은 철저한 계획과 준비를 통해 학습자 스스로 자료 속에 있는 규칙성을 발견하거나 개념을 형성하도록 도와주는 수업 모형이다. 즉, 학습자 스스로 어떤 사실로부터 원리를 발견하고 학습 목표에 도달할 수 있도록 학습 환경을 조성하는 것이다. 학습자가 문제해결을 위해 먼저 기대하고 방법을 고안하고 시도하는 등의 과정을 여러 번 거쳐서 마침내 문제해결에 쉽게 이용될 수 있는 정보를 스스로 발견하는 것이 발견학습모형이다(Bruner, 1961). 이는 직접 실천하면서 배우는 과정에 중점을 둔 것으로, 학습자의 능동적이고 자발적인 참여를 전제로 한다. 교사는 학습자의 탐구능력을 신장시킬 수 있도록 문제 상황을 제시하고 학습 의욕을 끊임없이 자극하는 것이 필요하다. 특히 교사는 단순하고 명확하게 학습 목표를 제시하고, 학습 목표에 근거한 자료의 특성을 암시함으로써 학습자의 개념 형성을 도와주어야 한다.

그러므로 발견학습모형에서는 교사와 유아 사이의 언어적 상호작용이 매우 중요하다. 설명은 적게 하고 질문은 많이 하는 식으로 수업을 전개해야 하며, 개별 유아의 다양한 능력이 발휘되도록 확산적 질문을 사용해야 한다. 유아가 충분히 생각하고 응답할 수 있도록 기다리고, 정답이 나와도 질문을 계속하여 유아의 사고 확장을 도와주어야 한다. 발견학습모형은 유아의 능동적 참여를 중요시하므로 수업이 자칫 산만해질 수 있다는 문제점이 있다. 따라서 교사는 단계마다 적절하게 개입하여 교실 분위기를 안정시키는 것이 필요하다(권재술 외, 2013). 산만한 분위기 속에서 집단과 개인 사이에 발생하는 견해차로 유아가 자신의 개념을 정리하지 못할 수 있기 때문이다. 따라서 교사는 시청각 매체를 활용하여 유아에게 간접 경험의 기회를 제공하고 자신의 개념을 효과적으로 정리하도록 도와주는 것이 필요하다.

(2) 수업 모형

발견학습모형은 일반적으로 문제를 파악하고, 자료를 관찰하고, 추가 자료를 탐색하고, 규칙성을 발견하고, 적용하는 등의 5단계로 진행된다(권용주, 남정희, 이기영, 이효녕, 최경희, 2013).

1단계에서 유아는 학습 목표와 관련된 문제가 무엇인지를 파악한다. 교사는 유아의 상황이나 발달단계에 따른 자료의 적합성을 고려한 후, 유아의 흥미를 유발할 수 있는 다양한 방법으로 학습 목표와 관련된 자료를 제시한다.

2단계에서 교사는 유아에게 친숙하면서 문제해결에 필요한 자료를 선택적으로 제시하고, 유아는 주어진 자료를 관찰하고 기술한다. 교사는 유아에게 충분한 시간을 제공하고 관찰 결과를 발표하여 공유하도록 한다.

3단계에서 교사는 유아의 개념 형성을 촉진할 수 있는 추가 자료를 제시하고, 유아는 스스로 더 많이 관찰하고 탐색할 기회를 얻는다. 교사는 이전 자료보다 더 구체적인 자료를 제시하거나 정반대의 자료를 제시하여 유아가 공통점과 차이점 등을 발견하도록 격려한다.

4단계에서 유아는 토의를 통해 관찰 결과로부터 경향성이나 규칙성을 발견한다. 교사는 새로운 자료를 제시하거나 피드백을 통해 유아의 개념 형성을 도와준다.

5단계에서 유아는 새롭게 형성된 과학적 개념을 새로운 환경이나 사실에 적용함으로써 개념을 내면화하고, 교사는 학습 목표의 달성 여부를 확인한다.

2) 탐구학습모형

(1) 특징

탐구학습모형(inquiry learning model)은 실제 과학자의 연구 과정을 모형화한 것으로, 학습자가 과학자의 연구 과정을 밟아가는 수업 모형이다. 학습자 스스로 문제를 제기하고, 가설을 설정하고, 실험을 설계하고, 자료를 수집하고, 가설을 검증하고, 결론을 내리는 수업 모형이 탐구학습모형이다. 발견학습모형에서는 자료가 먼저 제시되고 나중에 학습자가 자료를 탐색하지만, 탐구학습모형에서는 학습자가 문제를 제기하고 문제해결을 위한 가설 설정이 우선이다. 가설 설정 후 학습자는 가설을 검증하기 위해 증거를 모으고, 증거로부터 결론을 도출하고, 자신이 내린 결론에 대해 다른 사람들과 토의하는 것이 탐구학습모형의 특징이다(Settlage & Southerland, 2007). 학습자는 실험뿐만 아니라 책이나 동영상, 인터넷, 전문가 등의 모든 자원을 활용하여 증거를 모을 수 있다. 학습자는 실제로 과학자가 연구하는 과정을 경험함으로써 과학적 방법으로 문제를 해결하는 능력뿐만 아니라 정교한 과학지식을 획득하게 된다.

탐구학습모형에 따른 과학 활동에서 교사는 자원 제공자로서 유아가 탐구할 수 있는 환경과 자원을 제공해야 한다. 다시 말해, 유아가 주어진 시간 내에 적절한 규모의 소집단에서 탐구할 수 있는 분위기를 조성해야 한다. 탐구학습모형에서는 시간이나 집단의 크기, 주제 등이 통제되고 관리되기 때문에 발견학습모형에서 나타나는 혼란스러움이 제거될 수 있다(Martin, 2014). 또한 탐구학습모형에서는 실험이 주가 되므로 모든 유아가 실험에 직접 참여하는 것이 중요하다. 실험을 통해 유아는 과학에 대한 호기심과 흥미를 느끼고 과학적 사고를 함양할 수 있다(남정희 외, 2021). 교사는 유아의 흥미와 관심을 끌 수 있는 주제를 선정하고 유아의 질문에 즉각적으로 반응함으로써 유아가 적극적으로 실험에 참여할 수 있도록 도와주어야 한다. 그러나 탐구학습모형은 탐구하는 과정을 배우는 것이므로 과학 활동에 단순히 실험이 포함되는 것과 구별되어야 한다(권재술 외, 2013). 실험 자체가 탐구는 아니므로 유아가 실험하는 것만으로 탐구하는 과정을 배울 수 없기 때문이다.

(2) 수업 모형

탐구학습모형은 일반적으로 문제를 제기하고, 가설을 설정하고, 실험을 설계하고, 자료를 수집하고, 가설을 검증하고, 적용하는 등의 6단계로 진행된다(권용주 외, 2013).

1단계에서 유아는 자연현상에 대한 의문이나 문제를 제기한다. 교사는 유아 스스로 문제를 제기할 수 있도록 유아의 사전 지식이나 경험을 정확히 파악하고 유아의 문제 제기를 유도해야 한다.

2단계에서 유아는 제기된 문제를 해결하는 방안을 고민하고 잠정적 결론인 가설을 설정한다. 가설은 유아 수준에서 검증할 수 있고, 옳고 그름을 판단할 수 있어야 하며, 변인들 사이의 관계가 명확해야 한다. 유아가 혼자서 가설을 설정하기 어려우므로 교사는 모둠별로 토의하여 가설을 설정할 수 있도록 도와주어야 한다.

3단계는 가설을 검증하기 위한 실험을 구체적으로 설계하는 단계로, 변인을 어떻게 통제할지, 어떤 실험 도구를 사용할지, 무엇을 주의할지 등을 결정한다. 유아가 실험설계과정에 참여하지 않고 단지 교사가 제시한 실험을 따라 하는 것은 탐구학습이 될 수 없으므로, 교사는 유아가 실험설계과정에 참여하여 자기 의견을 제시할 수 있도록 격려해야 한다.

4단계에서 유아는 실험 절차에 따라 직접 실험을 수행하면서 자료를 수집한다. 실험 과정에 참여함으로써 유아는 관찰이나 비교, 측정, 분류 등과 같은 과학적 탐구능력을 획득할 수 있다.

5단계에서 유아는 수집된 자료를 해석하여 가설을 검증한다. 이 단계에서 가설의 진위가 결정된다. 가설이 실험 결과와 다르면 유아는 가설을 수정하여 새로운 가설을 설정하고, 실험설계단계부터 다시 시작하여 수정된 가설을 검증해야 한다.

6단계에서 유아는 검증된 가설로부터 얻은 지식을 새로운 상황에 적용한다. 적용을 통해 유아는 새로운 지식의 유용성을 확인하고, 그 지식을 바탕으로 새로운 문제를 제기하는 능력을 기르게 된다.

3) 순환학습모형

(1) 특징

순환학습모형(learning cycle model)은 여러 단계를 거친 후 마지막 단계가 다시 첫 단계로 이어지면서 순환하는 모형으로, 학습자가 능동적으로 학습에 참여함으로써 스스로 지식을 구성한다는 구성주의에 기초한다. 즉, 순환학습모형은 학습자의 사전 지식과 경험에 근거한 활동을 통해 학습자의 개념 형성과 사고 확장을 도와주는 수업 모형으로, 학습자 스스로 구체적 경험을 통해 개념을 형성하고 사고력을 향상하도록 도와준다. 순환학습모형은 학습자가 구체적 활동을 통해 능동적으로 지식을 습득하고 습득한 지식을 실생활에 응용하도록 도와주는 것이다(김지만, 2013). 따라서 순환학습모형의 주요 개념에는 인지적 비평형, 선개념, 인지구조, 사회적 상호작용 등이 포함된다. 교사의 역할은 학습자의 선개념을 파악하고, 학습자의 인지갈등을 유발하여 수업에 관한 관심을 고조시키고, 학습자의 과학적 개념 형성을 도와주는 것이다.

처음에 제안된 순환학습모형은 탐색, 개념도입, 개념적용으로 이루어진 3단계 모형으로(김지만, 2013), 환경과의 상호작용, 직관을 통한 문제해결, 시행착오에 의한 지식 발견 등을 중시한다. 탐색단계에서 학습자는 교사의 질문과 함께 새로운 지식이나 현상을 접하면서 기존의 인지구조로 해결할 수 없는 인지갈등을 경험한다. 이 상태에서 학습자는 여러 가지 자료나 실험을 통해 자연현상에 대한 규칙성을 발견하고 개념을 습득한다. 개념도입단계는 교사 중심 단계로, 교사는 개념이나 원리를 탐색단계의 활동과 비교하여 도입한다. 이 단계에서 학습자는 인지갈등이 해소되면서 인지구조와 외부 자극 사이의 평형 상태를 경험한다. 하지만 평형 상태가 아직 불완전한 형태이므로 개념적용단계가 필요하다. 개념적용단계는 이전 단계에서 습득한 불완전한 개념을 새로운 상황에 적용하여 정교화하는 단계다. 교사는 학습자가 습득한 개념을 심화하고 활용할 수 있도록 다양한 교수-학습 활동을 제시하고 평가와 피드백을 제공한다.

그 후 모형의 효과가 검증되면서 순환학습모형은 다양한 형태로 변형되고 확장된 상태이며, 각 형태에 따라 효과가 다르게 나타나고 있다. 이를테면, 새로운 지식의 발견과 응용에 효과적인 모형이 있고, 학습자의 오개념을 과학적 개념으로 변화시키는 데 효과적인 모형이 있다. 여러 순환학습모형 중에서 가장 대중적인 모형은 5E 모형으로, BSCS(Biological Sciences Curriculum Study)가 학습자의 개념 변화를 촉진하기 위해 고안한 5E 모형(BSCS, 2011), 갈렌스테인(Nancy L. Gallenstein)이 유아를 대상으로 개발한 5E 모형(Gallenstein, 2003) 등이 있다. 5E 모형은 기존 순환학습모형을 세분화한 것으로, 유아 중심의 참여단계로 시작하여 교사 중심의 설명단계를 거친 후 다시 유아 중심의 평가단계로 끝난다. 이러한 과정을 통해 유아가 선개념에 문제를 제기하고 새로운 개념을 형성함으로써 지식을 구성하도록 도와주는 것이 5E 모형이다(Bybee et al., 2006).

(2) 수업 모형

5E 모형은 참여(engage), 탐색(explore), 설명(explain), 확장(extend), 평가(evaluate)의 5단계로 진행된다(Settlage & Southerland, 2007).

참여(engage) 단계에서 교사는 과학 활동에 대한 유아의 관심과 흥미를 끌기 위해 질문하거나 유아의 선개념과 모순된 현상을 제시한다. 유아는 사전 지식이나 경험을 말하고, 과학 활동과 연결하며, 자신의 선개념과 상충하는 현상을 접하면서 인지갈등이 유발되어 호기심을 가지게 된다.

탐색(explore) 단계는 유아가 직접 조작하고 탐구하면서 개념을 구체화하는 단계다. 유아는 모순된 상황에서 문제를 제기하고, 가설을 설정하고, 자료를 수집하고, 가설을 검증한다. 이 단계는 유아의 활동으로 이루어지므로 교사는 개념이나 정의를 제시하지 않아야 한다.

설명(explain) 단계에서 유아는 가설검증과정에서 자신이 조사한 것이나 발견한 현상 등을 설명하고 공유한다. 교사는 동영상이나 사진, 동화책 등을 이용해 개념이나 정의를 소개함으로써 유아가 오개념을 수정하고 정확한 과학적 개념을 형성하도록 도와준다.

확장(extend) 단계는 유아가 새롭게 형성한 개념을 새로운 상황에 적용하는 단계다. 유아가 직접 실천하고 물체를 조작하면서 지식을 확장하는 단계로, 유아는 자신의 선개념을 수정하여 새로운 개념을 내면화하게 된다.

평가(evaluate) 단계는 유아가 자신의 오개념이 새로운 개념으로 변화한 것을 확인하는 단계다. 교사는 개념도를 활용해 지금까지 언급된 많은 변인과 개념 사이의 관계를 정리해 주고 유아에게 질문함으로써 유아 스스로 자신의 활동을 전체적으로 평가하도록 도와준다.

2. 교수-학습 방법

교육은 교사와 학습자 간의 상호작용으로 이루어지며, 교사가 가르친 것을 학습자가 배우고 학습자의 반응으로 교사의 가르침이 바뀌는 상호의존적 특성을 보인다. 교사의 가르침인 교수(teaching)는 학습자의 모든 능력을 자극하는 것으로, 학습자의 의도적·비의도적 변화를 모두 포함한다. 교수는 늘 학습(learning)을 전제하고, 교수에 의해 발생하는 학습이 효과적이므로 교수와 학습은 서로 불가분의 관계를 맺는다. 교사의 가르침이 모두 학습되는 것이 가장 이상적이지만, 가르친 것과 학습이 일치하지 않거나 교사의 가르침 없이 학습이 일어나기도 한다. 실제로 가르치는 것의 일부만 학습되는 경우가 많아서 교사는 가능한 한 가르친 것의 많은 부분이 학습될 수 있도록 다양한 교수-학습 방법(teaching-learning methods)을 사용해야 한다. 특히 언제 어디서나 효과적인 교수-학습 방법은 존재하지 않으므로 성공적인 교수-학습을 위해 교사는 과학 활동의 특성에 따라 교수-학습 방법을 적절하게 활용해야 한다. 각각의 교수-학습 방법은 장단점이 있으므로 교사는 과학 활동의 특성뿐만 아니라 유아의 다양한 조건과 상황, 주변 환경 등을 고려하여 가장 적합한 교수-학습 방법을 사용해야 한다.

1) 강의

강의(lecture)는 가장 고전적이고 보편화된 교수-학습 방법으로, 교사가 언어를 통해 학습자에게 지식을 체계적으로 전달하는 형태를 말한다. 강의는 과학적 사실이나 이론, 개념 등을 설명하는 데 효과적이며, 특히 짧은 시간 안에 많은 양의 정보를 전달하거나 용어를 정의할 때, 활동을 소개할 때 매우 효과적이다(Chiappetta & Koballa, 2014). 그러나 교사 중심의 일방적 수업으로 학습자의 개성이나 능력, 학습동기 등이 무시되고, 창의성 발달이 저해될 수 있다는 문제점이 있다. 그러므로 교사는 일방적 의사전달이 아니라 양방향의 의사소통이 이루어지도록 상호작용하

면서 학습자의 참여를 유도해야 한다.

　과학 활동에서 효과적인 강의는 한 가지 개념을 다양한 방법으로 설명하고, 설득력 있는 사례를 제시하고, 모형이나 비유를 적절히 활용하는 것이다. 과학 활동을 시작할 때 교사는 활동을 소개하기 위해 강의할 수 있다. 이때 유아의 사전 지식이나 경험과 연관된 친숙한 자료를 제시하는 것이 유아의 학습동기를 유발하는 데 효과적이다. 과학적 개념은 똑똑한 발음으로 명확하고 쉽게 설명하며(조희형, 김희경, 윤희숙, 이기영, 2009), 강의 도중에 유아와 질문을 주고받음으로써 양방향의 의사소통이 이루어지도록 노력해야 한다. 항상 유아의 인지발달 수준을 고려하고, 유아 개개인의 반응을 살피면서 강의하는 것이 중요하다.

2) 질문

　질문(question)은 질의응답을 통한 교수-학습 방법이다. 질문은 근본적으로 학습자의 사고 확장을 위한 것으로, 교사와 학습자 간의 상호작용을 전제로 한다. 따라서 교사는 학습자의 인지발달 수준과 상황에 맞는 적절한 질문을 통해 학습자가 자신의 사고 과정이나 문제해결방법 등을 되돌아보고 생각할 수 있도록 도와주어야 한다. 질문은 개념이나 원리의 비교, 가치 판단, 비판 등이 필요할 때 사용되며, 학습자의 탐구능력과 추상적 사고, 비판적 태도 등을 기르는 데 유용하다(한정선 외, 2009). 특히 질문은 학습자의 동기를 유발하여 능동적 참여를 유도하므로 과학적 연구나 과학교육에 필수적인 방법이다(조희형 외, 2009).

교사가 던지는 모든 질문은 목적과 이유가 있으며, 수업의 어느 단계에서 제시되느냐에 따라 질문의 형태와 목적이 달라진다. 수업의 도입 단계에서 교사는 유아의 사전 지식을 확인하고 주의를 집중시켜 흥미를 유발하려는 목적으로 질문한다. 전개 단계에서 교사는 유아의 사고를 확장하기 위해 지식과 이해에 관한 저차원적 질문부터 적용이나 분석, 종합과 관련된 고차원적 질문까지 폭넓게 질문한다. 정리 단계에서 교사는 유아가 배운 것을 재검토하고 자기 평가와 교정을 할 수 있도록 정보의 판단이나 개념의 타당성 등에 관한 질문을 던진다.

교사는 질문할 때 유아 모두에게 응답할 기회를 주어야 하며, 응답할 시간을 충분히 주고 칭찬이나 인정 등의 피드백을 제공해야 한다. 유아 스스로 궁금한 것을 질문할 수 있는 분위기를 조성하고, 단편적 질문이 아니라 연속적 질문으로 유아의 사고 확장을 도와주어야 한다. 실제로 교사 질문의 대부분은 유아가 암기한 것을 회상하여 답하게 하거나 유아의 답을 기다리지 못하고 교사 자신이 답함으로써 유아의 사고 확장을 방해하는 경우가 많다. 이는 교사가 질문을 통해 유아의 개념을 확인하고 정리하려는 경향 때문에 범하는 오류로, 유아에게 과학적 개념을 단순히 주입하는 결과를 초래한다. 따라서 교사는 비판적 사고력과 문제해결력을 향상할 수 있는 다양한 형태의 질문을 던지고, 유아가 충분히 생각하고 응답할 수 있도록 편안한 분위기를 조성하는 것이 필요하다.

3) 시연

시연(demonstration)은 교사가 학습자 앞에서 실험을 직접 수행하거나 다양한 매체를 활용하여 실험의 과정을 보여 주는 교수-학습 방법이다. 시연은 짧은 시간 안에 저렴한 비용으로 실험한 것과 유사한 효과를 낼 수 있다는 장점이 있다. 또한 학습자가 직접 하기에 위험한 실험을 교사가 수행함으로써 안전하게 과학 수업을 전개할 수 있다는 장점도 있다(권재술 외, 2013). 교사는 시연하는 과정에 실험의 원리를 비롯하여 실험과 관련된 다양한 기능을 함께 설명하므로 학습자는 실험을 수행하지 않고도 실험의 과정과 결과 등을 학습할 수 있다(류윤석, 이강한, 김준규, 2006). 설명만으로 이해하기 어려운 주제의 경우, 교사는 시연과 함께 연관된 현상이나 사례를 구체적으로 제시함으로써 학습자의 관심과 흥미, 인지갈등을 유발할 수 있다.

　특히 유아는 아직 실험 도구를 원활히 다루기 힘들고 직접 실험하는 것이 위험할 수 있으므로 시연이 과학 활동에서 유용하게 쓰일 수 있다. 하지만 시연이 빠르게 진행되면 유아가 궁금한 것이 있어도 질문할 시간이 없고 뒤에 앉은 유아가 잘 볼 수 없어서 교사 위주의 과학 활동이 될 수 있다는 문제점이 제기된다. 그러므로 과학 활동에서 시연을 효과적으로 활용하려면 교사가 시연하는 도중에 유아에게 질문하고 응답할 시간을 주는 것이 필요하다. 교사는 '이것을 넣으면 어떻게 변할까?'처럼 개방적 질문을 던짐으로써 유아의 지속적인 관심과 흥미를 유발하고 적극적 참여를 유도해야 한다. 때에 따라 몇몇 유아에게 실험할 기회를 제공하거나 교사의 실험을 도와주게 함으로써 교사는 유아의 자발적 참여를 촉진할 수 있다.

4) 토의

토의(discussion)는 구성주의에서 강조하는 교수-학습 방법으로, 교사와 학습자 또는 학습자들 간의 언어적 상호작용으로 문제를 해결하는 방법이다. 토의는 찬성과 반대의 견해로 나뉘는 토론과 달리 공통의 문제에 대한 최선의 해결방안을 함께 찾는 것으로, 개방적 의사소통과 협조적 분위기, 민주적 태도 등을 요구한다(권용주외, 2013). 토의를 통해 학습자는 자기 생각을 말하고 다른 사람의 의견을 들으면서 자신의 견해를 바꿀 수 있으므로 토의는 개념 변화에 효과적인 방법이다(최경희, 김성원, 김대식, 조희형, 2000). 더 나아가 과학적 소양을 갖춘 민주시민으로서 과학 쟁점을 사고하고 실천하는 데 필수적인 비판적 사고력과 문제해결력 향상에 효과적이다.

그러나 토의가 유아 중심으로 이루어지면 시간이 많이 소요될 수 있고, 토의 경험이 없는 유아는 불편함을 느낄 수 있으며, 지나치게 반응이 없거나 산만할 수 있다는 문제점이 있다. 따라서 교사는 토의 과정에서 나타날 수 있는 우발적 문제뿐만 아니라 물리적 환경이나 모둠의 규모 등을 고려하여 사전 준비를 철저히 해야 한다. 아울러 이미 너무 알려진 과학적 개념이나 이론, 과학적 사실 등에 관한 토의는 적절하지 않으므로 교사는 유아의 창의적 문제해결력을 증진할 수 있는 문제를 선정해야 한다. 예를 들어, 교사가 교실의 쓰레기가 많다는 문제를 제기하면 유아들이 토의를 통해 쓰레기를 줄이는 방법에 대한 최선의 해결방안을 함께 찾을 수 있다.

5) 협동학습

협동학습(cooperative learning)은 모둠으로 과제를 수행하는 교수-학습 방법으로, 긍정적 상호의존성을 구조화한 것이다(Slavin, 1994). 즉, 공동의 목표를 달성하기 위해 구성원이 서로 의존하기 때문에 한 명이라도 자기가 맡은 부분을 제대로 수행하지 못하면 모두가 피해를 보는 구조다. 따라서 모든 구성원은 자신이 맡은 부분에 대한 책임을 지고 다른 구성원의 작업을 주기적으로 평가하고 감시함으로써 과제를 완수해야 한다. 협동학습은 구성원 간의 상호작용을 촉진하며, 구성원에게 지도력이나 의사결정, 의사소통과 같은 다양한 지식과 기술을 습득할 기회를 제공한다(Felder & Brent, 2007). 과학 수업은 특성상 모둠 활동으로 이루어지는 경우가 많아서 협동학습은 특히 과학교육에서 중요한 의미를 지닌다(권용주 외, 2013).

협동학습은 과제가 창조적이고 개방적이며 구성원의 고차원적 사고를 요구할 때 성공적으로 이루어질 수 있다(Ross & Smyth, 1995). 이러한 과제를 수행함으로써 구성원은 성취감과 자존감을 느끼고, 추론능력과 비판적 사고력 등을 함양할 수 있다(Felder & Brent, 2007). 협동학습에서 모둠은 이질적으로 구성하는 것이 효과적인데, 왜냐하면 구성원이 서로의 다양한 관점을 접하면서 새로운 아이디어를 생산하고 다른 능력을 갖춘 구성원들이 서로 도와줌으로써 능동적 학습을 촉진하기 때문이다. 따라서 효과적인 협동학습을 위해 교사는 학습자의 성별, 기질, 관심, 인지발달 수준 등을 세심하게 고려하여 모둠을 구성하는 것이 필요하다. 또한 각 모둠이 달성할 과제나 목표를 구체적으로 제시하여 긍정적 상호의존성을 높이는 것이 요구된다.

협동학습은 교수-학습 모형이 아니라 과학 활동을 전개하면서 필요에 따라 수시로 사용할 수 있는 교수-학습 방법이므로 교사의 세심한 관찰과 적절한 개입이 중요하다. 특히 몇몇 유아가 주도적으로 활동을 이끌면서 소외되는 유아가 생기지 않도록 교사는 주의 깊게 관찰하고 개입하는 것이 필요하다. 소극적인 유아가 직접 탐색할 기회를 얻지 못하고 다른 유아의 행동과 그 결과를 단순히 바라보는 경우가 발생하기 때문이다. 따라서 교사는 각 유아가 맡은 임무를 충분히 이해하고 모든 유아가 고르게 참여할 수 있도록 적절히 개입해야 한다. 즉, 유아 개개인이 분명한 개별적 책무성을 가지고 스스로 도전하고 조작할 수 있도록 교사는 끊임없이 격려해야 한다. 교사는 유아들 간의 상호작용을 증진하기 위해 직접 모둠에 참여하여 피드백을 제공하거나 문제해결을 독려하는 것이 필요하다.

6) 현장학습

현장학습(study trip)은 교실이 아닌 생생한 정보와 자료가 있는 현장에서 수업이 진행되는 교수-학습 방법이다. 현장학습은 직접적 경험을 통해 과학지식과 과학적 탐구능력을 습득하는 방법으로, 학습자의 과학에 대한 긍정적 태도를 기르는 데 가장 좋은 교수-학습 방법이다(권재술 외, 2013). 특히 생물학이나 지구과학의 교수-학습에는 현장학습이 필수적인데, 왜냐하면 현장학습을 통해 학습자는 다양한 자연 상태의 물체와 현상, 생명체 등을 직접 관찰하고 경험하면서 인간과 자연의 관계를 생각할 수 있기 때문이다. 더 나아가 학습자는 박물관이나 과학관, 천문대, 동물원, 식물원 등 지역사회 기관을 방문함으로써 과학적 소양을 갖추는 데 필요한 경험을 다양하게 쌓을 수 있다.

이러한 현장학습은 학교 밖 과학 활동이라고 일컫는 것으로, 학습자가 과학에 대한 흥미와 관심을 높이고 효과적으로 과학지식을 습득하도록 도와준다(한경희, 2020). 과학관의 경우, 과학에 관한 자료를 수집, 보관, 연구, 전시함으로써 과학과 삶을 밀접하게 연결하는 장으로 기능한다(장현숙, 2005). 과학관에서 학습자는 평소

학교에서 보기 어려운 모형이나 실물을 직접 살펴보고 전시물과 상호작용함으로써 능동적으로 과학지식을 습득할 수 있다. 더불어 과학의 다양한 측면을 포괄적으로 살펴보면서 과학이 일상생활과 깊이 연관되어 있음을 깨닫고 과학자가 자연을 이해하는 과정으로서 과학 활동을 직접 체험할 수 있다(김찬종 외, 2010). 학교의 과학 수업을 통해 경험하기 어려운 전시물과 활동을 체험함으로써 학습자는 과학지식을 습득할 뿐만 아니라 과학적 소양을 기르는 것이다.

성공적인 현장학습을 위해 교사는 사전 준비를 철저히 하고 일어날 수 있는 모든 위험 상황을 고려하여 대비책을 수립해야 한다. 교사는 필요한 행정적 절차를 밟는 것뿐만 아니라 학부모의 동의, 보조교사 역할을 하는 도우미, 현장학습 지침서 등을 마련해야 한다. 현장학습은 치밀하게 계획될수록 교육적 효과가 높게 나타나는 만큼 교사는 사전답사에 근거하여 철저하게 계획을 세워야 한다. 특히 유아의 사전 지식과 경험에 따라 현장학습의 효과가 달라지므로(Orion, 1989) 교사는 유아에게 현장학습에 필요한 개념과 현장학습의 목적, 장소, 시간 등에 관한 정보를 사전에 제공해야 한다. 교사는 유아의 흥미와 관심, 호기심 등에 기초하여 현장학습의 장소와 시간 등을 선정하고, 현장학습이 끝난 후 유아와 경험을 공유하는 시간을 가져야 한다.

7) 개별학습

개별학습(individual learning)은 학습자 개개인의 장단점을 고려한 교수-학습 방법으로, 개별 학습자의 욕구를 극대화하는 데 그 목적이 있다. 학습자는 사회·경제적 배경, 신체적 조건과 특성, 흥미, 적성, 사전 지식과 경험 등이 다르며, 신체적·정신적 발달 수준에서도 차이가 있다(조희형 외, 2009). 이러한 차이는 학습능력이나 학습양식 등에 반영되어 개개인의 학습 속도와 내용이 다르게 나타난다. 가령 자신의 관심 분야에는 뛰어난 능력을 보이며 적극적으로 참여하는 학습자가 다른 분야에는 전혀 흥미를 보이지 않고 참여하지 않을 수 있다. 그래서 같은 교육과정에 따른 같은 방식의 수업으로 개별 학습자의 문화적·사회적·지적 욕구를 만족시키기는 어렵다.

특히 한국 사회가 다문화사회로 접어들면서 유아의 사회문화적 배경이 다양해짐에 따라 과학교육에도 유아 개개인의 욕구를 반영하는 문제가 중요하게 대두하고 있다. 문화적 배경에 따라 유아의 사전 지식이나 경험, 학습양식 등이 달라서 과학 활동에 대한 이해와 열정이 다를 수밖에 없기 때문이다. 예를 들어, 질문이 일반적이지 않은 문화에서 성장한 유아는 교사의 질문을 혼나는 것으로 받아들이면서 과학 활동에 소극적으로 참여할 수 있다. 반면에 토의에 익숙한 유아는 스스럼없이 자기 생각을 말하고 다른 사람의 의견을 들으면서 과학적 개념을 활발하게 형성할 수 있다.

따라서 교사는 학습자 개개인의 수준과 속도에 맞춘 교수-학습 방법인 개별학습을 사용함으로써 유아가 자신의 다양한 욕구를 충족하고 선택의 가치를 누리며 긍정적 자아개념을 형성하도록 도와주어야 한다. 개별학습을 통해 유아는 자신의 장점을 강화하고 단점을 보완할 수 있으며, 스스로 과제를 해결함으로써 성취감과 만족감을 느낄 수 있다. 유아가 과학 활동에 적극적으로 참여할 수 있도록 교사는 유아마다 다른 흥미와 적성을 고려하여 적절한 과제를 제공하는 것이 필요하다. 결국 교사는 문화 다양성을 존중하면서 유아의 다양한 욕구가 충족될 수 있도록 과학 활동에 개별학습을 적극적으로 사용하는 것이 요구된다.

8) 학제 간 교수-학습 방법

(1) 과학과 문학의 연계

현실 세계에서 과학과 기술, 사회는 복잡하게 뒤얽혀 서로 영향을 미치며, 과학은 문학이나 수학, 역사학, 경제학, 정치학 등 다양한 학문과 연계되어 있다. 즉, 독단적으로 존재하는 학문은 없으며, 학문은 상호의존적으로 연관되어 있다. 이를테면, 자료를 해석하는 데 수학이 필요하고, 발견한 것을 세상에 알리기 위해 문학이 필요하다(Martin, 2014). 교사는 과학 활동 속에 다양한 학문 분야를 포함하는 교수-학습 방법을 사용함으로써 유아과학교육의 목적과 목표를 효율적으로 달성할 수 있다.

과학과 문학의 밀접한 관계는 유아가 과학 활동에 참여하면서 다양한 어휘를 습득하고, 다른 사람들과 의사소통하면서 개념을 형성하는 것에서 잘 나타난다. 실제로 교사는 활동의 도입 단계에서 유아의 흥미를 유발하고, 탐구 주제를 제시하기 위해 문학 작품을 많이 활용한다. 문학 작품은 실제와 유사한 상황을 제공함으로써 유아의 관심과 흥미를 유발하고, 줄거리가 있어서 유아의 사고 확장에 이바지한다. 유아는 문학 작품을 통해 새로운 어휘를 습득하며, 인지갈등을 경험하면서 다양한 질문을 하고, 풍부한 간접 경험으로 과학에 대한 긍정적 태도를 기를 수 있다.

그러나 문학 작품은 유아의 흥미를 끄는 데 중점을 두면서 종종 과장되고 부정확한 허구적 이야기를 포함할 수 있다. 이는 유아가 오개념을 형성하는 원인이 되며, 처음으로 접한 내용의 강렬함 때문에 과학교육을 받은 이후에도 유아가 쉽게 오개념을 바꾸지 않는다는 문제점이 있다. 그러므로 교사는 유아가 문학 작품을 통해 얻은 간접 경험을 과학적 개념으로 발전시킬 수 있도록 문학 작품을 신중하게 선택하고 과학 활동을 전개하는 것이 필요하다. 더불어 유아가 과학 활동에서 읽은 문학 작품의 내용과 과학 활동의 결과를 비교하고 검토할 수 있도록 시간과 장소를 제공하는 것이 요구된다.

(2) 과학과 수학의 연계

수학은 과학의 언어라고 할 만큼 과학을 이해하고 표현하는 데 필수적이다. 다시 말해, 과학은 자료를 수집하고 해석하거나 개념과 법칙, 이론 등을 개발하는 과정에서 수학이 필요하다(김가람, 2011). 수학과 과학은 현실 세계에서 밀접하게 연관되며, 수학과 과학 모두 일반적인 규칙성과 관계를 발견한다(이봉주, 1997). 유아는 일상생활에서 자연스럽게 수를 접하고 셈하고 있으며, 비교나 분류, 측정 등의 과학적 탐구능력을 발달시키면서 수 감각과 수 개념을 이용한다(Lind, 2005). 수학과 과학 모두 논리적으로 그룹을 구성하고 분류하는 것이 필수적이므로 유아는 일상적으로 색깔이나 모양, 크기, 패턴 등의 속성에 따라 물체를 분류하면서 논리적 사고를 발달시킬 수 있다.

이렇듯 수학과 과학은 유아의 일상생활에서 자연스럽게 연관되므로 교사는 수학과 연계한 과학 활동을 통해 유아의 발달을 촉진할 수 있다. 예를 들어, 유아가 직접 구체적인 사물을 조작하고 실험할 때 '크다' '작다' '길다' '짧다' '무겁다' '가볍

다'와 같은 용어를 사용함으로써 수 감각을 기를 수 있다. 비교할 때도 '이것이 저것보다 몇 개 더 많다.' '이것이 저것보다 더 느리다.'처럼 측정과 비교를 결합함으로써 수 개념을 습득할 수 있다. 그러므로 교사는 과학 활동을 전개하는 동안 지속해서 유아가 수를 접하고 셈하도록 격려하고, 수 감각과 수 개념을 이용하여 비교, 분류, 측정 등의 과학적 탐구능력을 개발하도록 도와주어야 한다.

제4부

유아과학교육의 실천

제10장 유아에게 적합한 물리학 활동
제11장 유아에게 적합한 화학 활동
제12장 유아에게 적합한 생물학 활동
제13장 유아에게 적합한 지구과학 활동

제10장
유아에게 적합한 물리학 활동

1. 유아의 물리학 활동

물리학 활동은 유아의 행위가 중심이 되고, 물체에서 생기는 반응이 즉각적이고 관찰할 수 있어야 한다(Chaille & Britain, 2005). 즉, 유아가 스스로 물체를 움직이고 자신의 행위에 따른 물체의 반응을 즉각적으로 관찰할 수 있어야 한다(Kamii & DeVries, 1993). 물리학(physics)이 물체 사이의 상호작용과 물체의 운동, 에너지 변화 등을 연구하여 자연을 이해하는 학문이므로, 유아는 힘을 주어 물체를 가속하거나 변형시키는 것에 의해 현상 속에 있는 보편적 법칙을 발견할 수 있다. 물체를 가속하거나 변형시키는 활동은 그 결과가 즉각적으로 나타나고, 관찰할 수 있고, 여러 번 반복할 수 있어서 유아에게 적합한 활동이다. 유아는 모순된 현상을 접하면서 인지갈등을 경험하고 지속해서 과학 활동에 참여하려는 동기가 유발된다. 또한 물체를 직접 다룰 기회를 가지면서 자신의 개념을 변화시킬 수 있다. 그러나 개념은 쉽게 변하지 않으므로 유아가 반복적으로 활동에 참여하는 것이 중요하다. 다시 말해, 일회적으로 물체를 조작하는 것은 유아의 사고 확장에 도움이 되지 않으므로 교사는 유아에게 반복적으로 물체를 조작할 기회를 제공해야 한다. 이러한 활동을 통해 유아는 인지적 비평형을 경험하면서 과학적 개념을 형성할 수 있다.

1) 3세에 적합한 물리학 활동

(1) 자석 활동

자석은 쇳조각을 끌어당기는 물질로, 철뿐만 아니라 유아의 주의를 끌어당긴다 (Harlan & Rivkin, 2012). 자석의 놀라운 힘 때문에 유아는 자석 블록이나 자석 퍼즐과 같이 자석으로 만든 장난감을 가지고 놀 때마다 경이로움을 표현한다. 자석은 유아 주변에서 쉽게 발견되며, 유아가 자석의 힘을 느끼거나 볼 수 없어도 쇠붙이를 끌어당기는 결과를 눈으로 확인할 수 있다. 유아에게 친숙한 물체를 자석이 끌어당기고, 자석의 힘이 물체를 통과하여 작용하고, 자석끼리 밀어내고 끌어당기는 현상 등을 경험하면서 유아는 자석에 대한 과학적 개념을 형성할 수 있다. 유아 스스로 관찰하고 탐구함으로써 자석의 성질이나 개념을 발견하는 것이다. 그래서 자석 활동은 유아에게 적합한 물리학 활동이다. 자석 활동은 물체 간 상호작용을 관찰하는 데 효과적이며, 유아에게 유아 스스로 탐색하고 실험하고 확인할 기회를 제공한다. 다음은 자석에 관한 과학적 개념이다.

- 자석에 붙는 물체와 붙지 않는 물체가 있다.
- 자석의 힘은 자석의 양 끝에서 가장 강하다.
- 자석의 힘은 물체를 통과한다.
- 자석에는 N극과 S극이 있다.
- 자석의 같은 극끼리는 서로 밀어낸다.
- 자석의 다른 극끼리는 서로 끌어당긴다.

(2) 발견학습모형을 이용한 자석 활동

① 개념: 자석에 붙는 물체와 붙지 않는 물체가 있다.
- 교사는 유아가 학습 목표와 관련된 문제를 파악하도록 쓰레기더미에서 큰 자석이 쇠붙이를 끌어 올려 분리하는 동영상이나 사진을 보여 준다. 다음으로

자석에 붙는 물체(클립, 못, 열쇠, 옷핀, 병뚜껑, 볼트, 나사 등)와 자석에 붙지 않는 물체(헝겊, 도화지, 동전, 나무 블록, 고무줄, 플라스틱 컵, 알루미늄 접시 등)를 유아에게 제시한다.

• 유아에게 어떤 물체가 자석에 붙을지, 붙지 않을지 예측하게 한다. 유아의 예측을 화이트보드나 부직포 칠판 등에 표시한 후, 각 모둠에 여러 가지 물체를 나누어 준다. 유아는 각자 여러 가지 물체를 차례로 자석에 붙여 보고, 자석에 붙는 물체와 붙지 않는 물체를 분류하여 상자에 담는다. 모둠별로 결과를 솔직하게 발표하고, 처음 예측한 것과 결과가 같은지 확인하도록 한다.

• 교사는 추가로 몇 개의 물체를 더 제시하고, 유아가 이미 제시된 물체와 비교하여 공통점과 차이점을 찾아보도록 격려한다.

• 모둠별로 토의를 통해 자석에 붙는 물체의 규칙성을 발견하고, 자석에 붙는 물체와 붙지 않는 물체가 있다는 개념을 형성하도록 도와준다. 교사는 자석에 붙는 새로운 물체를 제시하여 유아에게 사고 확장의 기회를 제공한다.

• 유아가 놀이터나 강당, 도서관, 식당 등 교실이 아닌 다른 곳에서 자석에 붙는 물체와 붙지 않는 물체를 찾아보고 분류함으로써 개념을 내면화하도록 한다.

② 개념: 자석의 힘은 자석의 양 끝에서 가장 강하다.

• 자석에 관한 동화책을 읽어 준 후, 다양한 종류의 자석(막대자석, 말굽자석, 원형 자석, 링 자석 등)과 자석에 붙는 물체(클립, 옷핀, 병뚜껑, 볼트, 나사 등)를 유아에게 제시한다. 유아가 자석의 어느 부분에 클립이나 옷핀 등이 가장 많이 붙을지 예측하게 하고, 그렇게 예측한 이유를 모든 유아에게 질문한다.

• 각 모둠에 다양한 종류의 자석과 자석에 붙는 물체를 나누어 준다. 유아는 각자 여러 가지 물체를 각각의 자석에 붙여 보고 자석에 붙은 물체의 개수를 센 후, 자신의 예측이 맞는지 확인한다. 교사는 유아가 자석의 모든 부분에 물체를 붙여 본 후 결론을 내리도록 주의를 기울인다.

• 이미 제시된 자석과 모양이나 크기가 다른 자석을 제시하고, 유아가 처음 제시한 자석과의 공통점과 차이점에 대해 논의하도록 한다. 유아가 새로운 자석의 여러 위치에 클립이나 옷핀 등을 붙여 보도록 한다.

• 모둠별로 토의하면서 자석의 힘이 가장 센 곳의 규칙성을 발견하도록 한다. 교사는 다시 한번 더 자석의 여러 부분에 물체를 붙여 보면서 유아가 자석의 힘은 자석의 양 끝에서 가장 강하다는 개념을 형성하도록 도와준다.

• 유아가 새롭게 형성한 개념을 새로운 상황에 적용할 수 있도록 바닥에 있는

클립을 가장 빨리 줍는 게임이나 자석에 클립을 가장 많이 붙이는 게임 등을 시행한다.

③ 개념: 자석의 힘은 물체를 통과한다.

• 자석, 자석에 붙는 여러 가지 물체, 자석과 물체 사이에 넣을 수 있는 물체(종이, 옷, 책, 책받침, 부채, 플라스틱 접시 등)를 제시한다. 책상 위의 클립과 자석 사이에 종이를 두고 클립이 자석에 붙는 것을 유아 앞에서 시연한다. 뒤에 앉은 유아도 잘 볼 수 있도록 시연을 천천히 여러 번 반복한다.

• 각 모둠에 자석과 종이, 클립을 나누어 주고, 각 유아가 직접 종이를 사이에 두고 자석에 클립을 붙이도록 한다. 종이의 수를 늘려 가면서 유아가 자석에 붙는 클립의 수를 직접 세어 보고 클립의 수가 달라지는 것을 확인하게 한다. 교사는 모둠별로 활동 결과를 토의하도록 격려한다.

• 종이와 클립 대신 책이나 책받침, 옷핀이나 나사 등을 제시한 후, 유아가 같은 방법으로 시도하도록 한다. 유아가 다른 방법을 경험할 수 있도록 교사는 클립을 책상 위에 놓고 책상 아래에서 자석을 움직이는 것을 보여 준다. 유아는 이전에 종이와 클립을 이용한 것과 비교하여 공통점과 차이점을 파악한다.

- 유아가 토의를 통해 관찰 결과로부터 경향성을 발견하고, 자석의 힘은 물체를 통과한다는 개념을 형성하도록 한다.
- 유아가 교실에 있는 다른 물체를 이용하여 물체를 통과하는 자석의 힘을 확인 함으로써 개념을 내면화하도록 한다.

2) 4세에 적합한 물리학 활동

(1) 경사로 활동

　경사로는 유아의 주변에서 흔히 발견되는 것으로, 유아는 건물의 내부나 동네를 돌아다닐 때 경사로 위에서 걸어 본 경험이 있다. 유아는 경사로를 내려오거나 올라갈 때 평면에서 걸을 때와 다른 힘을 느끼게 된다. 걸어 올라갈 때는 평면보다 힘이 더 들고 다리가 아프며, 반대로 내려올 때는 힘이 덜 들고 자신도 모르게 몸이 앞으로 기울어지면서 걸음이 빨라진다. 경사로 위쪽으로 공을 아무리 세게 던져도 공이 다시 아래로 굴러가고, 경사로 위에서 손에 쥐고 있던 공을 놓쳤을 때 공이 빠르게 아래로 굴러가는 것을 경험한다. 경사로에서 물체의 움직임은 중력과 마찰력 등의 여러 가지 힘이 작용한 결과로, 유아는 경사로에서 물체를 움직여 봄으로써 다양한 힘을 경험하게 된다. 이러한 경험을 통해 유아는 경사로 활동에 관한 과학적 개념을 형성하고 실생활에 적용할 수 있다. 다음은 경사로 활동에 관한 과학적 개념이다.

- 물체는 경사로의 높은 곳에서 낮은 곳으로 굴러간다.
- 경사로에서 힘을 주지 않아도 물체는 아래로 굴러간다.
- 경사로의 기울기에 따라 물체의 구르는 속도가 다르다.
- 같은 경사로에서 물체의 무게에 따라 구르는 속도가 다르다.
- 경사로 표면의 질감에 따라 물체의 구르는 속도가 다르다.

(2) 탐구학습모형에 따른 경사로 활동

① 개념: 경사로의 기울기에 따라 물체의 구르는 속도가 다르다.

- 다양한 경사로의 모습을 담은 사진을 보여 주면서 유아가 경사로에서 공이나 자동차를 굴려 본 경험에 관해 이야기하도록 한다. 경사가 급한 곳과 완만한 곳에서 공이나 자동차가 다르게 굴렀던 경험을 이야기하면서 유아 스스로 문제를 제기할 수 있도록 한다.
- 모둠별로 토의를 통해 경사로의 기울기가 급할수록 자동차가 더 빨리 굴러간다는 가설을 설정할 수 있도록 도와준다.
- 가설을 검증하기 위한 실험을 설계하는 단계로, 단순 놀이가 되지 않도록 교사는 변인을 통제해야 한다. 경사로의 기울기를 다르게 하는 경우이므로 경사로의 기울기를 독립변인으로, 자동차의 속도를 종속변인으로 한 실험을 유아와 함께 설계한다.
- 유아가 교실에 있는 블록으로 기울기 차이가 큰 두 개의 경사로를 만든 후 자동차가 구르는 실험을 한다. 이때 자동차에 힘을 주면 자동차의 속도를 정확

히 측정할 수 없으므로 유아가 자동차에 힘을 주지 않도록 주의를 기울인다. 자동차의 속도는 자동차의 이동 거리로 측정하는데, 왜냐하면 자동차의 속도와 이동 거리가 비례하기 때문이다. 유아가 자동차의 속도 차이를 분명히 관찰하기 위해 기울기 차이가 큰 두 개의 경사로에서 같은 자동차가 굴러가는 실험을 여러 번 반복한다. 유아가 활동지에 경사로를 만드는 데 사용한 블록의 개수와 그에 따른 자동차의 이동 거리를 기록하고 비교하도록 도와준다.

- 가설을 검증하는 단계로, 유아가 수집한 자료를 해석하여 가설의 진위를 판단하도록 도와준다.
- 놀이터의 시소와 같이 새로운 상황에서 자동차가 굴러가는 것을 실험하고, 시소의 기울기에 따라 자동차의 속도가 달라지는 것을 확인하도록 격려한다.

② 개념: 같은 경사로에서 물체의 무게에 따라 구르는 속도가 다르다.

- 눈썰매를 탔던 경험에 관해 이야기한 후, 어른과 아이가 눈썰매를 타고 내려오는 동영상을 보여 준다. 유아가 어른과 아이의 내려오는 속도가 다른 것에 의문을 가지도록 한다.

- 모둠별로 토의를 통해 경사로에서 물체가 무거울수록 더 빨리 굴러간다는 가설을 설정할 수 있도록 도와준다.

- 가설을 검증하기 위해 자동차의 무게를 독립변인으로, 자동차의 속도를 종속변인으로 한 실험을 유아와 함께 설계한다. 즉, 같은 높이에서 무게가 다른 자동차가 굴러가는 실험을 설계한다.

- 모둠별로 무게가 다른 자동차가 같은 높이에서 굴러가는 실험을 수행하도록 한다. 자동차의 속도와 이동 거리가 비례하므로 자동차가 굴러가서 멈춘 지점을 표시한 후, 유아가 이동 거리를 측정할 수 있도록 격려한다.

- 모둠별로 경사로에서 자동차가 무거울수록 자동차가 더 빨라져서 더 많이 굴러가는 것임을 설명함으로써 가설을 검증하도록 도와준다.

- 놀이터의 미끄럼틀에서 내려올 때 무거운 사람과 가벼운 사람 중 누가 먼저 내려오는 것이 더 안전할지를 질문함으로써 유아가 습득한 지식을 새로운 상황에 적용할 수 있도록 한다.

③ 개념: 경사로 표면의 질감에 따라 물체의 구르는 속도가 다르다.

- 미끄럼틀이나 시소처럼 놀이터의 경사로에서 자동차가 굴러가는 것을 관찰하도록 한다. 유아가 미끄럼틀에서 굴러가는 자동차의 속도가 매우 빠른 것에 문제를 제기하도록 한다.

- 모둠별로 자동차의 속도를 늦추는 방안에 대해 토의하도록 한다. 미끄럼틀의 표면이 매끄러워서 자동차가 빨리 굴러가는 것이므로 유아가 미끄럼틀의 표면이 거칠수록 자동차가 천천히 굴러갈 것이라는 가설을 설정할 수 있도록 도와준다.

- 신문지, 골판지, 부직포, 수건 등 미끄럼틀의 표면을 거칠게 만들 수 있는 재료를 하나씩 미끄럼틀에 깔고 자동차의 속도를 비교하는 실험을 설계한다.

- 유아는 신문지, 골판지, 부직포, 수건 등을 차례로 미끄럼틀에 깔고 자동차를 굴리는 실험을 수행한다. 실험이 실외에서 전개되어 유아의 주의가 분산되고 실험이 원만히 진행되지 않을 수 있으므로 교사는 각 유아가 자신의 할 일을 찾아 끝까지 완수하도록 도와준다.

- 모둠별로 실험 결과를 수집하고, 토의를 통해 미끄럼틀의 표면이 거칠수록 자동차가 천천히 굴러간다는 결론을 내리면서 가설을 검증하도록 한다.

- 유아에게 블록이나 책 등이 실내 미끄럼틀에서 굴러가고 있을 때 속도를 늦추는 방법을 질문함으로써 유아가 습득한 지식을 새로운 상황에 적용하도록 한다.

3) 5세에 적합한 물리학 활동

(1) 바람 활동

유아는 봄에 발생하는 황사 때문에 실외놀이를 못 하면서 자연스럽게 바람에 관심을 두게 된다. 유아는 중국과 몽골의 사막 지대에서 발생한 모래 먼지가 강한 바람에 의해 우리나라까지 이동한다는 사실에 놀라워하며 바람에 대한 궁금증을 가진다. 바람은 공기의 움직임으로, 공기는 눈에 보이지 않아 유아가 공기에 대한 개념을 형성하기 쉽지 않다. 그런데도 바람은 물체를 움직이며 이를 관찰하는 것이

가능하므로 바람 활동은 유아에게 적합한 물리학 활동이다. 바람 활동은 처음에 유아가 몸으로 직접 바람을 느껴 보는 것에서 시작하여 점차 바람의 세기와 방향에 관한 활동으로 확장하는 것이 바람직하다. 바람 활동을 통해 유아는 직접 움직여서 바람을 만들어 보고 더 센 바람을 만들기 위해 다양한 방법을 시도할 수 있다. 또한 바람에 의해 물체가 움직이는 것에 관심을 가지면서 바람의 세기와 물체의 움직임 사이의 관계를 탐색할 수 있다. 다음은 바람에 관한 과학적 개념이다.

- 바람은 공기가 움직이는 것이다.
- 바람은 물체를 움직일 수 있다.
- 물체를 이용하여 바람을 만들 수 있다.
- 바람은 방향이 있다.
- 바람은 세기가 있다.

(2) 순환학습모형에 의한 바람 활동

① 개념: 바람은 공기가 움직이는 것이다.

- 유아에게 바람이 불었을 때 좋았는지 싫었는지, 바람은 이로운지 해로운지 등을 질문한다. 유아는 시원하다, 땀이 마른다, 옷이 날린다, 빨래가 마른다, 모자가 날아간다 등의 바람에 대한 자기 경험을 이야기한다. 유아에게 바람을 본 적이 있는지 질문하면서 유아가 '바람을 볼 수 있을까?'라는 궁금증을 가지도록 유도한다.

- 유아가 바람을 볼 수 있다는 가설을 설정하고, 바람을 보기 위해 바깥으로 나가서 바람을 관찰하는 활동을 전개하도록 한다. 머리카락이 나부끼거나 나뭇잎이 흔들리는 등 유아가 직접 바람과 관련된 자료를 다양하게 수집하도록 한다.

- 모둠별로 바람에 대해 자신이 조사한 것이나 발견한 현상을 발표하고 공유하도록 한다. 교사는 동영상으로 바람이 부는 여러 가지 현상을 보여 주면서 유아가 본 것은 바람이 아니라 바람 때문에 움직이는 물체임을 설명한다. 바람은 공기가 움직이는 것이고, 공기는 눈에 보이지 않아서 바람도 볼 수 없다는 개념을 유아가 형성하도록 도와준다.

- 유아가 새롭게 형성한 개념을 새로운 상황에 적용하면서 바람을 볼 수 있다는 선개념을 수정하도록 도와준다. 교사가 교실의 창문을 여닫으며 유아가 바람을 느낄 수 있는 상황을 제시한다. 창문이 열린 상태와 닫힌 상태를 비교하면서 유아는 공기가 눈에 보이지 않지만 움직이고 있음을 확인하고, 바람을 볼 수 있다는 선개념을 수정하도록 한다.

- 지금까지 언급된 많은 내용을 정리하면서 바람이 불 때 느낌이 어떠하였는지, 무엇을 보았는지 등을 유아에게 질문한다. 이러한 질문을 통해 유아가 바람을 볼 수 있다는 오개념이 공기가 움직이는 것이 바람이라는 새로운 개념으로 변화한 것을 확인하도록 도와준다.

② 개념: 물체를 이용하여 바람을 만들 수 있다.

• 유아에게 『오즈의 마법사』 동화책을 읽어 준 후, 회오리바람과 같이 자연에서 부는 바람은 무엇이 있는지 질문한다. 유아가 자기 경험을 토대로 산이나 들, 바다 등에서 경험한 여러 가지 바람에 관해 이야기한다. 바람은 자연에서만 분다고 생각하는 유아에게 '교실에는 바람이 없을까?' '바람을 만들 수 없을까?'라고 질문하면서 유아의 호기심을 자극한다.

• 교실에서 바람을 만들 수 있다는 가설을 설정하고, 모둠별로 바람을 만들 수 있는 물체를 탐색하도록 한다. 유아가 종이나 책, 책받침, 플라스틱 접시, 블록, 인형 등의 다양한 물체로 바람을 만들면서 가설을 검증하도록 한다.

• 모둠별로 발견한 현상을 발표하고 공유한 후, 교사는 물체를 움직여서 바람이 생기는 과정을 담은 동영상을 보여 준다. 물체를 움직이면 공기가 이동하여 바람이 생긴다는 것을 이해함으로써 유아가 물체를 이용하여 바람을 만들 수 있다는 개념을 형성하도록 도와준다.

• 유아가 지식을 확장할 수 있도록 바람개비를 만드는 미술 활동을 전개한다. 바

람개비는 그대로 둔 채 종이나 책, 책받침과 같이 다양한 물체로 바람을 일으켜 바람개비를 돌려 보도록 한다. 물체의 움직임으로 바람개비가 돌아가는 것을 확인함으로써 유아가 물체로 바람을 만들 수 있다는 개념을 내면화하도록 한다.

- 교사는 개념도를 활용하여 바람은 자연적으로 발생하지만, 인공적으로도 만들 수 있음을 정리한다. 어떤 물체로 바람을 만들었는지, 바람을 어떻게 만들었는지, 바람 만드는 것이 얼마나 힘들었는지 등을 유아에게 질문함으로써 유아 스스로 개념 변화를 확인하도록 도와준다.

③ 개념: 바람은 방향이 있다.

- 태풍에 관한 신문기사를 읽어 주고, 유아에게 태풍처럼 강한 바람을 경험한 적이 있는지 질문한다. 유아와 함께 서로의 경험을 공유한 후, 교사는 강풍이 부는 상황을 담은 동영상을 보여 주면서 바람이 어디에서 와서 어디로 가는지를 질문한다. 바람은 매우 불규칙하게 분다고 생각하는 유아가 '바람은 방향이 있을까?'라는 궁금증을 갖도록 유도한다.

- 바람은 방향이 있다는 가설을 설정하고, 모둠별로 바람 부는 날에 실외에서 바람의 방향을 탐색하도록 한다. 바람이 분다는 것을 알 수 있는 물체로 머리카락이나 나뭇잎, 깃발 등을 선택하고, 물체의 움직임으로 바람의 방향을 관찰하고 기록하도록 격려한다. 예를 들어, 활동지 중간에 사람이 서 있는 모습을 그리고 머리카락이 날리는 방향을 화살표로 표시하여 바람의 방향을 기록하도록 한다.

- 모둠별로 각자가 기록한 바람의 방향을 서로 비교하면서 공유하도록 한다. 물체가 바람에 의해 일정한 방향으로 움직이는 것을 관찰함으로써 유아가 바람은 방향이 있다는 개념을 형성하도록 도와준다. 교사는 다양한 풍향계의 사진을 제시하면서 유아의 호기심을 자극한다. 화살처럼 생긴 풍향계의 모습을 보여 주면서 뾰족한 앞부분이 바람이 불어오는 쪽이라고 설명한 후, 풍향계를 이용하여 바람의 방향을 표시하는 방법을 시연한다.

- 종이컵과 빨대, 색종이 등으로 간단한 풍향계를 만드는 미술 활동을 전개하고,

모둠별로 풍향계를 이용하여 바람의 방향을 표시하도록 한다. 유아는 풍향계를 이용함으로써 바람은 매우 불규칙하게 분다는 개념을 수정하고 바람은 방향이 있다는 개념을 내면화하도록 한다.

• 지금까지 언급된 많은 내용을 정리하면서 유아 스스로 자신의 개념 변화를 확인하도록 한다. 바람의 방향을 어떻게 알 수 있는지, 바람의 방향을 알면 어떤 점이 좋은지 등을 질문함으로써 유아가 개념을 내면화하고 활동을 전체적으로 평가하도록 격려한다.

2. 물리학 활동 시 고려사항

물리학 활동을 계획할 때 교사는 유아의 나이를 우선으로 고려해야 한다(Chaille & Britain, 2005). 유아의 나이에 따라 신체발달, 인지발달, 언어발달 등에서 차이가 나타나며, 이러한 차이가 유아의 행위에 직접 영향을 미치기 때문이다. 특히 나이에 따라 사전 지식과 경험에서 현저한 차이가 나므로 유아의 나이를 우선으로 고려해야 한다. 가령 3세 유아에게 적합한 자석 활동이 5세 유아에게는 적합하지 않은데, 왜냐하면 5세 유아는 자석 블록이나 자석 퍼즐과 같이 자석으로 만든 장난감에 너무 익숙해서 흥미를 느끼지 못하기 때문이다. 유아교육기관과 가정에서 자석으로 만든 장난감을 가지고 놀아 본 경험이 너무 많아서 더는 자석 활동에 흥미와 호기심을 느끼지 못하는 것이다. 따라서 교사는 유아의 나이를 고려하여 유아의 현재 발달 수준보다 약간 높은 수준의 활동을 계획해야 한다. 이러한 활동은 유아의 인지갈등을 유발하여 유아가 적극적으로 활동에 참여하도록 유도한다.

다음으로 물리학 활동을 계획할 때 교사는 변인을 고려해야 한다. 전조작기의 유아는 발달 특성상 여러 가지 변인을 동시에 고려하지 못하므로 한 번에 하나의 독립변인만을 변화시키고(조부경, 고영미, 남옥자, 2013), 그 변인에 대한 이해가 완전히 이루어진 다음 새로운 변인을 변화시키는 것이 바람직하다. 이를테면, 경사로의 기울기에 따른 물체의 속도 차이를 살펴보는 활동을 진행할 때 경사로의 기울기만 변화시키는 활동을 여러 번 진행해야 한다. 이 활동을 충분히 진행하여 유아가 경사로의 기울기에 따른 물체의 속도 차이를 이해한 후, 물체의 무게나 경사로 표면의 질감에 따른 물체의 속도 차이를 살펴보는 활동을 진행해야 한다. 즉, 유아가 경험할 수 있는 특정 변인에 대한 이해가 충분히 이루어진 다음에 새로운 변인을 이해할 수 있도록 활동을 진행해야 한다.

특히 물리학 활동에서는 변인 통제가 중요하다. 변인을 통제하지 못하면 물리학 활동이 단순 놀이로 전락할 수 있기 때문이다. 주사기 속 물을 밀어서 주사기 구멍의 크기에 따른 압력 차이를 알아보는 활동의 경우, 주사기 구멍의 크기만 변화시키고 주사기 속 물의 양이나 누르는 힘 등은 변화하지 않도록 통제해야 한다. 처음에 구멍이 작은 주사기로 시작하여 점차 구멍이 큰 주사기가 제공되고, 주사기 속 물의 양이나 누르는 힘 등이 통제되면 유아는 같은 크기의 힘을 줄 때 구멍이 작은 주사기의 압력이 더 높아서 물이 더 멀리 나간다는 개념을 형성할 수 있다. 그러나 주사기 속 물의 양이나 누르는 힘 등이 통제되지 않으면 유아는 주사기 구멍의 크기와 압력 간의 관계를 파악하지 못하고 단순히 놀면서 시간을 보낼 수 있다. 교사는 실외에서 물리학 활동을 진행할 때 더욱더 변인 통제에 주의를 기울여야 한다. 실내보다 실외에서 유아가 더 산만하고 활동적이어서 멋대로 행동할 수 있기 때문이다. 따라서 교사는 유아가 산만해지지 않도록 단순한 활동에서 복잡한 활동으로 구성하고 자료를 순차적으로 제시해야 한다.

결국 교사는 통제된 자료를 순서대로 제시하여 유아의 사고가 방향성을 가지고 확장하도록 도와주어야 한다. 여러 가지 자료에 의해 유아가 산만해지면 유아의 과학적 사고 확장이 어렵기 때문이다. 유아의 과학적 사고를 끌어내기 위해 교사는 반드시 활동의 방향성을 제시하고, 이를 위해 활동에 대한 계획을 철저히 세운 후 활동을 전개해야 한다. 이는 2019 개정 누리과정에 따라 물리학 활동을 전개할 때도 반드시 지켜져야 한다. 2019 개정 누리과정은 놀이 중심을 표방하면서 유아의 놀이를 적극적으로 지원하기 위한 교사의 적절한 개입을 강조한다. 교사는 유아에게 구체적 경험이 가능한 놀이 환경을 다양하게 제공함으로써 학습과 발달을 극대화할 수 있는 수준 높은 놀이에 유아가 참여하도록 지원해야 한다(정연주, 최지영, 2021). 그러므로 교사는 단순한 놀이가 아니라 과학적 개념을 효과적으로 형성할 수 있는 물리학 활동을 마련하여 유아의 과학적 사고 확장을 도와주어야 한다.

제11장

유아에게 적합한 화학 활동

1. 유아의 화학 활동

 화학이 물질 자체를 연구하는 학문이므로, 화학 활동은 물질 자체를 변화시키는데 관심이 있다. 물리학 활동과 같이 물체의 움직임에 관한 활동에서는 유아의 행위가 중심이고 물체의 반응을 관찰하는 것이 부수적이다. 반면에 화학 활동은 물질 자체를 변화시키는 것이므로 물질의 반응을 관찰하는 것이 중심이다(Kamii & DeVries, 1993). 기름과 물을 혼합하는 경우와 소금과 물을 혼합하는 경우, 혼합이라는 유아의 행위는 같다. 하지만 전자는 물 위에 기름이 뜨고, 후자는 소금이 물에 녹아 보이지 않는 등 그 결과가 다르게 나타난다. 유아의 행위가 아니라 물질 자체의 속성에 의해 혼합의 결과가 다르게 나타나는 것이다. 그러므로 화학 활동에서 유아는 자신의 행위에 따른 결과가 아니라 자신이 관찰한 것을 통해 지식을 구성한다. 이를테면, 물체에 열을 가하거나 식히는 과정에서 나타나는 물체의 변화를 보면서 물질의 상태변화에 대한 개념을 형성할 수 있다. 유아가 직접 물체를 변화시키고 그 변화과정과 결과를 관찰하면서 지식을 구성하므로 화학 활동은 변화의 결과보다 변화의 과정을 중시한다(Chaille & Britain, 2005). 따라서 교사는 시작과 끝뿐만 아니라 시작과 끝 사이의 다양한 중간 상태를 강조하는 것이 필요하다.

1) 3세에 적합한 화학 활동

(1) 물 활동

물은 지구상에서 바닷물, 강물, 빗물, 지하수, 빙하, 눈, 안개, 수증기 등의 형태로 존재하며, 인간은 설거지나 빨래, 농사 등 여러 가지 목적을 위해 물을 이용한다. 유아기는 물에 대한 흥미와 관심이 가장 많은 시기로, 유아는 장난감을 물에 띄우고 물총을 쏘고 물놀이를 하는 등 물을 이용한 놀이를 즐긴다. 유아는 물을 마시고, 손을 씻고, 목욕하는 등 일상적으로 물을 접하면서 물의 필요성과 소중함을 깨닫는다. 즉, 유아는 물이 우리 생활에 꼭 필요하고, 모든 생명체가 살기 위해서는 물이 필요하며, 물은 소중하기 때문에 아껴야 한다는 개념을 일상생활 속에서 습득한다. 몇몇 유아는 그릇에 물을 채우고 그릇에 있는 물을 다른 모양의 그릇에 옮겨담는 행위를 반복하면서 보존개념을 획득할 수도 있다. 이처럼 유아는 물과 친숙하게 생활하면서 물에 관한 과학적 개념을 형성할 기회를 얻는다. 다음은 물에 관한 과학적 개념이다.

- 물은 독특한 성질을 가지고 있다.
- 물은 여러 가지 역할을 한다.
- 물은 증발한다.
- 물은 여러 가지 상태로 존재한다.
- 물은 온도에 따라 상태가 변한다.
- 물에 뜨는 물체와 가라앉는 물체가 있다.
- 물에 녹는 물질과 녹지 않는 물질이 있다.

(2) 순환학습모형에 의한 물 활동

① 개념: 물은 증발한다.

- 유아와 함께 실외 벽에 물총으로 물 그림을 그리는 활동을 전개한다. 유아가 물에 젖은 벽의 색이 변화하면서 물이 증발하는 것을 관찰하도록 한다. 교사는 물에 젖은 벽의 색이 변하는 이유와 물의 행방에 대해 질문하면서 유아의 호기심을 자극한다. 물이 사라졌다고 응답하는 유아에게 '물이 정말로 사라졌을까?'라고 질문함으로써 유아의 인지갈등을 유발한다.

- 유아 스스로 물이 사라졌다는 가설을 설정하고 자료를 수집하도록 한다. 유아가 바닥과 나무, 돌 등의 다양한 곳에 물 그림을 그리고, 물이 마르는 현상을 관찰하도록 한다.

- 모둠별로 물 그림을 그린 모든 장소에서 발견한 현상을 설명하고 다른 유아와 공유하도록 한다. 물이 사라졌다고 발표하는 유아에게 교사는 증발과정을 담은 동영상을 보여 주면서 증발의 개념을 소개한다. 물이 사라진 것이 아니라 증발하여 기체 상태로 공기 중에 존재하고 있음을 설명하면서 유아가 오개념을 수정하고 과학적 개념을 형성하도록 도와준다.

- 유아가 증발의 개념을 새로운 상황에 적용할 수 있도록 젖은 손수건을 말리는 활동을 수행한다. 모둠별로 시간이 지남에 따라 손수건이 마르는 현상을 관찰하고, 손수건이 마르면서 색과 촉감, 온도 등이 변하는 것을 탐색하고, 젖은 손수건과 마른 손수건을 비교하도록 한다. 유아가 손수건에 있던 물이 어디로 갔는지를 모둠별로 토의하면서 지식을 확장할 수 있도록 한다.
- 웅덩이의 물이 줄어드는 것이나 젖은 옷이 마르는 것처럼 증발과 관련된 여러 가지 현상을 제시하면서 물이 어디로 갔는지 질문한다. 유아 스스로 물이 사라진다는 오개념이 물이 증발한다는 새로운 개념으로 변화한 것을 확인하도록 한다.

② 개념: 물은 온도에 따라 상태가 변한다.

- 겨울에 놀이터의 눈을 가지고 교실에 들어오면 눈이 어떻게 되는지 질문한다. 유아와 함께 자기 경험을 이야기하는 시간을 가진 후, 유아에게 냉장고의 얼음을 꺼내어 책상 위에 놓으면 어떻게 될지 질문한다. 녹아서 물이 된다고 응답하는 유아에게 '녹은 물을 다시 얼음으로 만들 수 있을까?'라고 물어봄으로써 궁금증을 가지도록 한다.

- 물을 얼음으로 만들 수 있다는 가설을 설정하고, 모둠별로 물을 얼음으로 만들 수 있는 다양한 방법을 토의하도록 한다. 냉장고에 넣거나 그늘진 곳에 두는 등 유아가 생각한 여러 가지 방법으로 직접 조작하고 탐구할 수 있도록 격려한다.
- 모둠별로 물을 얼음으로 바꾸기 위해 시도했던 다양한 방법과 그 결과를 발표하도록 한다. 냉장고의 냉동실에서만 물이 얼음으로 바뀌었음을 확인한 유아에게 교사는 물을 가열하거나 냉각시키면 상태가 변한다는 개념을 소개한다.
- 유아의 지식 확장을 위해 교사는 유아 앞에서 알코올램프나 촛불로 물을 가열시키면서 물이 수증기로 변하는 과정을 보여 준다. 유아가 냉각뿐만 아니라 가열로 물의 상태가 변하는 것을 관찰하면서 물은 온도에 따라 상태가 변한다는 개념을 내면화하도록 도와준다.
- 얼음을 만들려면 어떻게 해야 하는지, 수증기는 어떻게 만들어지는지 등을 유아에게 질문함으로써 유아 스스로 물의 상태변화에 대한 자신의 개념이 변화한 것을 확인하도록 한다. 교사는 물과 얼음, 수증기의 순환을 표현한 개념도를 활용하여 유아가 자신의 활동을 전체적으로 평가하도록 도와준다.

③ 개념: 물에 녹는 물질과 녹지 않는 물질이 있다.

- 과학 활동에 대한 유아의 관심과 흥미를 끌기 위해 유아 앞에서 물이 담긴 투명한 컵에 소금을 넣고 저은 후, 방금 넣은 소금이 보이는지 질문한다. 설탕과 밀가루를 순서대로 넣고 잘 섞이도록 저은 다음 설탕이나 밀가루가 보이는지 질문한다. 소금이나 설탕과 다르게 밀가루가 보인다는 사실에 유아가 호기심을 가지고 물에 녹지 않는 물질이 있다는 것에 인지갈등을 경험하도록 한다.
- 유아가 물에 녹지 않는 물질이 있다는 가설을 설정하고 가설을 검증하도록 한다. 유아는 소금, 설탕, 코코아 가루, 미숫가루, 밀가루, 찹쌀가루, 빵가루 등이 물에 녹을지 예측한 후, 모둠별로 각각을 물에 넣어 보는 활동을 전개한다. 교사는 모든 유아가 차례를 지켜 활동에 참여하도록 주의를 기울이고, 잘 섞이려면 골고루 저어야 함을 강조한다.

- 모둠별로 물에 녹는 물질과 녹지 않는 물질을 분류하고 발표하도록 한다. 교사는 제시된 물질 외에 더 많은 물질이 물에 녹거나 녹지 않음을 동영상이나 사진으로 보여 준다. 유아가 모든 물질이 물에 녹는 것이 아니라 물에 녹지 않는 물질이 있다는 개념을 형성하도록 도와준다.

- 유아의 지식 확장을 위해 교사는 소금물에 녹아 보이지 않는 소금을 다시 찾을 수 있는지 질문한다. 소금물에서 소금을 분리하기 위해 유아는 검은색 도화지 위에 붓으로 소금물을 찍어 그림을 그리는 미술 활동을 전개한다. 시간이 지남에 따라 물이 증발하고 소금만 남아서 그림이 완성되는 활동을 통해 유아가 물에 녹는 물질과 녹지 않는 물질이 있다는 개념을 내면화하도록 한다.

- 지금까지 언급된 많은 물질을 물에 녹는 것과 녹지 않는 것으로 분류함으로써 유아 스스로 자신의 개념 변화를 확인하도록 한다.

2) 4세에 적합한 화학 활동

(1) 비눗방울 활동

유아는 비눗방울을 만들고 비눗방울을 쫓아가서 터트리고 큰 비눗방울을 만들려고 노력하는 등 비눗방울로 다양한 놀이를 즐긴다. 유아는 비눗방울을 가지고 놀때 웃음소리가 끊이질 않으며, 비눗방울의 아름다운 색깔에 매혹당해 비눗방울을 보는 것만으로도 즐거워한다. 교사는 비눗방울의 원리를 이용하여 다양한 동적 활동을 계획할 수 있다. 비눗방울은 빨대와 같이 구멍으로 공기가 통하는 물체를 이용하여 만들어지고 표면장력에 의해 동글동글한 모양으로 떠다닌다. 표면장력은 액체의 표면이 스스로 수축하여 최소한의 표면적을 만들려는 힘이다. 특히 물은 다른 액체보다 표면장력이 매우 커서 여러 가지 신기한 현상을 만들어 낸다. 컵에 스포이트로 물을 한 방울씩 떨어뜨릴 경우, 물이 점점 많아져 컵의 가장자리보다 더 높아져도 표면장력 때문에 물이 쏟아지지 않는다. 거미줄에 매달려 있는 물방울이나 풀잎 위 빗방울의 모양이 둥근 것 역시 최소한의 표면적을 만들려고 작용하는 표면장력 때문이다. 다음은 비눗방울에 관한 과학적 개념이다.

- 구멍으로 공기가 통하는 물체는 비눗방울을 만들 수 있다.
- 비눗방울의 모양은 둥글다.
- 틀의 모양과 상관없이 비눗방울의 모양은 둥글다.
- 비눗방울의 크기는 다양하다.
- 부는 힘에 따라 비눗방울의 크기가 달라진다.
- 크기가 다른 틀에서 만들어지는 비눗방울의 크기는 다르다.

(2) 탐구학습모형을 이용한 비눗방울 활동

① 개념: 틀의 모양과 상관없이 비눗방울의 모양은 둥글다.
- 유아가 자유롭게 비눗방울을 만드는 활동을 전개하는 중 각자의 비눗방울 만

드는 틀의 모양이 다르다는 것에 의문을 제기한다.

- 유아는 세모 틀에서 세모 모양의 비눗방울이 만들어지는 등 틀의 모양에 따라 비눗방울의 모양이 바뀔 것으로 생각하고, 틀의 모양에 따라 비눗방울의 모양이 다르다는 가설을 설정한다.
- 가설을 검증하기 위해 유아는 교사가 마련한 여러 가지 모양의 틀을 차례대로 이용하여 비눗방울을 만드는 실험을 설계한다. 교사는 틀의 모양에 따른 비눗방울의 모양을 기록하는 활동지를 제공한다.

- 유아가 직접 다양한 모양의 틀로 비눗방울을 만들고, 모둠별로 틀의 모양에 따라 어떤 모양의 비눗방울이 만들어지는지 기록한다. 교사는 모든 유아가 활동에 몰입할 수 있도록 충분한 시간을 제공하고, 너무 많은 질문으로 유아의 활동을 방해하지 않도록 한다.
- 틀의 모양과 상관없이 비눗방울의 모양이 둥글다는 결과가 도출됨으로써 유아는 가설을 수정하여 틀의 모양과 상관없이 비눗방울의 모양이 둥글다는 새로운 가설을 설정한다. 새로운 가설을 검증하기 위해 모둠별로 다양한 모양의 틀로 비눗방울을 만드는 활동을 다시 전개한다.
- 유아가 제시된 틀이 아닌 빨대나 과자틀처럼 구멍으로 공기가 통하는 다른 물체를 이용하여 비눗방울을 만들도록 한다. 이를 통해 유아가 새로운 지식의 유용성을 확인하도록 한다.

② 개념: 부는 힘에 따라 비눗방울의 크기가 달라진다.

- 유아가 비눗방울을 만들 때 세게 불면 비눗방울이 터지는 것에 문제를 제기하도록 한다.
- 모둠별로 어떻게 불어야 비눗방울이 터지지 않고 잘 만들어질지 고민하면서 약하게 불어야 비눗방울이 터지지 않고 커진다는 가설을 설정한다.
- 변인을 통제하기 위해 교사는 한 가지 틀만 제공하고 '세게 불다.' '살살 불다.' 등의 어휘를 사용하면서 유아가 부는 힘을 점점 세게 하여 비눗방울을 만드는 실험을 설계하도록 한다.
- 유아가 부는 힘에 따라 비눗방울의 크기가 달라지는 실험을 여러 번 반복하도록 한다. 교사는 유아가 다양한 방법으로 비눗방울의 크기를 측정할 수 있도록 격려한다. 더불어 유아가 충분한 자료가 확보될 때까지 결론을 내리지 않음으로써 판단 유보의 태도를 기를 수 있도록 도와준다.
- 모둠별로 수집된 자료에 근거하여 살살 불면 비눗방울이 커지고, 세게 불면 비눗방울이 터지거나 작은 비눗방울 여러 개가 만들어진다는 결론을 내려 가설을 검증하도록 한다. 세게 불면 바람의 힘이 물 분자끼리 끌어당기는 수소결

합의 힘보다 커져서 비눗방울이 터진다는 것을 유아가 이해하도록 한다.

• 가장 큰 비눗방울을 만드는 사람이 이기는 게임을 시행하여 유아가 검증된 가설로부터 얻은 지식을 새로운 상황에 적용하도록 한다. 교사는 모든 유아에게 같은 틀을 제공하고 비눗방울의 크기를 측정하여 비교하도록 한다.

③ 개념: 크기가 다른 틀에서 만들어지는 비눗방울의 크기는 다르다.

• 사람이 비눗방울 속에서 둥둥 떠다니는 내용의 동화책을 읽어 준 후, 유아가 '진짜 비눗방울 안에 사람이 들어갈 수 있을까?' '사람이 들어갈 수 있는 커다란 비눗방울을 만들 수 있을까?'라는 의문을 가지도록 한다.

• 모둠별로 사람이 들어갈 수 있는 커다란 비눗방울을 만드는 방법을 토의한 다음 큰 틀에서 큰 비눗방울이 만들어진다는 가설을 설정한다.

• 가설을 검증하기 위해 유아는 크기가 다른 틀에서 비눗방울을 만드는 실험을 설계하고, 교사는 변인을 통제하기 위해 모양은 같고 크기만 다른 틀을 제공한다. 유아가 틀의 크기를 측정하여 다르다는 것을 확인하고, 작은 틀에서 시작하여 점점 큰 틀로 옮겨 가면서 비눗방울을 만드는 실험을 설계하도록 한다.

• 유아가 살살 불어야 큰 비눗방울이 만들어진다는 사전 지식에 기초하여 비눗방울을 만드는 실험을 수행한다. 틀의 크기에 따른 비눗방울의 크기를 측정하고 활동지에 기록함으로써 자료를 수집한다.

• 크기가 다른 틀로 비눗방울을 만들면 비눗방울의 크기가 다르며, 틀이 커질수록 비눗방울도 커진다는 결론을 도출함으로써 유아가 가설을 검증하도록 한다. 큰 틀에는 더 많은 비눗방울이 묻어 큰 막이 형성되어서 큰 비눗방울이 만들어지는 것을 이해하도록 한다.

• 큰 틀에서 큰 비눗방울이 만들어진다는 지식을 적용하여 사람이 들어갈 수 있는 커다란 비눗방울을 만들도록 한다. 사람이 들어갈 수 있는 물체로 훌라후프를 선택하고, 훌라후프가 잠길 수 있는 커다란 통을 이용하여 큰 비눗방울을 만들도록 한다. 큰 통에 비눗물을 붓고 훌라후프에 비눗물을 묻힌 후, 양쪽에서 두 명의 유아가 훌라후프를 들어 올려 큰 비눗방울을 만들도록 한다. 교사

는 큰 비눗방울을 만들려면 살살 불어야 한다는 사전 지식을 이용하여 유아가 훌라후프를 천천히 들어 올려 비눗방울을 만들도록 도와준다.

3) 5세에 적합한 화학 활동

(1) 요리 활동

요리는 일상에서 배우는 과학으로, 음식 종류의 선택부터 재료 구매, 재료 탐색, 조리, 정리까지의 전 과정을 포함한다. 요리는 유아 주변 어디에나 있으며, 유아는 요리 재료를 고르고 손질함으로써 재료 탐색의 기회를 얻고, 재료를 다듬는 과정에서 재료의 단면을 잘라 봄으로써 속 부분을 관찰할 수 있다. 끓이기, 얼리기, 데우기, 볶기 등의 요리 과정을 통해 유아는 화학변화를 관찰하고 예측함으로써 과학적 개념을 형성할 수 있다. 요리는 양과 무게를 비롯하여 시간과 온도의 측정을 포함하므로 유아는 음식을 만들면서 시간과 온도의 개념도 형성할 수 있다. 요리는 일종의 실험이어서 유아는 요리가 완성된 후 음식을 맛보면서 실험 결과를 분석할 수 있다. 즉, 요리 활동은 유아의 흥미를 유발하고 과학적 개념 형성과 창의성 발달을 도모하는 데 매우 효과적이다. 따라서 교사는 유아 스스로 재료를 섞고 변화과정을 관찰하고 스스로 예측한 것을 확인할 수 있도록 요리 활동을 계획해야 한다. 결과보다 과정을 중시하고, '왜'라는 질문보다 '어떻게'라는 질문을 더 많이 사용하여 유아에게 과학적 개념을 형성할 기회를 충분히 제공해야 한다. 다음은 요리 활동에 관한 과학적 개념이다.

- 설탕은 찬물보다 더운물에서 더 잘 녹는다.
- 베이킹파우더는 가열되면 이산화탄소가 발생하여 밀가루 반죽을 부풀게 한다.
- 과일과 채소는 고체와 액체 성분으로 분리될 수 있다.
- 달걀에 열을 가하면 흰자와 노른자가 응고된다.
- 쌀은 열과 수분 때문에 익는다.
- 서로 섞이는 물질과 섞이지 않는 물질이 있다.

(2) 발견학습모형에 따른 요리 활동

① 개념: 베이킹파우더는 가열되면 이산화탄소가 발생하여 밀가루 반죽을 부풀게 한다.

- 다양한 모양의 과자를 제시하고 유아에게 과자를 직접 만들어 본 적이 있는지 질문한다. 과자를 만드는 활동에 유아가 흥미와 관심을 가지도록 한다.
- 과자를 만드는 데 필요한 재료를 제시한다. 교사는 밀가루와 베이킹파우더, 소금, 설탕 등을 계량컵과 계량스푼으로 측정한 다음 체에 넣고 치는 것을 시연한다. 모둠별로 재료를 나누어 주고, 유아가 오감을 사용하여 직접 재료를 관찰하고 계량컵과 계량스푼으로 측정하여 체에 넣고 치도록 한다.
- 과자를 만드는 데 필요한 달걀을 추가로 제시하고 달걀을 거품기로 저으면서 유아가 달걀의 변화과정을 관찰하도록 한다. 교사는 체로 친 밀가루에 녹인 버터와 달걀을 넣고, 유아가 한 명씩 차례로 손으로 주물러 반죽하도록 한다. 반죽을 밀대로 밀어 납작하게 만든 후, 유아가 원하는 과자 모양 틀로 찍도록 한다.
- 교사는 반죽을 오븐에 넣고, 모둠별로 반죽이 부풀어 오르면서 과자가 구워지는 과정을 관찰하도록 한다. 모둠별로 굽기 전과 구운 후 반죽의 모양과 색깔, 냄새, 촉감 등을 비교하고 어떻게 변했는지를 토의하면서 관찰 결과로부터 경향성을 발견하도록 한다. 교사는 베이킹파우더에 의해 이산화탄소가 발생하여 밀가루 반죽이 부풀어 오르고, 색깔과 냄새, 촉감 등이 변함을 설명함으로써 유아의 개념 형성을 도와준다.
- 유아가 현장학습을 통해 빵이 만들어지는 과정을 관찰할 수 있도록 동네에 있는 빵집을 방문한다. 빵이 부풀어 오르는 것을 보면서 베이킹파우더에 의해 밀가루 반죽이 부풀어 오른다는 개념을 적용하도록 도와준다.

② 개념: 과일과 채소는 고체와 액체 성분으로 분리될 수 있다.

• 다양한 과일을 제시하고, 유아와 과일 먹는 방법에 관해 이야기한다. 여러 가지 과일주스를 제시하면서 직접 과일을 주스로 만들어 본 적이 있는지 질문한다. 과일주스를 직접 만들 수 있다는 것에 유아가 관심과 흥미를 느끼도록 한다.

• 교사는 제철 과일을 준비하고, 강판이나 믹서와 같이 과일주스를 만드는 데 필요한 도구를 제시한다. 교사는 모둠별로 다양한 과일과 도구를 관찰할 수 있도록 충분한 시간을 제공하고 언어적 상호작용을 통해 유아가 재료의 특성

을 파악하도록 도와준다. 교사는 과일을 잘게 자르고, 자른 과일을 믹서에 넣고, 우유나 요구르트를 넣어서 주스를 만드는 등 과일주스 만드는 과정을 시연한다.

• 과일즙 내는 기구를 추가로 제시하여 유아가 과일주스를 만드는 다양한 방법을 탐색하도록 한다. 모둠별로 과일즙 내는 기구와 믹서를 이용하여 오렌지주스를 만들어 보도록 한다. 과일즙 내는 기구로 만든 주스와 믹서로 만든 주스의 맛, 색깔, 모양, 질감 등을 비교하여 공통점과 차이점을 찾도록 한다.

• 모둠별로 토의를 통해 오렌지주스에는 액체 성분뿐만 아니라 고체 성분이 있음을 발견하도록 한다. 교사는 '오렌지주스를 가만히 두면 어떻게 될까?'라고 질문한 후 유아가 오렌지주스를 가만히 두어 고체 성분이 가라앉는 과정을 관찰하도록 한다. 교사는 과일이 고체와 액체 성분으로 분리될 수 있다는 과학적 개념을 유아가 형성하도록 도와준다.

• 과일주스를 마시기 전에 흔들어야 하는 이유를 질문함으로써 유아가 새롭게 형성한 과학적 개념을 일상생활에 적용할 수 있도록 한다.

③ 개념: 달걀에 열을 가하면 흰자와 노른자가 응고된다.

• 닭에 관한 동화책을 읽어 준 후, 사진이나 동영상으로 여러 가지 조류의 알을 제시한다. 유아와 함께 달걀이나 메추리알, 오리알 등을 먹어 본 경험에 관해 이야기한다.

• 유아 앞에서 달걀을 깨뜨려 흰자와 노른자를 보여 준다. 모둠별로 달걀을 깨 뜨려 보고 흰자와 노른자를 관찰하도록 한다. 달걀을 삶으면 어떻게 되는지, 삶은 달걀로 만든 요리가 무엇이 있는지 등을 질문한다. 모둠별로 삶은 달걀 을 제공하고, 유아가 직접 껍질을 벗기면서 흰자와 노른자가 응고된 것을 관찰 하도록 한다.

• 오리알을 추가로 제시하여 달걀과 비교하도록 한다. 깨뜨리기 전, 깨뜨린 후, 삶은 후의 세 가지 상태에서 삶은 오리알과 삶은 달걀의 맛, 색깔, 모양, 질감 등을 비교하여 공통점과 차이점을 발견하도록 한다. 모둠별로 삶은 오리알과 삶은 달걀을 이용한 샌드위치를 각각 만들도록 한다. 삶은 달걀을 오목한 그 릇에 넣고 으깬 후, 마요네즈와 후추, 소금 등을 넣고 버무려 빵에 발라 샌드위 치를 완성하도록 한다. 같은 방법으로 삶은 오리알을 이용한 샌드위치를 완성 하고 맛을 비교하고 평가하도록 한다.

• 모둠별로 토의를 통해 열에 의해 흰자와 노른자가 응고되는 경향성을 발견하 도록 한다. 교사는 유아에게 흰자와 노른자가 응고된 삶은 메추리알을 보여 줌으로써 유아의 개념 형성을 도와준다.

• 달걀부침, 달걀찜, 달걀말이 등이 어떻게 만들어지는지 질문하고 만들어지는 과정을 보여 준다. 열에 의해 달걀의 흰자와 노른자가 응고된다는 개념이 달 걀을 이용한 많은 요리에 적용됨을 확인함으로써 유아가 개념을 내면화하도 록 도와준다.

2. 화학 활동 시 고려사항

　　화학 활동은 물질의 반응을 관찰하는 것이 중심이므로 교사는 변화의 결과보다 변화하는 과정에 활동의 주안점을 두어야 한다. 변화는 수많은 결과를 만들어 내므로 교사는 한 가지 결과만을 강조하지 말고 유아가 변화과정에 주의를 기울이도록 활동을 전개해야 한다(Chaille & Britain, 2005). 만약 과정이 아닌 결과에 초점을 두고 화학 활동이 진행되면 원인을 알 수 없는 신기한 마술로 화학 활동이 끝날 수 있다. 따라서 유아 주변에 수많은 물질이 있으며 물질 변화가 항상 일어나고 있음을 유아 스스로 깨달을 수 있도록 화학 활동이 전개되어야 한다. 이처럼 화학 활동의 주요 특징인 변화를 탐색하고 관찰함으로써 유아는 과학적 소양을 기를 수 있다.

화학 활동은 물체가 눈에 보이지 않아서 현미경으로 관찰하거나 독성과 같은 위험한 성분이 있는 물질을 다루는 경우가 많은 것이 특징이다. 또한 열 가하기, 오븐에서 익히기, 냉장고에서 식히기 등과 같이 유아 수준에 적절하지 않은 작업이 포함되어 유아가 직접 수행하기 어려울 때가 많다. 그래서 교사가 시연하고 유아가 관찰하는 식으로 화학 활동이 전개될 수 있다. 이러한 관찰 위주의 활동은 유아의 호기심을 자극하고 주변 세계의 변화에 대한 유아의 관심을 증폭시키는 장점이 있다. 하지만 유아 주도가 아닌 교사 중심의 활동이 될 수 있다는 단점이 있다. 그러므로 교사는 시연할 때 유아에게 참여의 기회를 제공하는 등 유아가 직접 물체에 변화를 가할 수 있도록 세심하게 화학 활동을 계획하는 것이 필요하다.

찰리와 브리튼은 대부분의 화학 활동이 공간을 요구하고 교실이나 유아의 의복 등이 더럽혀질 수 있음을 화학 활동의 실제적인 문제점으로 지적한다(Chaille &

Britain, 2005). 화학 활동은 밀가루 반죽처럼 섞고 붓고 첨가하고 만지는 등의 작업을 포함하므로 교실이 매우 어질러지고 활동이 매우 어수선하게 진행될 수 있다. 이러한 문제점을 극복하기 위해 교실의 한쪽 바닥에 비닐을 깔고 활동을 전개하거나 조리실과 같이 교실이 아닌 다른 공간에서 화학 활동을 시행하는 것이 바람직하다. 또는 공간의 크기에 맞게 활동의 규모를 변화시키거나 공간에 맞는 활동을 선정하는 것이 필요하다. 유아에게는 작업복이나 앞치마를 제공하고, 유아의 의복이 더럽혀질 수 있음을 학부모에게 미리 공지하는 것이 필요하다.

제12장

유아에게 적합한 생물학 활동

1. 유아의 생물학 활동

자연은 인간의 힘이 미치지 않은 그대로의 현상이나 환경으로, 산이나 바다, 강, 호수와 같이 스스로 존재하거나 저절로 이루어지는 것을 말한다. 자연에는 다양한 생명체가 생성하고 발전하며, 생명체의 특성과 변화과정, 생명체 사이의 관계 때문에 흥미진진한 과학지식의 창고다. 자연은 유아에게 직접 경험하고 조작할 수 있는 생생한 자료를 제공하므로 유아는 자연 그 자체에 흥미와 호기심을 가지고 탐색할 수 있다. 유아는 자연을 접하는 그 자체로 풍부한 경험을 할 수 있으며, 자연을 직접 체험하는 활동을 통해 자연과 교감할 수 있다. 따라서 자연의 모든 생명체뿐만 아니라 무생물에 대해서도 유아가 존중하고 사랑하는 마음을 가지는 것이 중요하다. 생물학 활동은 나무와 흙, 풀, 꽃, 웅덩이, 곤충, 새 등 유아 주변의 친숙한 자연물을 적극적으로 활용하여 유아가 자연세계에 대해 다양한 경험을 쌓는 활동이다. 이를 통해 유아는 동·식물의 욕구를 이해하고 적절하게 상호작용하는 방법뿐만 아니라 탄생과 성장, 죽음 등 모든 동·식물의 변화에 대한 과학적 개념을 형성하게 된다. 또한 생물학 활동은 유아에게 자연물을 직접 보고, 듣고, 만지고, 느끼고, 조사하는 등의 기회를 제공함으로써 유아의 전인적 발달을 도모하는 활동이다.

1) 3세에 적합한 생물학 활동

(1) 동물 활동

유아는 식물보다 움직이는 동물에 더 많은 호기심과 관심을 보이며, 식물보다 동물에 관한 과학적 개념을 더 잘 형성한다. 유아는 놀이터나 산책로, 집 주변 등에서 동물을 만나면 다가가서 바라보고 만져 보고 말을 거는 등의 관심을 보인다. 또한 책이나 대중매체에서 본 여러 동물의 행동과 습성을 동물원에 직접 가서 확인하며 즐거워한다. 그러나 스멀거리는 벌레나 깨무는 곤충 등을 보면 유아는 놀라서 소리 지르거나 멀리 달아나기도 한다. 이러한 혐오감은 동물에 대한 막연한 두려움이나 공포심으로 연결되어 유아가 동물에 대한 과학지식을 획득하고 자연에 대한 사랑과 존중을 실천하는 데 방해가 된다. 그러므로 교사는 예기치 않은 사건이나 상황에 적절히 반응함으로써 유아가 동물에 대한 선입견이나 편견을 가지지 않고 과학적 개념을 형성하도록 도와주어야 한다. 특히 동물 활동을 전개하는 과정에 많은 우발적 사건이 발생하여 활동이 계획된 대로 진행되지 않을 수 있다. 따라서 동물 활동은 유연하게 계획하고 진행하는 것이 필요하다(Harlan & Rivkin, 2012). 교사는 우발적 사건을 유아의 지식 확장에 이용할 수 있도록 항상 준비되어 있어야 한다. 다음은 동물에 관한 과학적 개념이다.

- 여러 가지 종류의 동물이 있다.
- 동물마다 사는 곳이 다르다.
- 동물마다 생김새와 습성이 다르다.
- 겨울잠을 자는 동물이 있다.
- 대부분 동물은 새끼를 기르기 위해 은신처를 만든다.
- 알, 애벌레, 번데기를 거쳐 나비가 된다.

(2) 발견학습모형을 이용한 동물 활동

① 개념: 동물마다 생김새와 습성이 다르다.

• 여러 가지 동물의 생활을 담은 동영상을 보여 주거나 동화책을 읽어 준다. 유아에게 친숙한 동물뿐만 아니라 친숙하지 않은 동물의 생활을 보여 줌으로써 유아의 흥미를 유발한다.

• 유아에게 친숙한 동물 중 바다와 강, 호수 등 물속에 사는 동물을 각각 다섯 가지씩 사진으로 제시한다. 모둠별로 각 동물의 생김새를 관찰하고 습성에 관해 이야기한 다음 관찰 결과를 발표하고 공유하도록 한다.

• 유아에게 친숙한 동물 중 하늘에 사는 동물 다섯 가지를 사진으로 제시한다. 모둠별로 각 동물의 생김새를 관찰하고 습성에 관해 이야기한 후, 물속에 사는 동물과 비교하여 생김새와 습성이 어떻게 다른지 살펴보도록 한다.

• 물속과 하늘에 사는 동물의 몸이 대부분 유선형이며, 하늘에 사는 동물 대부분은 날개가 있어서 하늘을 자유롭게 날 수 있는 등 동물에게 나타나는 규칙성과 경향성을 발견하도록 한다. 교사는 왜 동물의 몸이 유선형인지, 물속에서 동물은 어떻게 숨을 쉬는지 등을 질문하고, 피드백을 통해 유아가 동물마다 생

김새와 습성이 다르다는 개념을 형성하도록 도와준다.

• 동물의 입과 발, 먹이, 사는 곳 등을 담은 사진이나 그림을 제시한 후, 어떤 동
물인지 알아맞히는 게임을 실시한다. 또는 모둠별로 좋아하는 동물을 선택하
고 그 동물의 생김새와 생활을 그려 보는 협동학습을 시행한다. 이후 동물원
을 방문하는 현장학습을 통해 유아가 동물마다 생김새와 습성이 다르다는 과
학적 개념을 내면화하도록 도와준다.

② 개념: 겨울잠을 자는 동물이 있다.

• 동물의 겨울잠에 관한 동화책을 읽어 준 후, 동물이 겨울잠을 자는 이유와 장
소, 시기 등을 질문한다.

• 자라, 도롱뇽, 개구리, 뱀, 도마뱀과 같이 겨울잠을 자는 변온동물에 관한 동영
상을 보여 준다. 모둠별로 겨울잠을 자는 변온동물의 서식지, 특징, 생활방식
등을 관찰하고 토의한 다음 발표하도록 한다.

• 다람쥐, 너구리, 오소리, 고슴도치와 같이 겨울잠을 자는 포유류에 관한 동영
상을 보여 준다. 모둠별로 겨울잠을 자는 포유류와 변온동물의 서식지, 특징,
생활방식 등을 비교하고, 공통점과 차이점을 토의하도록 한다.

- 유아가 토의를 통해 동물의 겨울잠에 대한 경향성과 규칙성을 발견하고, 추위와 먹이 부족을 극복하기 위해 겨울잠을 자는 동물이 있다는 개념을 형성하도록 한다.
- 겨울잠을 자는 동물과 그렇지 않은 동물을 구분하기 위해 여러 동물의 그림을 붙여서 만든 말판에 주사위를 던져 말을 움직이는 게임을 실시한다. 겨울잠을 자는 동물 위에 말이 도착하면 도토리를 가져가고 그렇지 않으면 가져갈 수 없도록 규칙을 정한 후, 두 팀으로 나누어 게임을 진행한다. 게임이 끝나면 도토리의 수를 세어 유아가 작은 수와 큰 수를 비교하도록 한다.

③ 개념: 알. 애벌레. 번데기를 거쳐 나비가 된다.

- 나비에 대한 유아의 관심과 흥미를 유발하기 위해 여러 가지 종류의 나비를 사진이나 동영상으로 제시한다. 유아는 나비에 관한 자기 경험을 이야기하면서 학습 목표를 확인한다.

- 나비가 알을 낳고, 알에서 애벌레, 번데기를 거쳐 나비가 되는 과정을 동영상으로 보여 준다. 각 모둠에 알, 애벌레, 번데기, 나비의 사진을 나누어 주고, 색깔과 모양, 생김새 등을 관찰하도록 한다. 관찰 결과를 활동지에 그리고, 번데기의 모습과 나비의 모습을 비교하도록 한다.

- 잠자리와 매미, 메뚜기처럼 불완전변태를 하는 곤충에 관한 동영상을 보여 준다. 모둠별로 나비의 변태 과정과 비교하여 공통점과 차이점을 찾아보도록 한다.

- 나비와 달리 잠자리는 번데기 시기를 거치지 않는다는 규칙성을 발견하도록 한다. 교사는 여러 가지 곤충의 사진을 제시하고, 유아가 완전변태를 하는 곤충과 불완전변태를 하는 곤충으로 분류하도록 한다.

- 모둠별로 나비의 변태 과정을 몸으로 표현하면서 알, 애벌레, 번데기를 거쳐 나비가 된다는 개념을 내면화하도록 한다. 이후 곤충의 변태 과정을 살펴보기 위해 박물관이나 과학관, 체험관 등을 방문하는 현장학습을 시행한다.

2) 4세에 적합한 생물학 활동

(1) 식물 활동

아름다움을 상징하는 꽃을 비롯하여 지구상의 다양한 식물은 광합성을 통해 인간이 생존하는 데 필요한 산소를 공급하고 유기물을 만들어 내는 등 생태계에서 중요한 임무를 수행한다. 유아는 나뭇잎의 색이 변하고 꽃이 피는 것을 보면서 계절의 변화를 느끼며, 꽃이 피고 지는 것에 호기심을 가진다. 특히 겨울이 끝나고 앙상한 가지에서 피어나는 꽃을 보면 유아는 꽃이 필 것이라고 전혀 예상하지 못한 곳에서 꽃이 피어나기 때문에 많은 궁금증을 가진다. 유아는 꽃이 피는 이유와 과정에 의문을 제기하고 꽃의 색깔과 향기 등에 관심과 흥미를 보인다. 그러므로 식물 활동은 자연의 변화에 대한 유아의 자연스러운 흥미와 관심을 극대화하도록 계획되어야 한다. 즉, 식물과 유아의 직접적인 상호작용을 통해 유아가 식물에 대해 구체적 경험을 할 수 있도록 식물 활동이 구성되어야 한다. 유아는 직접 식물을 보고 느끼면서 식물 활동에 대한 능동성이 향상될 뿐만 아니라 자연에 대한 긍정적 태도를 기를 수 있다. 또한 식물은 움직이지 않아 생물이 아니라는 유아의 오개념이 수정될 수 있다. 다음은 식물에 관한 과학적 개념이다.

- 식물의 종류는 다양하다.
- 꽃이 피지 않는 식물이 있다.
- 식물은 크게 뿌리, 줄기, 잎으로 구성된다.
- 씨가 자라서 식물이 된다.
- 다양한 종류의 들꽃이 있다.
- 나무는 산사태를 막아 준다.

(2) 순환학습모형에 의한 식물 활동

① 개념: 꽃이 피지 않는 식물이 있다.

• 유아에게 좋아하는 꽃을 물어보고, 그 꽃을 좋아하는 이유와 생김새, 꽃이 피는 시기와 장소 등을 질문한다. 유아는 꽃을 관찰한 경험에 관해 다양한 이야기를 주고받는다. 교사는 모든 식물은 꽃이 핀다고 생각하는 유아에게 '꽃이 피지 않는 식물이 있을까?'라고 질문하여 유아의 인지갈등을 유발한다.

• 유아가 꽃이 피지 않는 식물이 있다는 가설을 설정하고, 놀이터나 공원, 숲 등에서 꽃이 피지 않는 식물을 찾으며 자료를 수집하도록 도와준다. 확대경으로 고사리나 이끼처럼 땅 위에 있는 식물을 자세히 관찰하고 활동지에 식물의 모양을 그려 보도록 한다.

• 모둠별로 식물도감이나 과학 관련 책에서 활동지에 그린 식물의 모양과 같은 것을 찾아본 다음 조사한 것을 설명하고 공유하도록 한다. 교사는 정확한 식물의 이름을 말해 주면서 유아가 꽃이 피지 않는 식물이 있다는 개념을 형성

하도록 도와준다.

• 교사는 '바다에도 꽃이 피지 않는 식물이 있을까?'라고 질문함으로써 유아가 새롭게 형성한 개념을 새로운 상황에 적용하도록 한다. 교사는 바다의 식물 중에서 미역처럼 꽃이 피지 않는 식물을 동영상이나 사진으로 보여 주면서 유아가 새로운 개념을 내면화하도록 도와준다.

• 교사가 여러 가지 식물의 사진을 제시하고, 유아는 여러 가지 식물을 꽃이 피는 식물과 꽃이 피지 않는 식물로 분류한다. 이렇게 분류하면서 유아 스스로 모든 식물은 꽃이 핀다는 오개념이 꽃이 피지 않는 식물이 있다는 과학적 개념으로 변화한 것을 확인하도록 한다.

② 개념: 씨가 자라서 식물이 된다.

• 유아에게 고추나 상추, 오이, 토마토, 가지, 깻잎 등을 보여 주면서 자라는 모습을 본 적이 있는지, 어디서 자라는지 등을 질문한다. 작은 식물이 자라서 큰 식물이 된다고 생각하는 유아에게 '식물이 처음에 어떤 모양이었을까?'라고 질문하여 유아의 호기심을 불러일으킨다. 교사는 각각의 씨를 제시하고 씨와 식물을 연관 지어 유아의 인지갈등을 유발한다.

- 유아는 씨가 자라서 식물이 된다는 가설을 설정하고, 모둠별로 씨의 색깔과 모양, 촉감, 맛, 냄새 등을 관찰하고 비교하도록 한다. 각 유아가 기르고 싶은 채소의 씨를 고르고 개인별 화분에 씨를 심고 물을 준 후, 창가에 놓도록 한다. 매일매일 씨가 자라는 것을 관찰하면서 활동지에 식물의 변화를 기록하여 자료를 수집하도록 한다.
- 모둠별로 씨가 자라면서 나타나는 변화를 설명하고 공유하도록 한다. 교사는 식물의 성장 과정을 담은 동영상을 보여 주면서 씨가 자라서 식물이 된다는

개념을 유아가 형성하도록 도와준다.

- 유아는 씨가 자라서 식물이 되는 과정을 몸으로 표현함으로써 씨가 자라서 식물이 된다는 개념을 내면화하도록 한다.
- 유아에게 자신이 기른 채소를 직접 따서 먹어 보고 다른 유아가 기른 채소와 비교할 기회를 제공하여 유아 스스로 개념 변화를 확인하도록 도와준다.

③ 개념: 다양한 종류의 들꽃이 있다.

- 유아에게 들꽃을 본 적이 있는지, 언제 어디서 들꽃을 보았는지, 들꽃이 어떻게 생겼는지, 들꽃을 가지고 무엇을 하였는지 등을 질문한다. 유아와 함께 들꽃에 관한 경험을 이야기한 후, 알고 있는 들꽃의 이름을 열거하도록 한다. 몇 종류의 들꽃만 있다고 생각하는 유아에게 여러 가지 들꽃의 사진을 보여 주고 이름을 말해 주면서 다양한 종류의 들꽃이 있다는 것에 호기심을 가지도록 한다.
- 유아가 다양한 종류의 들꽃이 있다는 가설을 설정하고, 실외에서 감각기관과 도구로 들꽃을 관찰하면서 가설을 검증하도록 한다. 유아가 꽃잎을 만져 보고 부드러운, 까칠한, 따끔한 등의 어휘로 느낌을 표현하거나 꽃향기를 맡으면서 적극적으로 관찰하도록 한다. 유아는 관찰한 들꽃을 활동지에 그리고, 자신이 그린 들꽃 그림 옆에 교사가 찍은 사진을 나란히 붙여 활동지를 완성한다.
- 모둠별로 발견한 여러 가지 들꽃의 공통점과 차이점을 비교하고 색깔이나 모양 등에 따라 분류한 후, 다른 유아에게 조사한 것이나 발견한 현상 등을 설명하고 공유하도록 한다. 교사는 인터넷이나 식물도감 등을 이용하여 유아가 발견한 들꽃의 이름을 찾아 기록함으로써 다양한 종류의 들꽃이 있다는 개념을 유아가 형성하도록 도와준다.
- 사진으로 계절마다 피는 다양한 들꽃을 제시함으로써 유아가 지식을 확장하도록 도와준다. 모둠별로 모양이 비슷한 들꽃의 사진을 찾아 차이점과 유사점, 공통점 등을 발견하도록 한다.
- 자신이 관찰한 들꽃을 고무찰흙으로 표현하는 미술 활동을 전개한다. 유아가 고무찰흙으로 여러 가지 들꽃의 꽃잎과 줄기 등을 입체적으로 표현하면서 다

양한 종류의 들꽃이 있다는 개념을 내면화하도록 한다. 각자 완성한 들꽃의 모
양이 모두 다르다는 것을 발견함으로써 유아가 들꽃의 종류가 적다는 오개념
이 다양한 종류의 들꽃이 있다는 과학적 개념으로 변한 것을 확인하도록 한다.

3) 5세에 적합한 생물학 활동

(1) 인체 활동

　유아는 자기 몸에 대한 호기심이 많으며 빨리 자라서 강해지기를 원한다. 그러
나 유아는 손톱이나 머리를 자르면 아프고, 넘어지면 무조건 피가 난다고 생각하는
등 자기 몸에 대한 걱정이나 오개념을 가지고 있다. 따라서 유아가 자신을 독특한
존재로 인식하고 자기 신체를 보호하면서 긍정적 자아개념을 형성하려면 몸의 각
부분의 특징과 기능을 정확히 이해하는 것이 필요하다. 자기 몸에 대한 이해는 현
재뿐 아니라 미래의 건강관리를 위한 토대를 제공하며, 다른 동·식물에 대한 개념
형성과 지식 확장의 기초가 된다. 하지만 인체 기관 대부분이 인체 내부에서 작용
해서 그것의 작용 원리나 구조를 파악하기 어렵다는 문제점이 있다. 그러므로 인체

활동은 추론을 통해 인체 기관을 이해할 수 있도록 계획하는 것이 바람직하다. 이를테면, 유아는 머리끝부터 발끝까지 자기 몸을 만져 보면서 뼈 덕분에 자기 몸이 지탱되고 기관이 보호되는 것을 추론할 수 있다. 또한 인체 활동은 인체의 외형적 특징보다 생물학적 인과 관계와 메커니즘 등 생물적 특성을 이해하는 데 초점을 두어야 한다. 다음은 인체에 관한 과학적 개념이다.

- 사람의 몸은 각기 다르다.
- 뼈는 인체를 지탱한다.
- 뼈는 몸속 기관을 보호한다.
- 몸속 기관의 구조와 기능이 다양하다.
- 근육은 뼈를 움직인다.
- 뼈와 뼈 사이에 관절이 있다.
- 감각기관을 통해 외부정보가 전달된다.

(2) 탐구학습모형에 따른 인체 활동

① 개념: 사람의 몸은 각기 다르다.

- 축구 경기가 시작하기 전에 선수들이 관중을 향해 일렬로 서 있는 장면을 관찰한 후, 유아가 선수들의 키가 다른 것에 의문을 제기하도록 한다.
- 교사는 선수들의 키뿐만 아니라 머리 모양이나 눈의 크기 등도 다른 것을 지적하면서 모둠별로 사람의 몸은 각기 다르다는 가설을 설정하도록 도와준다.
- 유아가 두 명씩 짝을 지어 자기 몸과 친구의 몸을 비교하는 실험을 설계하도록 한다. 머리끝부터 발끝까지 비교할 대상을 선택하고, 측정 도구와 기록 방법 등에 대해 논의하도록 한다.
- 키는 서로의 등을 대어 비교하고, 손이나 발, 눈, 코, 입 등의 크기는 자를 이용하여 측정하도록 한다. 확대경으로 머리카락, 손톱, 발톱 등을 관찰한 후, 각자 활동지에 자기 몸과 친구의 몸을 그려 보도록 한다.

- 활동지에 그려진 서로의 몸을 비교함으로써 유아가 사람의 몸은 각기 다르다는 가설을 검증하도록 한다.
- 유아가 사람의 몸은 각기 다르다는 개념을 적용할 수 있도록 일란성 쌍둥이의 사진을 여러 장 보여 주면서 몸을 비교하도록 한다. 쌍둥이 역시 몸이 다름을 확인함으로써 전 세계 모든 사람의 몸이 각기 다르다는 개념을 내면화하도록 한다.

② 개념: 몸속 기관의 구조와 기능이 다양하다.

- 인체에 관한 동화책을 읽어 준 후, 유아가 가슴 위에 손을 얹고 숨을 들이쉬고 내쉬면서 폐의 움직임을 느끼도록 한다. 어떻게 물체가 보이고 소리가 들리고 대소변이 나오고 땀이 나는지 등을 질문함으로써 유아가 몸속 기관의 구조와 기능이 각기 다른 것에 의문을 품도록 한다.
- 교사는 인체 내부가 그려진 그림의 여러 기관을 가리키면서 모둠별로 몸속 기관의 구조와 기능은 다양하다는 가설을 설정하도록 도와준다.
- 몸속 기관을 직접 볼 수 없으므로 인체 내부가 그려진 그림과 동화책, 모형 등을 이용하여 몸속 기관의 구조와 기능을 탐색하는 실험을 설계하도록 한다.
- 모둠별로 소화기관, 호흡기관, 배설기관, 감각기관, 순환기관 등을 순서대로 탐색하고, 활동지에 각 기관의 모양을 그리면서 기관의 구조와 기능에 관한 자료를 수집하도록 한다.
- 모둠별로 수집한 자료에 근거하여 인체의 각 기관이 수행하는 역할을 설명함으로써 몸속 기관의 구조와 기능이 다양하다는 가설을 검증한다.
- 교사는 '식사 전에 손을 씻지 않으면 어떻게 될까?'라고 질문한다. 유아가 손을 씻지 않으면 손에 있는 균이 음식을 통해 입으로 들어가서 식도와 위, 창자, 항문 등을 거쳐 각종 병이 생길 수 있음을 예측함으로써 검증된 가설로부터 얻은 지식을 새로운 상황에 적용하도록 한다.

③ 개념: 뼈와 뼈 사이에 관절이 있다.

• '주먹 쥐고 손뼉 치고' 노래를 부르며 움직이는 활동을 전개하면서 유아가 주먹을 쥐고 손을 펴는 동작을 반복하도록 한다. 유아가 엄지손가락은 한 군데에서, 나머지 손가락은 두 군데에서 구부러지는 것에 관심을 보이면서 구부러지는 이유에 문제를 제기하도록 한다.

• 교사는 뼈와 뼈 사이에 관절이 있어서 손가락이 구부러진다고 말하면서 모둠별로 뼈와 뼈 사이에 관절이 있다는 가설을 설정하도록 도와준다.

• 뼈와 뼈 사이에 관절이 있다는 가설을 검증하기 위해 모둠별로 인체에서 관절이 있는 부분을 찾아보는 실험을 설계하도록 한다.

• 전지에 한 명의 유아가 눕고 유아의 몸을 따라 선을 그은 후, 그 위에 관절이 있는 부분을 표시하는 방법으로 자료를 수집하도록 한다. 각 유아가 팔, 다리, 손, 발 등을 구부려 관절이 있는 부분을 찾고, 인체 부위별 관절의 수를 세어서 기록하도록 한다.

• 모둠별로 뼈와 뼈 사이에 관절이 있어서 물체를 잡거나 걸을 수 있는 등 인체를 자유롭게 움직일 수 있다는 결론을 도출함으로써 가설을 검증한다.

• 교사는 '뼈와 뼈 사이에 관절이 없으면 어떻게 될까?'라고 질문한다. 유아는 손

가락을 편 채 연필을 잡거나 다리를 편 채 걸어 보면서 뼈와 뼈 사이에 관절이 없을 때 일어날 수 있는 상황을 예측한다. 유아가 어른이 되면 관절이 더 많아지는지, 동물의 몸에도 관절이 있는지, 큰 동물에는 더 많은 관절이 있는지 등의 새로운 문제를 제기하도록 한다.

2. 생물학 활동 시 고려사항

　생물학 활동은 유아가 자연스럽게 동·식물을 관찰하고 탐색함으로써 과학지식을 습득한다는 점에서 물리학이나 화학 활동보다 유아가 더 쉽게 접근할 수 있는 활동이다. 물리학이나 화학 활동 대부분은 유아가 직접 실험에 참여하여 절차에 따라 사물을 다루면서 지식을 구성한다. 그러나 생물학 활동에서 유아는 보통 자연세계에 존재하는 다양한 동·식물을 자연스럽게 관찰하면서 동·식물의 특징과 변화 등에 관한 지식을 습득한다. 그래서 생물학 활동이 유아교육기관에서 가장 많이 시행된다. 2019 개정 누리과정으로 실외놀이가 빈번하게 이루어짐에 따라 생물학 활동은 더 자주 시행되고 있다.

　생물학 활동은 물리학이나 화학 활동과 다르게 활동의 결과가 즉각적으로 나타나지 않는다는 특징이 있다. 물리학 활동에서는 유아가 시도한 행위의 결과가 즉각적으로 나타나며, 화학 활동에서 유아는 물체의 변화를 즉각적으로 관찰할 수 있다. 반면에 자연세계의 변화는 아주 장시간에 걸쳐서 일어나기 때문에 유아가 그 변화를 즉각적으로 느끼거나 관찰하기 힘들다. 따라서 생물학 활동은 일회성 활동보다 장기간에 걸쳐 반복되는 활동을 통해 유아가 충분히 변화하는 과정을 살펴보고, 그 과정을 기록하고 이해하면서 지식을 구성할 수 있도록 전개되어야 한다.

　물리학이나 화학 활동에서는 주로 유아가 실험에 참여함으로써 지식을 구성하지만, 생물학 활동에서는 실험보다 관찰을 통해 지식을 구성한다. 자연세계나 자연세계에 존재하는 생명체는 유아가 실험할 수 있는 대상이 아니고 적극적으로 실험할 수 있는 상태로 존재하지 않기 때문이다(Chaille & Britain, 2005). 쥐를 나무에 매달면 어떻게 될지 궁금해도 실제로 매달아 볼 수 없으며, 매미와 메뚜기의 울음소리를 비교하고 싶어도 매미가 없는 겨울에는 불가능하다. 따라서 교사는 유아가 자연세계를 적극적으로 관찰하고 느끼면서 생물학에 대한 지식을 구성할 수 있도록 생물학 활동을 계획해야 한다.

찰리와 브리튼은 실험보다 적극적 관찰을 통해 자연세계를 이해해야 하며, 유아 역시 적극적 관찰을 통해 지식을 구성해야 한다고 말한다(Chaille & Britain, 2005). 적극적 관찰은 유아가 관찰하고 있는 대상에 몰입하는 것으로, 관찰을 넘어서서 자신과 대상과의 관계에 대해 적극적으로 생각하는 것이다. 매화꽃을 보면서 봄을 인식하고, 겨울잠을 자던 동물이 깨어나는 것을 보면서 생명의 존엄성을 느끼고 동물의 생존에 필요한 요건과 특성 등에 관한 지식을 습득할 수 있다. 또한 봄에는 밤낮의 기온 차가 커서 감기에 조심해야겠다고 생각하는 등 자신과 자연세계와의 연관성을 발견하게 된다.

따라서 유아가 사물에 직접 행위를 가하는 물리학이나 화학 활동과 다르게 생물학 활동은 유아가 자연세계에 동참하여 그 세계를 관찰할 수 있도록 계획되어야 한다. 더불어 유아가 일상적으로 관찰하면서 자연세계에 대한 경이감을 가질 수 있도

록 교실 환경이 적절하게 조성되어야 한다. 교사는 스스로 본보기가 되어 자연세계의 아름답고 흥미로운 특징에 관심을 기울이고 활발한 상호작용을 통해 유아가 자연을 사랑하고 존중할 수 있도록 도와주어야 한다. 동·식물과 같은 자연물을 대하는 교사의 일상적 언행이 그대로 유아에게 전이되어 유아가 과학에 대한 긍정적 또는 부정적 태도를 형성할 수 있기 때문이다.

제**13**장
유아에게 적합한 지구과학 활동

1. 유아의 지구과학 활동

지구과학 활동은 유아가 계절이나 밤낮의 변화와 같은 자연현상이 일련의 규칙에 따라 변하고 있음을 경험하는 활동이다. 즉, 지구과학 활동은 계절이나 밤낮의 변화, 일출과 일몰의 연속성 등을 파악하고 예측하며, 계절에 따라 날씨가 변하는 이유나 눈비가 오는 이유 등을 설명하는 활동이다. 또한 지구의 내부 구조와 구성 물질, 우주에 있는 물질 등을 탐색하면서 자연현상이 인간의 생활에 어떻게 영향을 미치는지, 우주에서 어떤 일이 벌어지는지 등을 탐구하는 활동이다. 특히 날씨는 일상생활에서 모든 사람에게 관심 있는 주제로, 사람은 평생 날씨에 관한 지식을 생활에 적용하며 살고 있다. 황사나 폭우 때문에 실외놀이를 할 수 없는 것처럼 날씨에 따라 유아는 할 수 있는 것과 할 수 없는 것, 갈 수 있는 곳과 갈 수 없는 곳, 음식, 의복, 놀이, 기분 등이 달라진다. 유아는 여름이면 강이나 바다를 가고, 눈이 오면 눈싸움하는 등 계절에 따라 다양한 경험을 한다. 유아는 놀이터나 텃밭에서 흙놀이를 즐기거나 매일매일 달의 모양이 변하는 것을 목격한다. 이처럼 지구과학 활동은 유아의 일상과 밀접하게 연관되므로 유아는 활동을 통해 습득한 지식을 구체적 상황에 즉각적으로 적용함으로써 지식을 내면화하게 된다.

1) 3세에 적합한 지구과학 활동

(1) 계절 활동

계절은 일 년을 날씨의 변화에 따라 보통 봄, 여름, 가을, 겨울로 나눈 것이다. 우리나라는 지역에 따라 계절이 시작하고 끝나는 시기가 다르며, 사계절의 변화가 뚜렷한 것이 특징이다. 봄은 따뜻하나 날씨 변화가 심하고 겨울잠을 자던 동물이 깨어나는 계절이다. 여름은 무덥고 비가 많이 오며 나뭇잎이 많아지고 색깔이 진해지는 계절로, 강한 햇빛 때문에 모자나 선글라스가 필요하다. 가을에는 날씨가 서늘해지면서 단풍이 들고 낙엽이 지며 여러 가지 곡식을 수확한다. 겨울은 춥고 눈이 오기 때문에 눈싸움하거나 스케이트, 스키, 썰매 등을 탈 수 있다. 유아는 날씨 변화뿐만 아니라 동물의 이동이나 번식, 식물의 발아나 개화 등으로 계절의 변화를 알 수 있다. 또한 계절에 따라 음식이나 의복, 냉난방 등의 인간 생활이 변화하는 것을 경험한다. 따라서 계절 활동은 계절에 따른 날씨와 동·식물, 인간 생활 등의 변화를 살펴봄으로써 다가오는 계절의 날씨를 예측하고 대비하는 활동이다. 다음은 계절에 관한 과학적 개념이다.

- 사계절이 있다.
- 계절에 따라 날씨가 다르다.
- 계절에 따라 생활 모습이 다르다.
- 바람의 종류는 계절에 따라 다양하다.
- 계절에 따라 피는 꽃이 다르다.
- 계절에 따라 동·식물의 움직임이 다르다.

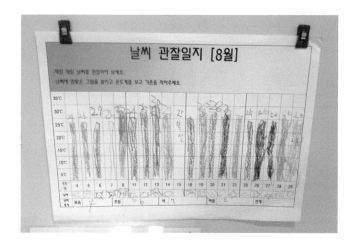

(2) 탐구학습모형에 의한 계절 활동

① 개념: 계절에 따라 날씨가 다르다.

- 가을에서 겨울로 접어들면서 감기에 걸리는 사람들이 많아지는 현상에 유아가 문제를 제기하도록 한다.
- 교사는 겨울이 되니까 날씨가 추워져서 많은 사람이 감기에 걸리는 것이라고 설명하면서 유아가 계절과 날씨를 연관 짓도록 한다. 동영상이나 사진으로 각 계절의 날씨를 보여 준 후, 모둠별로 계절에 따라 날씨가 다르다는 가설을 설정하도록 도와준다.
- 사계절 날씨를 조사하기 위해 각 계절의 비, 구름, 바람, 기온 등을 살펴보는 실험을 설계하도록 한다. 모둠별로 네 장의 활동지를 나누어 주고, 한 장에 하나의 계절을 표현하도록 한다.
- 교실 밖으로 나가서 오늘 날씨를 관찰한 후, 유아가 자기 경험과 과학 동화책에 근거하여 각 계절의 날씨를 조사하도록 한다. 모둠별로 각 계절의 비, 구름, 바람, 기온 등을 이야기하고 계절별 날씨의 특징을 활동지에 표현하도록 한다. 예를 들어, 먹구름이 끼면서 비가 많이 오고 천둥과 번개가 치는 것으로 여름을 표현할 수 있다. 유아가 '쌀쌀한' '따뜻한' '추운' '흐린' 등의 다양한 단어를

사용하면서 날씨에 관해 이야기하도록 격려한다.

• 모둠별로 활동지에 표현한 각 계절의 날씨를 해석하여 계절에 따라 날씨가 다르다는 가설을 검증하도록 한다. 교사는 계절별 날씨를 동영상이나 사진으로 보여 주면서 유아가 활동지에 표현한 각 계절의 날씨와 비교하도록 한다.

• 유아가 다가오는 계절의 날씨를 예측하도록 한다. 비나 구름, 바람, 기온 등이 어떻게 변할지 예측함으로써 유아가 새로운 지식의 유용성을 확인하도록 한다.

② 개념: 계절에 따라 생활 모습이 다르다.

• 동영상으로 거리에서 걸어 다니는 사람들의 모습을 계절별로 보여 주면서 유아가 계절에 따라 입는 옷의 두께와 길이, 재질 등이 다른 것에 의문을 제기하도록 한다.

• 교사는 계절에 따라 날씨가 달라서 입는 옷도 달라진다고 설명하면서 모둠별로 계절에 따라 생활 모습이 다르다는 가설을 설정하도록 도와준다.

• 계절에 따른 놀이, 의복, 음식 등을 조사하는 실험을 설계하도록 한다. 계절에 따라 자신이 했던 놀이, 입었던 의복, 먹었던 음식 등을 이야기하고, 동화책을 읽거나 산책을 통해 자료를 수집하도록 한다.

• 동네를 산책하면서 사람들이 입은 옷, 하는 일 등을 관찰한 후, 모둠별로 계절에 따른 자기 경험을 이야기하고 동화책에서 계절별 생활 모습을 찾아보도록 한다. 각 계절의 생활 모습을 의복, 놀이, 음식 등으로 구분하여 활동지에 기록하고 비교하도록 한다.

• 모둠별로 수집된 자료에 근거하여 계절에 따라 생활 모습이 다르다는 가설을 검증하도록 한다.

• 유아가 다가오는 계절에 어떤 옷을 입을지, 어떤 놀이를 즐길지, 어떤 과일을 먹을지 등을 예측하도록 도와준다. 교사는 겨울에 여름옷을 입거나 여름에 겨울옷을 입으면 어떻게 될지, 계절이 바뀌지 않으면 어떤 일이 생길지 등을 질문함으로써 유아가 새로운 문제를 제기하도록 격려한다.

③ 개념: 계절에 따라 피는 꽃이 다르다.

- 유아가 놀이터나 공원을 산책하는 동안 꽃이 피고 지는 것을 관찰하면서 꽃마다 피는 시기가 다른 것에 의문을 제기하도록 한다.

- 각 유아에게 좋아하는 꽃의 이름을 물어보고 그 꽃이 피는 계절을 말해 준 후, 유아가 화이트보드나 부직포 칠판에 자신이 좋아하는 꽃이 피는 계절을 표시하고 분류하도록 한다. 교사는 모둠별로 계절에 따라 피는 꽃이 다르다는 가설을 설정하도록 도와준다.

- 가설을 검증하기 위해 계절별로 피는 꽃을 조사하는 실험을 설계하도록 한다. 네 개의 모둠으로 나눈 후, 각 모둠이 토의를 통해 원하는 계절을 선택하고 그 계절에 피는 꽃을 조사하도록 한다.
- 교실이나 도서관에서 식물도감 또는 과학 동화책을 찾아보면서 자료를 수집하도록 한다. 유아가 각 계절의 꽃을 찾아서 활동지에 그리고, 교사가 그 꽃의 이름을 유아의 그림 옆에 써서 활동지를 완성하도록 한다.
- 모둠별로 수집한 자료를 발표하고 비교함으로써 계절에 따라 피는 꽃이 다르다는 가설을 검증하도록 한다. 교사는 꽃이 피는 데 필요한 햇빛과 온도 등이 꽃마다 달라서 다른 시기에 꽃이 핀다는 것을 설명하면서 유아의 지식 확장을 도와준다.
- 계절과 그 계절에 피는 꽃을 짝짓는 게임을 실시한다. 두 팀으로 나누어 교실 바닥에 있는 꽃 그림카드를 계절 바구니에 넣는 게임으로, 정확하게 담긴 카드만 세어서 판가름을 내도록 한다. 이후 현장학습으로 식물원을 방문하여 유아가 검증된 가설로부터 얻은 지식을 새로운 상황에 적용하도록 한다.

2) 4세에 적합한 지구과학 활동

(1) 지구 활동

　지구 환경을 구성하는 암권, 수권, 기권 등은 서로 물질과 에너지를 주고받으며 상호작용한다. 암권은 지구 표면을 이루는 딱딱한 부분으로, 암석으로 구성된다. 암석은 생성 원인에 따라 크게 화성암, 퇴적암, 변성암 등으로 구분되며, 오랜 시간에 걸쳐 변질되거나 잘게 부서져 흙으로 변한다. 수권은 지구 표면의 물이 존재하는 곳으로, 해양이나 호소, 하천, 얼음 등의 형태로 분포한다. 수권 대부분은 해양으로, 지구 표면의 약 3분의 2를 차지한다. 기권은 지구를 둘러싸고 있는 대기층을 말하며, 고도에 따른 대기 온도의 변화로 대류권, 성층권, 중간권, 열권 등으로 나누어진다. 유아는 산책하면서 식물이 흙에서 자라는 것을 보고, 놀이터나 텃밭에서 흙을 가지고 노는 등 일상적으로 흙을 접한다. 유아는 공룡에 지대한 관심을 보이며, 박물관이나 유적지에서 화석을 관찰하면서 지질시대 동·식물에 호기심을 가진다. 또한 유아는 강과 호수에 사는 동물이 왜 바다에서 살지 못하는지 궁금해한다. 그러므로 지구 활동은 유아의 자연스러운 호기심과 관심을 극대화하여 유아의 과학적 개념 형성을 도모하는 활동이다. 다음은 지구에 관한 과학적 개념이다.

- 흙이 식물의 성장을 돕는다.
- 바위가 부서져 흙이 된다.
- 화산은 땅속의 마그마가 분출하여 만들어진 것이다.
- 화석은 지질시대 동·식물의 유해나 흔적이 남아 있는 것이다.
- 바닷물은 짜다.
- 물은 순환한다.
- 공기는 공간을 차지한다.

(2) 발견학습모형을 이용한 지구 활동

① 개념: 흙이 식물의 성장을 돕는다.
- 논과 밭, 산, 들, 사막 등의 사진을 보여 주면서 유아가 흙의 색깔이 다른 것에 궁금증을 갖도록 한다.
- 산책하면서 유아가 직접 흙의 냄새, 촉감, 색깔 등을 탐색하고, '젖은' '축축한' '마른' 등의 단어를 사용하여 흙의 상태를 표현하도록 한다.
- 모둠별로 식물이 자라는 곳에 있는 흙과 그렇지 않은 흙을 채집하고 채집한 흙을 비교하도록 한다. 각각의 냄새, 촉감, 색깔뿐만 아니라 흙 알갱이의 크기

도 비교하여 공통점과 차이점을 찾도록 한다.

- 식물이 자라는 곳에 있는 흙이 더 부드럽고 축축하며 어두운 색깔을 띠는 등의 경향성을 발견하도록 한다. 교사는 피드백을 통해 식물의 성장에 필요한 수분과 양분, 미생물 등이 흙 속에 있어서 흙의 냄새나 촉감, 색깔 등이 다른 것임을 설명함으로써 유아의 개념 형성을 도와준다.
- 식물이 자라는 곳에 있는 흙과 그렇지 않은 흙을 각각 컵에 담고 물을 부은 후 젓도록 한다. 유아는 식물이 자라는 곳에 있는 흙에서 더 많은 부유물을 관찰함으로써 흙이 식물의 성장을 돕는다는 개념을 내면화하도록 한다.

② 개념: 바위가 부서져 흙이 된다.

- 동영상으로 바위가 빗물, 강물, 파도, 빙하, 바람, 식물 등에 의해 부서져 작은 돌, 모래, 흙의 순으로 변하는 과정을 보여 주면서 유아의 흥미를 유발한다. 큰 돌과 자갈, 모래, 흙 등을 제시하고, 유아가 직접 보고 만지면서 크기와 촉감 등을 비교하도록 한다.

- 모둠별로 각설탕과 투명한 통을 제시하여 유아가 각설탕을 이용하여 바위가 부서져 흙이 되는 과정을 살펴보도록 한다. 먼저 유아가 각설탕을 손으로 누르거나 만져 본 후, 각설탕을 투명한 통에 넣고 흔들어서 나타나는 변화를 관찰하도록 한다. 각설탕이 있는 투명한 통을 약하게 흔들 때와 세게 흔들 때 나타나는 변화를 비교하도록 한다.

- 각설탕 10개를 피라미드 모양으로 쌓은 후, 그 위에 스포이트로 물을 한 방울씩 떨어뜨리면서 나타나는 변화를 관찰하도록 한다. 유아는 물방울의 수가 많아짐에 따라 마침내 각설탕이 무너지는 모습을 관찰하고, 투명한 통을 흔들어서 각설탕이 부서지는 경우와의 차이점과 공통점을 발견한다.

- 유아가 토의를 통해 외부의 힘이 강할수록, 물의 양이 많아질수록 각설탕이 잘 부서진다는 경향성을 발견하도록 한다. 유아가 물이나 힘 때문에 바위가 부서

져 흙이 된다는 개념을 형성하도록 도와준다.
- 공원이나 숲, 공터, 야산 등 바위가 있는 곳을 찾아가서 바위 주변을 탐색하는 현장학습을 시행한다. 유아가 바위 주변에서 자갈이나 모래, 흙 등을 발견함으로써 바위가 부서져 흙이 된다는 개념을 내면화하도록 한다.

③ 개념: 화석은 지질시대 동·식물의 유해나 흔적이 남아 있는 것이다.
- 유아에게 친숙한 공룡의 그림을 보여 주면서 '공룡은 얼마나 컸을까?'라고 질문한다. 공룡에 관한 동화책을 읽어 준 후, '공룡처럼 멸종된 동·식물의 모습을 어떻게 알 수 있을까?'라고 물어보며 유아의 흥미를 유발한다.
- 교사는 화석으로 공룡처럼 멸종된 동·식물의 당시 모습과 생활을 추론할 수 있다고 설명하면서 다양한 화석의 사진을 제시한다. 모둠별로 화석의 사진을 관찰하고 화석에 나타난 동·식물의 모습을 추론하여 활동지에 그린다.
- 유아가 화석을 직접 만들 수 있도록 각 모둠에 찰흙, 석고 가루, 조개껍데기 등을 제공한다. 조개껍데기를 얇게 만든 찰흙 위에 놓고 눌러서 떼어낸 후, 그곳에 석고 가루와 물을 섞은 석고 반죽을 붓고 변화를 관찰하도록 한다. 석고 반죽이 굳으면 석고를 뜯어내어 자신의 화석을 완성하고, 자신이 만든 화석과 실

제 화석의 사진을 비교하도록 한다.

- 유아 스스로 자신이 만든 화석보다 실제 화석이 훨씬 더 상세하고 선명하다는 것을 발견하도록 한다. 교사는 실제 화석은 지질시대 동·식물의 유해나 흔적이 퇴적물 속에 급히 파묻혀 오랜 세월 동안 땅속에 묻혀 있어서 선명하다고 설명함으로써 유아의 개념 형성을 도와준다.
- 유아가 실제 화석의 상세함과 선명함을 확인할 수 있도록 박물관이나 유적지 등을 방문하는 현장학습을 시행한다. 그림으로 보았던 화석을 실제로 보면서 유아가 지질시대 동·식물의 모습과 생활을 추론하도록 한다.

3) 5세에 적합한 지구과학 활동

(1) 천체 활동

천체는 태양, 행성, 위성, 혜성, 항성, 성단, 성운, 운석, 성간 물질 등 우주에 존재하는 모든 것을 통틀어 이르는 말이다. 천체는 낮에 볼 수 있는 것과 밤에 볼 수 있는 것이 있으며, 천체의 움직임에는 일정한 패턴이 있다. 해는 매일 동쪽에서 떠서 서쪽으로 지고, 계절에 따라 뜨는 시각과 지는 시각이 달라진다. 달은 한 달을 주기로 모양이 바뀌므로 자연적인 시계의 역할을 하며, 별은 지구의 공전 때문에 계절에 따라 보이는 위치가 달라진다. 유아는 매일 해와 달, 별 등을 보면서 천체에 대한 호기심을 가지며, 왜 낮에는 별을 볼 수 없는지, 왜 밤에는 해를 볼 수 없는지 등을 질문한다. 유아는 천체를 직접 관찰하고 천체의 움직임을 탐색함으로써 천체에 대한 궁금증을 해소하고 과학지식을 습득할 수 있다. 유아는 광활한 들판이나 산등성이에 떨어지는 별똥별, 계절에 따라 바뀌는 별자리 등을 보면서 천체에 대한 과학적 개념을 형성한다. 그러나 대기오염과 도시의 불빛 때문에 밤하늘의 별을 보기가 어려워지면서 유아가 자연현상을 체험할 기회가 점점 줄어들고 있다. 따라서 천체 활동은 유아에게 천체를 직접 관찰하고 탐색할 기회를 제공함으로써 천체에 대한 유아의 과학적 개념 형성을 도모하는 것이다. 다음은 천체에 관한 과학적 개념이다.

- 지구가 자전하기 때문에 낮과 밤이 생긴다.
- 빛이 그림자를 만든다.
- 계절에 따라 태양의 고도가 다르다.
- 계절에 따라 보이는 별자리가 다르다.
- 달은 지구의 둘레를 돈다.
- 달의 모양이 규칙적으로 변화한다.

(2) 순환학습모형에 따른 천체 활동

① 개념: 지구가 자전하기 때문에 낮과 밤이 생긴다.

- 유아와 함께 낮과 밤의 특징에 관해 이야기한 후, '낮과 밤이 왜 생길까?'라고 질문한다. '해가 뜨고 지니까'라고 응답하는 유아에게 지구가 자전하기 때문에 낮과 밤이 생긴다고 말함으로써 유아의 인지갈등을 유발한다.
- 지구가 자전하기 때문에 낮과 밤이 생긴다는 가설을 설정하고, 모둠별로 지구본과 전구를 이용하여 가설을 검증하도록 한다. 지구본 위에서 우리나라를 찾은 후, 지구본을 회전시키면서 우리나라가 전구를 향할 때와 그렇지 않을 때를 비교하도록 한다.
- 모둠별로 지구본이 회전하는 동안 우리나라가 전구를 향할 때는 낮이고 그렇지 않을 때는 밤이라는 것을 발견하도록 한다. 교사는 동영상으로 지구가 자

전하는 것을 보여 줌으로써 지구가 자전하기 때문에 낮과 밤이 생긴다는 개념을 유아가 형성하도록 도와준다.

- 교사는 '구름 낀 흐린 날에도 낮과 밤이 생길까?'라고 질문한 다음 유아가 흐린 날 실외에서 태양을 관찰하도록 한다. 유아는 흐린 날 태양을 관찰함으로써 흐린 날에는 해가 뜨지 않아서 낮이 생기지 않는다는 오개념을 수정하고 날씨와 상관없이 지구의 자전 때문에 낮과 밤이 생긴다는 개념을 내면화하도록 한다.
- 유아에게 낮에 하는 일과 밤에 하는 일을 질문함으로써 유아가 낮과 밤의 특징을 비교하고, 지구의 자전 때문에 낮과 밤이 반복되는 것을 확인하도록 한다.

② 개념: 빛이 그림자를 만든다.

- 유아와 함께 맑은 날 실외에서 그림자밟기를 하면서 그림자에 대한 유아의 흥미와 관심을 불러일으킨다. 술래에게 자신의 그림자를 밟히지 않기 위해 건물이나 나무 그늘에 숨으면서 유아가 어두운 곳에서 그림자가 생기지 않는 것에 궁금증을 가지도록 한다. 그림자는 항상 생긴다고 생각하는 유아에게 빛이 없으면 그림자가 생기지 않는다고 말함으로써 유아의 인지갈등을 유발한다.

- 빛이 없으면 그림자가 생기지 않는다는 가설을 설정하고, 건물에서 그림자가 생기지 않는 장소를 탐색하도록 한다. 모둠별로 건물의 장소를 그림자가 생기는 곳과 생기지 않는 곳으로 분류하여 활동지에 기록하도록 한다.

- 모둠별로 조사한 것을 발표하고 다른 모둠의 결과와 비교하면서 빛이 없는 곳에서 그림자가 생기지 않는다는 사실을 공유하도록 한다. 교사는 동영상을 이용하여 빛이 직진하는 성질 때문에 그림자가 생긴다는 것을 설명함으로써 유아가 빛이 그림자를 만든다는 과학적 개념을 형성하도록 도와준다.

- 흐린 날 실외에서 그림자밟기를 한 후, 맑은 날 실외에서 그림자밟기를 할 때와 비교하도록 한다. 유아가 토의를 통해 햇빛처럼 강한 빛이 선명한 그림자를 만든다는 사실을 발견함으로써 지식을 확장하도록 한다.

- 유아에게 흐린 날 그림자가 잘 생기지 않는 이유를 질문하고 그림자놀이를 제안한다. 유아와 함께 선명한 그림자를 만들 방법을 논의하면서 유아 스스로 자신의 오개념이 새로운 개념으로 변화한 것을 확인하도록 한다.

③ 개념: 달의 모양이 규칙적으로 변화한다.

- 유아에게 달을 본 적이 있는지, 달을 언제 보았는지, 달은 무슨 색깔인지, 달은 무슨 모양인지 등을 질문한다. 달의 모양이 항상 둥글다고 생각하는 유아에게 초승달, 상현달, 보름달, 하현달, 그믐달 등의 사진을 보여 주면서 궁금증을 불러일으킨다.
- 달의 모양이 다양하다는 가설을 설정하고, 가설을 검증하기 위해 매일매일 달의 모양을 직접 관찰하도록 한다. 부모와 함께 집에서 한 달 동안 달의 모양을 관찰하고 활동지에 달의 모양을 그리도록 한다.

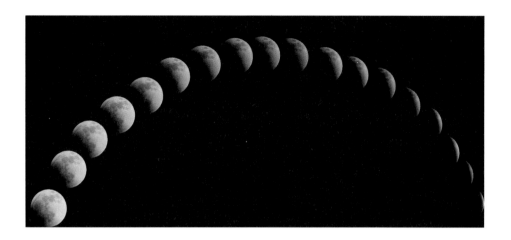

- 한 달이 지난 후, 모둠별로 각자 완성한 활동지를 비교하면서 달의 모양이 규칙적으로 변화한다는 사실을 공유하도록 한다. 교사는 한 달을 주기로 변하는 달의 모양을 사진이나 동영상으로 보여 주고, 달의 모양 변화를 기준으로 날짜를 정한 음력을 소개한다. 교사는 달의 모양과 음력 날짜를 연결함으로써 유아가 달의 모양은 항상 둥글다는 오개념을 수정하고 달의 모양이 규칙적으로 변화한다는 과학적 개념을 형성하도록 도와준다.
- 각 모둠에 음력 날짜가 표시된 달력을 나누어 주고, 협동학습으로 음력 날짜에 따른 달의 모양을 그리도록 한다. 모둠별로 완성한 달력을 교실 벽에 붙이고 규칙적으로 달의 모양이 변하는 것을 확인함으로써 새로운 개념을 내면화하도록 한다.
- 초승달이나 상현달 등의 사진을 보여 주고, 그다음에 어떤 모양의 달이 나타날지 질문함으로써 유아 스스로 개념 변화를 확인하도록 한다.

2. 지구과학 활동 시 고려사항

지구과학은 지구와 지구 밖 우주를 연구하는 학문으로, 지질학과 기상학, 해양학, 천문학 등을 포함한다. 지구과학은 최근에 기후변화와 같이 지구 환경문제가 심각해지면서 더욱 필요한 과목으로 주목받고 있다. 그래서 미국이나 영국, 독일, 호주, 프랑스 등의 선진국에서는 지구과학이 교육과정에서 차지하는 중요도가 점점 더 커지는 추세다(신동희, 이양락, 이기영, 이은아, 이규석, 2005). 지구과학은 시대적 상황과 요구를 반영하여 일상생활과 가장 밀접한 내용으로 구성되며, 특히 융합교육의 측면에서 가장 효율적이고 종합적인 내용과 활동을 포함한다(윤정희, 2013). 유아가 지구 환경 시대에 필요한 과학적 소양을 기르는 데 지구과학은 필수적이다.

지구과학 활동은 계절과 날씨, 바위, 흙, 해, 달, 별 등과 같이 유아의 일상생활과 밀접하게 연관된다. 또한 지구과학 활동은 유아가 무엇을 입을지, 어떤 놀이를 할지, 어디를 갈 수 있고 갈 수 없는지 등의 일상적 문제를 해결하는 데 도움을 준다. 유아는 아침에 일어나서 유아교육기관에 가기 전에 날씨와 온도를 확인하고 그에 맞는 옷을 입고 때로는 우산이나 비옷을 챙긴다. 즉, 지구과학 활동은 매우 구체적이고 현실적인 문제를 포함하므로 유아의 비판적 사고력과 문제해결력을 향상하는 데 효과적이다. 따라서 유아의 경험을 극대화하기 위해 교사는 날씨와 상황에 따라 지구과학 활동을 계획하고 조직하는 융통성을 발휘하는 것이 필요하다.

그러나 지구과학에서 다루는 자연현상은 통제된 실험이 가능하지 않고 직접 조작하기 어려워서 지구과학 활동이 유아의 꿈과 상상력을 키우는 것으로 간주한다는 문제점이 제기된다. 지구과학 활동이 우주의 신비를 파헤치거나 우주여행과 같이 상상력을 키우는 것으로 간주하면서 동화책이나 공상과학영화 수준에서 벗어나지 못하는 것이다. 유아는 우주를 탐색하는 대상이 아니라 자기 삶과 거리가 먼 무한한 동경의 대상으로 바라봄으로써 오개념을 형성하기 쉽다. 그러므로 지구과학 활동은 우주의 신비가 아니라 과학적 개념의 형성과 적용에 초점을 두고 주도면밀하게 계획되어야 한다.

　　또한 지구과학 활동은 물리학이나 화학, 생물학 활동과 다르게 많은 용어와 명칭이 언급된다는 특징이 있다. 고도, 경도, 위도, 적도, 북반구, 남반구 등의 용어뿐만 아니라 암석이나 행성, 별자리 이름과 같이 무수히 많은 명칭이 지구과학 활동에 포함된다. 이러한 용어와 명칭에 치중하다 보면 태양계 행성의 이름과 특성, 별자리 이름과 모양 등을 나열하고 암기하는 식으로 활동이 진행될 수 있다. 따라서 교사는 단순히 사실을 나열하고 전달하면서 유아의 과학적 사고 확장을 방해하는 교사 중심의 활동이 되지 않도록 주의를 기울여야 한다. 지구과학 활동은 유아가 직접 관찰하고 경험함으로써 과학적 개념을 형성하도록 계획되어야 한다. 가령 눈이 오면 유아가 눈 위를 직접 걸어 보고 눈을 만져 보고 뭉쳐 보고 굴리면서 눈을 탐색할 수 있어야 한다.

참고문헌

가마타 히로키(2010). 세계를 움직인 과학의 고전들. 서울: 부키(주).

강경희(2010). 과학 교수 학습 방법에 관한 국내 연구 동향 및 이슈. 과학교육연구지, 34(1), 22-32.

강민정, 권용주, 정완호(2004). 생물과 비생물의 구분에 대해서 유아들이 생각하는 바탕 개념 연구. 생물교육, 32(3), 256-266.

강인숙, 정진우, 김윤지(2008). 지구의 모양, 색깔, 중력에 대한 3학년 학생들의 선개념. 초등 과학교육, 27(1), 31-41.

강정옥(2006). 자석놀이 활동을 통한 유아의 과학적 탐구능력 변화에 대한 연구. 경남대학교 교육대학원 석사학위논문.

강정호(2000). 자연교고 CAI에서 협동학습과 개별학습이 학업성취도에 미치는 효과. 동아대 학교 교육대학원 석사학위논문.

고영미(2001). 증발과 증발 조건에 대한 유·초·중학교 아동의 개념연구. 한국교원대학교 대학원 석사학위논문.

고영미, 김정아(2011). 보육교사의 과학에 대한 태도에 영향을 미치는 내·외적 요인. 열린유 아교육연구, 16(6), 49-67.

고은결(2014). 상호작용적 과학일지 활동이 유아의 과학적 탐구능력과 의미 표현적 쓰기 능 력에 미치는 영향. 한국교원대학교 교육대학원 석사학위논문.

고재희(2010). 역사적 접근의 교육과정 이해와 개발. 경기: 교육과학사.

곽영순(2003a). 좋은 수업을 하는 현장 교사들이 제안한 과학 교사교육 개선 방안. 한국지구과 학학회지, 24(3), 117-128.

곽영순(2003b). 과학과 수업 분석에 대한 사례 연구. 한국과학교육학회지, 23(5), 484-493.

곽영순(2009). 교실 수업에서 초임 과학교사의 교과내용지식이 내용교수지식에 주는 영향에 대한 연구. 한국과학교육학회지, 29(6), 611-625.

곽영순(2011). 초등 과학수업 실태 점검 및 개선 방안 연구. 한국지구과학회지, 32(4), 422-434.

곽영순(2012a). 학습자의 핵심역량 제고를 위한 과학 교사교육 개선 방안. 한국지구과학회지,

33(2), 162-169.

곽영순(2012b). 학습자의 핵심역량 개발을 위한 과학과 수업방법 개선 방안. 한국과학교육학회지, 32(5), 855-865.

곽영순, 김주훈(2003). 좋은 수업에 대한 질적 연구: 중등 과학 수업을 중심으로. 한국과학교육학회지, 23(2), 144-154.

곽향림(2006). 초등과학교육과의 연계를 위한 유아과학교육내용에 관한 연구. 유아교육학논집, 10(3), 211-236.

권낙원, 김민환, 한승록, 추광재(2011). 교사를 위한 교육과정론. 경기: 공동체.

권미경(2010). 유치원 교사의 과학 교수 과정에서 나타난 교수 행동 요소 및 과학적 대화 분석. 덕성여자대학교 대학원 박사학위논문.

권미경, 신은수(2007). 3, 4, 5세 유아의 과학적 문제해결과정을 통한 자성체와 비자성체에 대한 과학적 지식의 변화. 아동학회지, 28(1), 55-69.

권미경, 신은수(2010). 유치원 교사의 과학 교수 과정에 나타난 교수 행동 요소 및 탐구의 수준. 유아교육연구, 30(3), 25-48.

권민정(2012). 5세 누리과정 실행을 위한 연수 프로그램에 대한 교사반응 및 요구 분석. 영남대학교 교육대학원 석사학위논문.

권영례(2004). Exploring children's concepts about plants as living things. 미래유아교육학회지, 11(1), 193-224.

권영례(2011). 유아과학교육. 서울: 학지사.

권예순(2005). 초등과학의 생식 및 유전에 관한 오개념 연구. 군산대학교 교육대학원 석사학위논문.

권용주, 남정희, 이기영, 이효녕, 최경희(2013). 과학교육: 사고에서 학습까지. 서울: 도서출판 북스힐.

권용주, 정진수, 강민정, 김영신(2003). 과학적 가설 지식의 생성 과정에 대한 바탕이론. 한국과학교육학회지, 23(5), 458-469.

권은경(2013). 구성주의 이론에 기초한 물리적 지식활동이 유아의 문제해결력과 공간능력에 미치는 영향: 던지기 활동을 중심으로. 한국교원대학교 교육대학원 석사학위논문.

권재술, 김범기, 강남화, 최병순, 김효남, 백성혜, 양일호, 권용주, 차희영, 우종욱, 정진우(2013). 과학교육론. 경기: 교육과학사.

권재술, 이경호, 김연수(2003). 인지갈등과 개념변화의 필요조건과 충분조건. 한국과학교육학회지, 23(5), 574-591.

권주영(2001). 유아교사의 과학교수 효능감 수준에 따른 과학교육 실제에 관한 연구. 부산대학교 대학원 석사학위논문.

기상청(2018). 한반도 기후변화 전망분석서. 서울: 기상청 기후변화감시과.

김가람(2011). 초등학교 과학 교과와 수학 교과의 연계성 분석. 경인교육대학교 교육대학원 석사학위논문.

김경미(2008). 동화를 활용한 과학 활동과 이야기나누기 활동이 유아의 과학적 태도와 탐구 능력에 미치는 영향. 울산대학교 교육대학원 석사학위논문.

김경미, 김현주, 송연숙(2013). 현장중심 유아과학교육: 3차 표준보육과정과 3~5세 누리과정 연계. 서울: 창지사.

김경희, 나귀옥(2009). 다양한 관점에서 본 유아에 대한 이해: 인지적 구성주의, 사회적 구성주의, DAP, 포스트모더니즘. 순천향 인문과학논총, 23, 171-196.

김나영(2001). 유치원 과학영역 운영실태에 관한 조사. 성균관대학교 교육대학원 석사학위 논문.

김다영, 황은희, 이경옥(2012). 유아교사의 과학 교과교육학지식과 과학교수 태도에 있어서 과학교수 불안의 매개효과 연구. 유아교육연구, 32(6), 287-305.

김덕규(2008). 프로젝트 접근법에 기초한 '식물 기르기'가 유아의 과학적 사고력에 주는 변화. 경남대학교 교육대학원 석사학위논문.

김명희(2017). 바깥놀이에서의 미술 · 과학 통합 활동이 유아의 정서지능 및 과학적 탐구능력에 미치는 영향. 한국교원대학교 교육대학원 석사학위논문.

김미리(2018). 구성주의를 기반으로 한 수학 교수 · 학습 방법에 관한 연구: 중학교 1학년을 중심으로. 중앙대학교 교육대학원 석사학위논문.

김미숙(2004). 구성주의와 생득주의의 교육적 함의와 유아 생물개념 교육의 방향. 유아교육연구, 24(2), 45-68.

김민정(2003). 「물에 뜨고 가라앉는 것」 활동에서 나타난 유아의 과학적 탐구경험과 개념. 중앙대학교 대학원 석사학위논문.

김민정(2012). 과학의 본성에 대한 유치원 교사의 인식 조사. 미래유아교육학회지, 19(1), 191-222.

김성숙(2000). 협동적 문제해결활동이 유아의 창의성에 미치는 효과. 중앙대학교 대학원 석사학위논문.

김성실(2013). 인지갈등 전략을 활용한 초등 과학수업에서 물의 상태변화에 대한 학습자 특성별 개념변화. 경인교육대학교 교육대학원 석사학위논문.

김성희, 허혜경(2002). 유아발달. 서울: 교육과학사.

김순자(2011). 유아주도와 교사주도의 요리활동 전개방법이 유아의 과학적 개념에 미치는 영향. 덕성여자대학교 교육대학원 석사학위논문.

김승희(2014). 근거이론적 접근을 통해 본 보육교사의 과학교육 실제. 유아교육학논집, 18(2), 365-393.

김승희(2021). 영유아발달. 경기: 정민사.

김신곤(2009). 구성주의 교수방법이 유아의 과학적 개념변화에 미치는 효과. 한국영유아보육학, 57, 53-73.

김신곤(2013). 구성주의적 유아과학교육. 경기: 서현사.

김영수(2009). 주제중심 통합학습이 초등학교 저학년 학생의 학습동기와 학업성취에 미치는 영향. 한국교원대학교 교육대학원 석사학위논문.

김영수, 임용우(2013). 우리나라 초·중등학교 과학과 교육과정의 변천. 생물교육, 41(3), 483-503.

김영신, 권용주, 김용진, 김희백, 서혜애, 손연아, 정은영, 정진수, 차희영(2013). 생명과학교육론. 경기: 자유아카데미.

김영옥, 이규림, 조홍자, 차금안(2012). 유아교사의 과학적 지식 수준에 따른 과학활동 불안, 태도 및 교수효능감에 대한 연구. 열린유아교육연구, 17(1), 99-115.

김옥희(2005). 초등 교사와 아동의 부력 개념 이해도. 전주교육대학교 교육대학원 석사학위논문.

김우현(2001). 초등학교 학생의 위치에 대한 오개념 연구. 한국교원대학교 대학원 석사학위논문.

김정아(2010). 어린이집 유아반 교사의 과학에 대한 태도 및 유아과학교육에 대한 인식. 순천향대학교 교육대학원 석사학위논문.

김정아, 고영미(2011). 보육교사의 과학에 대한 태도 및 유아 과학교육에 대한 인식. 순천향 인문과학논총, 30, 209-232.

김정주(2013). 효율적인 누리과정 운영을 위한 현직교육 내용에 대한 유아교사의 요구. 유아교육연구, 33(4), 319-336.

김정주, 김영실(2004). 유아과학교육 실태 및 이에 관한 교사의 요구. 유아교육학논집, 8(2), 157-181.

김정주, 김영실(2006). 과학영역 운영에 관한 유아교사교육 프로그램의 효과. 열린유아교육연구, 11(3), 1-22.

김정화, 조부경(2002). 유치원과 초등학교 학생의 과학 및 과학활동에 대한 인식. 한국과학교육학회지, 22(3), 617-631.

김지만(2013). 블랜디드 러닝(Blended Learning) 기반 초등 과학과 순환학습모형 원리 탐색. 부산대학교 교육대학원 석사학위논문.

김지영, 최진승, 석철민(1999). 자연물에 대한 학령전 아동의 생물과 무생물 변별능력과 이유 분석. 부산교육학연구, 12(1), 65-89.

김찬종, 이선경, 유은정, 한혜진, 신명경, 최종림(2010). 과학 및 과학 교수학습에 대한 과학교사의 인식론적 이해의 탐색. 한국과학교육학회지, 30(2), 218-233.

김찬종, 조선형(2002). 초등 과학 포트폴리오 체제의 적용이 지역이나 성별에 따라 과학 성취도, 과학 탐구능력 및 과학 태도에 미치는 영향. 한국지구과학회지, 23(3), 234-241.

김치곤(2012). 유치원과 초등학교 저학년 SMR 과학 교수-학습 모형 개발 및 효과. 중앙대학교 대학원 박사학위논문.

김헌수(2012). 우리나라 과학과 교육과정 개정 과정에 관한 연구: 교수요목기부터 2009 개정 교육과정까지. 서울대학교 대학원 박사학위논문.

김현진(2007). 유아교사의 과학 교과교육학지식 측정도구 개발. 덕성여자대학교 대학원 박사학위논문.

김현진(2008). 유아교사의 과학 교과교육학지식과 과학 교수태도에 관한 연구. 유아교육연구, 28(4), 169-187.

김현진, 신은수(2008). 현직교사와 예비교사의 과학 교과교육학지식에 관한 연구. 유아교육학논집, 12(3), 239-263.

김혜라(2013). 과학에 대한 태도 및 과학교육지식이 유아교사의 과학교수효능감에 미치는 영향. 유아교육연구, 33(2), 281-296.

김혜라, 채진영(2014). 보육교사의 과학교육지식 및 과학에 대한 태도가 과학교수 불안에 미치는 영향. 한국보육지원학회지, 10(3), 69-84.

김혜경(2013). 유아의 흥미가 반영된 식물 기르기 활동이 유아의 배려적 사고 및 자연친화적 태도에 미치는 영향. 중앙대학교 대학원 석사학위논문.

김화진(2002). 유아 및 초등학교 1, 2학년의 과학자에 대한 인식 연구. 중앙대학교 교육대학원 석사학위논문.

김효남, 조부경, 백성혜(2003). 유치원, 초등, 중등 학생들의 고체, 액체, 기체의 압력 개념 유형분석. 청람과학교육연구논총, 13(1), 9-29.

김희선(2004). 유치원 교사의 과학교수 불안에 따른 과학교수 실제. 한국교원대학교 대학원 석사학위논문.

김희영(2014). 유아 생명과학개념 검사도구 개발연구. 전남대학교 대학원 박사학위논문.

남기원(2013). 유치원 만 3세 학급에서 이루어지는 과학교육 현황 및 어려움에 대한 교사 인식. 유아교육학논집, 17(2), 349-378.

남정희, 김현경, 김현정, 박종석, 박현주, 백성혜, 유선아, 윤희숙, 최애란, 최원호(2021). 화학

교재 연구 및 지도. 경기: 자유아카데미.

노은호(2008). 유아교사가 인식하는 유아과학교육의 운영실태 연구. 한국보육학회지, 8(3), 67-83.

라성숙(2001). 개념변화 교수법에 기초한 과학교사교육이 유아교사의 과학 교수능력 증진에 미치는 효과. 서울여자대학교 대학원 박사학위논문.

류윤석, 이강한, 김준규(2006). 실기교육의 이해. 서울: 동문사.

문미옥, 신현옥, 김영숙, 류칠선(2007). 유아를 위한 과학교육. 경기: 교문사.

민경헌(2005). 유치원 교사의 과학에 대한 태도에 영향을 주는 내·외적 요인. 한국교원대학교 교육대학원 석사학위논문.

박나리(2011). 순환학습모형에 따른 유치원 수학활동의 교육과정 수정이 통합된 장애 유아의 수학능력과 수학적 과정기술에 미치는 영향. 이화여자대학교 대학원 박사학위논문.

박보경(2003). 유치원 교사의 배경변인에 따른 과학불안 및 과학교수유형. 한국교원대학교 교육대학원 석사학위논문.

박선미(2004). 아동의 물리지식: 물체의 운동에 대한 아동의 이해와 발달. 인지과학, 15(4), 31-47.

박성혜(2001). 초등교사들의 과학교수 자기효능감과 과학 관련 배경 및 경험에 관한 질적 연구. 한국교사교육, 18(1), 123-150.

박성혜(2003). 교사들의 과학 교과교육학지식과 예측변인. 한국과학교육학회지, 23(6), 671-683.

박일수, 김종건, 강충렬(2007). 통합교육과정에 제시된 학습주제에 대하여 아동들이 흥미를 보이는 학습내용에 관한 조사 연구. 통합교육과정연구, 1, 100-117.

박정현(2008). 물리과학 활동을 통한 유아의 과학적 태도에 관한 연구. 경남대학교 교육대학원 석사학위논문.

박정화(2005). 주제중심 통합학습이 아동의 학업성취도 및 학습태도에 미치는 효과. 동아대학교 대학원 석사학위논문.

박진옥(2001). 물의 상태와 상태 변화에 관한 유아, 초등, 중학교 학생들의 탐구능력 분석. 한국교원대학교 대학원 석사학위논문.

박찬옥, 이경하(2006). 유치원과 초등학교 과학교육과정의 연계성 논의. 유아교육학논집, 10(3), 149-172.

박현주(2014). 과학적 관찰 활동이 중학생들의 창의성 변화에 미친 영향. 과학교육연구지, 38(2), 443-453.

박혜경, 구현아(2001). 신체기관에 관한 유아들의 인식 내용 분석. 생활과학연구, 6, 157-174.

박휴용(2012). 교육과정. 서울: 학지사.

박희숙(2010). 유아 과학교육에 관한 최근 연구경향 분석. 유아교육학논집, 14(3), 57-76.

방선욱(2005). 인지적 구성주의와 사회적 구성주의에 대한 비교고찰. 한국사회과학연구, 27(3), 181-197.

배미양(2001). 유치원 교사들의 과학에 대한 불안·태도·교수 효능감: 충청남도를 중심으로. 이화여자대학교 교육대학원 석사학위논문.

배용옥(2004). 과학주제중심 통합교육 활동이 유아의 과학적 문제해결력에 미치는 영향. 성균관대학교 교육대학원 석사학위논문.

백성혜(2005). 유아활동에 포함된 과학개념의 이해. 어린이교육, 7, 123-135.

백성혜, 박진욱, 박재원, 임명혁, 고영미, 김효남, 조부경(2001). 유치원, 초등, 중등 과학 교재의 연계성을 위한 탐구능력 분석: 물질의 상태 및 상태 변화 개념을 중심으로. 초등과학교육, 20(1), 91-106.

비키 오랜스키 위튼스타인(2014). 나쁜 과학자들: 생명 윤리가 사라진 인체 실험의 역사. 서울: 도서출판 다른.

서경지(2014). 동영상 운동 분석 프로그램을 활용한 시범실험이 과학 분야에 대한 흥미에 미치는 영향. 한국교원대학교 교육대학원 석사학위논문.

서연희(2012). 자연체험 과학 활동이 유아의 과학적 호기심과 과학적 탐구능력에 미치는 영향. 광주대학교 대학원 석사학위논문.

서울여자대학교 부속유치원(2007). 물을 중심으로 한 발견과 발명. 경기: 교문사.

서유진(2011). 교사의 탐구적 발문을 통한 물리적 지식활동이 유아의 과학적 태도에 미치는 영향. 성신여자대학교 교육대학원 석사학위논문.

서효길(2000). 유치원 교사의 과학교수 유형이 유아의 과학행동에 미치는 영향. 전북대학교 교육대학원 석사학위논문.

송연숙(2001). 탐구중심의 과학교육수업이 예비교사의 과학태도 변화에 미치는 효과. 울산과학대학 연구논문집. 35(2), 407-425.

송연숙(2011). 아동의 과학개념 및 오개념 현상에 대한 연구. 아동교육, 20(4), 21-41.

송연숙(2013). 유아와 초등학교 저학년 아동의 과학개념 및 오개념의 과학 관련 태도에 관한 연구. 아동교육, 22(1), 195-213.

송은영(2007). '물체가 물에 뜨고 가라앉는 현상'에 대한 아동의 개념 연구. 한국교원대학교 대학원 석사학위논문.

송진웅(2003). 구성주의적 과학교육과 학생의 물리 오개념 지도. 수학교육, 42(2), 87-109.

송진웅, 강석진, 곽영순, 김동건, 김수환, 나지연, 도종훈, 민병곤, 박성춘, 배성문(2019). 미래 세대 과학교육표준. 서울: 한국과학창의재단.

신동훈, 신정주, 권용주(2006). 생명현상에 관한 초등학교 관찰 수업 과정과 관찰유형 분석.

초등과학교육, 25(4), 339-351.

신동희, 이양락, 이기영, 이은아, 이규석(2005). 지구 환경을 고려한 미래 지향적 지구과학 교육과정 제안. 한국과학교육학회지, 25(2), 239-259.

신은수, 안경숙, 김은정, 안부금(2010). 생활과 환경중심의 영유아 과학교육. 경기: 양서원.

신은수, 김현진, 이선명(2014). 경사로 활동에서 나타난 영아의 논리 · 수학적 사고. 유아교육학논집, 18(1), 225-246.

신인선(2010). 구성주의 화학 중심 과학 활동과 유아의 탐구능력 및 창의성. 고려대학교 교육대학원 석사학위논문.

신혜영, 이은혜(2005). 어린이집 교사의 직무스트레스와 효능감이 교사 행동의 질에 미치는 영향. 아동학회지, 26(5), 105-121.

안경숙(2003). 유아과학활동과 통합된 과학능력 평가도구의 개발: 과학적 태도, 탐구능력, 과학적 개념에 대한 평가. 덕성여자대학교 대학원 박사학위논문.

안경숙, 임수진, 이유리(2009). 미디어를 활용한 '지구의 땅 속' 주제 탐구과정에서 나타난 유아들의 사고과정과 변화. 유아교육학논집, 13(6), 27-49.

안부금(2002). 구성주의 이론에 기초한 유아과학교육 교사 연수 프로그램의 개발과 효과에 관한 연구. 덕성여자대학교 대학원 박사학위논문.

안혜경(2005). 초등학생들의 자석에 대한 개념 이해도 분석. 한국교원대학교 교육대학원 석사학위논문.

양일호, 한기갑, 최현동, 오창호, 조현준(2005). 초등 초임교사의 과학의 본성에 대한 신념과 과학 교수-학습 활동과의 관련성. 초등과학교육, 24(4), 399-416.

양재훈(2007). 제7차 중학교 도덕과 교육과정에 관한 연구: 경험 중심 교육과정을 중심으로. 부산대학교 대학원 석사학위논문.

양정임(2006). 유치원 교사의 과학관련 경험과 과학에 대한 태도. 한국교원대학교 교육대학원 석사학위논문.

오경화(2009). 유치원 과학교육의 운영 실태 연구. 한국교원대학교 교육대학원 석사학위논문.

오문자(2011). '과학 이야기' 안에서 유아들의 이론 공동 구성을 지원하는 교사의 전략. 열린유아교육연구, 16(4), 1-32.

오양자(2009). 유아 과학교육에 관한 교사의 인식 및 운영 실태. 광주대학교 산업대학원 석사학위논문.

오은지(2009). 유아교사의 과학 교수효능감과 과학 교과교육학 지식의 관계. 경희대학교 교육대학원 석사학위논문.

오현미(2008). 요리 활동을 통한 유아의 과학적 탐구능력에 관한 연구. 경남대학교 교육대학원 석사학위논문.

유광찬(2010). **교육과정의 이해**. 경기: 교육과학사.

유네스코한국위원회(2001). **과학연구윤리**. 서울: 도서출판 당대.

유민임, 황해익(2003). 유아교사의 과학활동에 대한 수행장애요인의 정도에 따른 수행수준 연구. **유아교육논총**, 11, 139-156.

유영의, 성정숙(2007). 경사로 활동에서의 유아의 연령에 따른 구성놀이 질의 차이. **인문과학 논총**, 20, 89-100.

유윤영(2001). 유아의 생물학적 이론 구성에 기초한 교육활동이 생물개념 형성에 미치는 영 향. 덕성여자대학교 대학원 박사학위논문.

유윤영(2003). 3세아의 '나의 신체'에 대한 사전 개념. **미래유아교육학회지**, 10(3), 147-172.

유은경(2003). 과학활동 전개 시 교사의 질문유형이 유아의 문제해결력에 미치는 영향. **아동 교육**, 12(1), 105-123.

유은영(2013). 유아교사의 과학수업 적극성에 영향을 주는 내적 신념 관련 변인들 간의 관계 구조모형 분석. **유아교육연구**, 33(2), 5-26.

유현경(2005). 학생들의 학업성취와 태도 및 교사-학생 상호작용에 미치는 영향. 이화여자 대학교 교육대학원 석사학위논문.

윤선영, 박수미, 류혜숙(2007). 현직교육 방안 모색을 위한 유아교사의 과학교육 경험 인식과 요구 탐색. **유아교육학논집**, 11(2), 65-94.

윤정희(2013). 유치원 교육과정 변천에 따른 교사용 지도서의 「지구과학」 관련 활동 분석: 제 5차 교육과정~누리과정을 중심으로. **학습자중심교과교육연구**, 13(6), 445-464.

윤정희, 나귀옥(2007). 유·초·중·고 지구과학 교육과정에서의 날씨 관련 개념의 연계성 분석. **교육과정평가연구**, 10(2), 281-301.

윤정희, 나귀옥(2008). 유치원과 초등학교 과학교재의 「지구와 우주」 관련 개념에 대한 연계 성 분석. **유아교육연구**, 28(5), 57-77.

이경민(2001). 상호작용적 교수법에 의한 과학교육이 유아의 과학적 개념·탐구능력·태도 에 미치는 효과. **유아교육연구**, 21(4), 261-283.

이경민(2005). 유치원 교사들의 과학불안과 과학불안 요인. **미래유아교육학회지**, 12(1), 385-406.

이경민(2007). 유아과학교육에 대한 유치원 교사의 인식. **유아교육학논집**, 13(3), 237-263.

이경하(2007). 구성주의에 기초한 유아의 운동개념 변화과정 탐구. 중앙대학교 대학원 박사 학위논문.

이기현(2013). **자연과 상호작용을 위한 유아과학교육**. 경기: 정민사.

이명순(2001). 유치원 교사가 되어 가는 과정에 관한 이야기. 중앙대학교 대학원 박사학위논문.

이명제(2001). 제7차 과학과 교육과정의 특성과 과제. 한국지구과학회지, 22(3), 248-257.

이문강(2001). 교수학습유형에 따른 과학활동이 유아의 문제해결력과 또래관계에 미치는 영향. 충남대학교 교육대학원 석사학위논문.

이미오(2014). 만 3세 유아의 통합요리 활동이 호기심 및 과학과정기술에 미치는 효과. 총신대학교 교육대학원 석사학위논문.

이민정, 이연승, 전지형, 강민정, 이해정, 김정희, 전윤숙, 박주연(2012). 유아과학교육: 실험중심 탐구활동. 경기: 공동체.

이보영(2012). 유아의 동물개념발달 연구. 실천유아교육, 17(2), 1-19.

이봉주(1997). 고등학교 과학 교과서에서 수학 내용의 분석. 한국교원대학교 대학원 석사학위논문.

이수연(2013). 유아교사의 「5세 누리과정」 적용에 관한 연구. 한양대학교 교육대학원 석사학위논문.

이수이(2003). 맥락적 단서가 유아의 동물에 대한 생물학적 특성 개념에 미치는 영향. 한국교원대학교 교육대학원 석사학위논문.

이수현(2004). 화학의 본질에 기초한 유아 화학 관련 활동 분석. 덕성여자대학교 대학원 석사학위논문.

이신숙(2006). 통합요리활동이 유아의 과학적 사고 및 문제해결력에 미치는 영향. 동국대학교 교육대학원 석사학위논문.

이용분(2002). 분류와 유추의 근거에 대한 이해능력의 발달. 국민대학교 교육대학원 석사학위논문.

이은송(2021). 2019 개정 누리과정에 기초한 유아과학교육에 관한 교사의 인식 및 교사교육 요구도. 연세대학교 교육대학원 석사학위논문.

이정애, 홍승호(2008). 초등학생들의 곤충에 대한 개념 인지도 및 오개념 형성 원인 분석. 교과교육학연구, 12(3), 669-686.

이정욱, 유연화(2006). 유아수학교육. 서울: 정민사.

이창호(2011). 장애학생과 일반학생의 과학적 개념 및 오개념에 대한 비교 분석 연구. 위덕대학교 일반대학원 박사학위논문.

이효진(2010). 만 5세 유아의 모래놀이 행동 및 과학개념에 대한 질적 연구. 이화여자대학교 대학원 석사학위논문.

임명혁(2001). 물의 상태변화와 상태변화의 조건에 대한 유아, 초등, 중학교 학생들의 개념 분석. 한국교원대학교 대학원 석사학위논문.

장현숙(2005). 과학관 현장학습을 통한 중학생들의 과학적 소양 및 인식 변화. 이화여자대학교 대학원 박사학위논문.

장혜순, 정은정, 윤신숙(2005). 물리적 지식활동(PKA)을 통한 유아과학교육. 경기: 양서원.

전성수(2013). 초등학생의 과학적 의사소통능력 검사도구 개발. 한국교원대학교 대학원 박사
학위논문.

정다희(2014). 경험귀납적 과제 유형, 가설연역적 과제 유형의 물리적 지식 활동에서 나타난
만 5세 유아의 논리−수학적 사고 발달 특성. 덕성여자대학교 대학원 석사학위논문.

정명숙(2007). 유치원 교사의 유아 과학 교육에 대한 지식과 태도. 열린유아교육연구, 12(5),
255-279.

정병훈(1996). 초등학교「슬기로운 생활」및「자연」과 소재의 선정과 학습지도에 관하여: '자
석' 단원의 내용과 지도를 중심으로. *The Journal of the Institute of Science Education,*
17, 171-190.

정연주, 최지영(2021). 2019 개정 누리과정에 대한 유아교사 놀이 인식에 관한 연구. 한국지식
정보기술학회 논문지, 16(1), 195-205.

정정희, 최효정, 이선정(2007). 유아교사의 과학지식에 따른 과학 활동에서의 교사의 언어적
상호작용. 미래유아교육학회지, 14(3), 121-143.

제레드 다이아몬드(2013). 총, 균, 쇠: 무기, 병균, 금속은 인류의 운명을 어떻게 바꿨는가. 서울: 문
학사상.

제이콥 브로노프시키(1997). 과학과 인간가치. 전주: 전주대학교출판부.

제이콥 브로노프시키(2008). 인간을 묻는다: 과학과 예술을 통해 본 인간의 정체성. 서울: 도서출판
개마고원.

조명아, 윤은주(2012). 교사의 과학적 개념 이해수준에 따른 교수학습 방식 탐색: 상업화된
유아과학 프로그램을 중심으로. 열린유아교육연구, 17(5), 23-46.

조부경, 고영미(2004). 유아의 성과 교사 변인에 따른 유아의 과학에 대한 태도. 한국과학교육
학회지, 24(5), 833-842.

조부경, 고영미(2006). 유치원 교사의 과학 교수 불안, 과학 교수 실제 및 유아의 과학에 대한
태도. 열린유아교육연구, 11(6), 339-369.

조부경, 고영미, 김효남, 백성혜, 박재원, 박진옥, 임명혁(2002). 증발과 증발 조건에 관한 활
동에서 유 · 초 · 중학교 학생들의 개념 유형 및 학년별 경향성에 관한 연구. 한국과학교육
학회지, 22(2), 286-298.

조부경, 고영미, 남옥자(2013). 예비교사와 현직교사를 위한 유아과학교육. 경기: 양서원.

조부경, 서소영(2001). 유치원 교사의 과학교수효능감에 영향을 미치는 관련 변인 연구. 아동
학회지, 22(2), 361-373.

조부경, 이은진(2007). 유치원 교사의 과학교수지식에 영향을 주는 관련 변인 연구. 열린유아교육연구, 12(1), 185-205.

조부경, 이은진(2011). '물에 물체가 뜨고 가라앉는 현상'에 대한 만4~5세 유아의 개념 분석. 유아교육연구, 31(5), 481-507.

조정대(2000). 유치원 과학교육에 대한 교사의 인식 조사 연구. 인하대학교 교육대학원 석사학위논문.

조정화, 김경숙(2013). 유아교사의 과학 교과교육학지식 수준에 따른 과학교수적극성과 과학불안. 생태유아교육연구, 12(1), 139-158.

조형숙(2001). 유아교사의 과학지식과 과학교수에 대한 태도간의 관계. 유아교육학논집, 5(1), 117-139.

조형숙, 김선월, 김지혜, 김민정, 김남연(2014). 삶의 가치와 아름다움을 찾아가는 유아과학교육. 서울: 학지사.

조형숙, 김현주, 박은주, 김민정(2005). 유아교사의 자연친화 교육활동 경험의 의미 탐색. 유아교육학논집, 9(1), 159-180.

조형숙, 유은영(2011). 과학교수효능감이 높은 유아교사가 인식하는 좋은 과학수업의 의미. 유아교육연구, 31(2), 333-359.

조혜영, 황인주(2012). 5세 누리과정을 적용하는 과정에서 담당교사들이 겪게 되는 긍정적 경험, 어려움과 개선방안. 유아교육연구, 32(5), 181-205.

조홍자, 김영옥(2011). 과학활동 중 접하게 되는 오개념에 대한 유아교사의 인식. 열린유아교육연구, 16(6), 1-23.

조희형(2003). 일반과학교육학. 경기: 교육과학사.

조희형, 김희경, 윤희숙, 이기영(2009). 과학교육의 이론과 실제. 경기: 교육과학사.

조희형, 김희경, 윤희숙, 이기영(2014). 과학교육론. 경기: 교육과학사.

지성애, 김치곤(2011). 유아 과학교육에 대한 유치원 교사의 인식과 실태 분석. 유아교육학논집, 15(4), 46-75.

지현주(2012). 5세 누리과정 운영에 대한 보육교사의 인식 조사. 서원대학교 교육대학원 석사학위논문.

채윤정(2009). 교육과정 개정에 따른 유치원과 초등학교 1학년 과학교육 연계성 변천 연구. 영남대학교 교육대학원 석사학위논문.

최경희, 김성원, 김대식, 조희형(2000). 중학교 과학과 토의 학습을 위한 자료개발과 적용 효과: 힘과 운동 개념을 중심으로. 한국과학교육학회지, 20(4), 510-518.

최영완(1998). 초등학교 고학년 학생의 전기와 자석 개념 및 과학에 대한 태도의 한·일 비교

연구. 한국교원대학교 대학원 석사학위논문.

최정열(2000). 「물질의 변화」에 대한 과학활동에서 나타난 유아의 과학적 사고과정. 한국교원대학교 대학원 석사학위논문.

최재천(2001). 과학ㆍ종교ㆍ윤리의 대화. 서울: 궁리출판.

최진승, 김지영(1998). 유아의 자연물에 대한 연상, 유사성, 생명 개념에 관한 연구. 동아교육논총, 11, 45-77.

최혜윤(2020). 2019 개정 누리과정과 초등학교 통합교과과정을 통해 살펴본 과학교육내용 분석 연구: 과학개념을 중심으로. 미래유아교육학회지, 27(2), 23-48.

토마스 쿤(2013). 과학혁명의 구조. 서울: 까치글방.

하대현, 남상인, 황해익, 어윤경(2007). 청소년의 '자기 이해'를 위한 직업인성검사도구 및 상담매뉴얼 개발: 2차년도 최종보고서. 서울: 한국고용정보원.

하태경, 심규철, 김현섭, 박영철(2008). 과학 교과에서 학습 동기 전략을 활용한 4E & E 순환 학습모형의 개발. 한국과학교육학회지, 28(6), 527-545.

한경희(2020). 2015 개정 교육과정을 연계한 과학관 현장체험학습 프로그램 개발: 초등학교 4학년 과학 '지진'을 중심으로. 연세대학교 교육대학원 석사학위논문.

한미라, 김은숙(2006). 경남지역 유아교사의 과학교육 실태와 유아과학교육의 방향. 미래유아교육학회지, 13(2), 25-65.

한유미(2014). 유아과학교육. 서울: 창지사.

한순화(2009). 표준보육프로그램에 대한 보육교사들의 관심 및 활용도. 경희대학교 교육대학원 석사학위논문.

한정선, 김영수, 주영주, 강명희, 정재섭, 박성희(2009). 미래사회를 위한 교육방법 및 교육공학. 경기: 교육과학사.

한태현(2015). 날씨변화에 대한 초등학생의 개념 유형과 개념 형성 요인에 대한 연구. 서울교육대학교 교육전문대학원 석사학위논문.

허윤정(2008). 유아의 비디오 동영상 모니터링이 자석 자력개념 형성에 미치는 영향. 덕성여자대학교 대학원 석사학위논문.

홍성욱(2008). 홍성욱의 과학에세이: 과학, 인간과 사회를 말하다. 서울: 동아시아.

홍은주, 조형숙(2003). 유아교육기관에서의 자연환경구성활동의 교육적 의미. 유아교육학논집, 7(2), 157-180.

홍준의, 최후남, 고현덕, 김태일(2006a). 살아있는 과학 교과서 1: 과학의 개념과 원리. 서울: 휴머니스트.

홍준의, 최후남, 고현덕, 김태일(2006b). 살아있는 과학 교과서 2: 과학과 우리의 삶. 서울: 휴머니스트.

홍혜진(2020). 과학적 소양을 위한 과학교육 내용구성의 쟁점에 대한 고찰: '과학지식' vs. '과학을 둘러싼 맥락'을 중심으로. 서울대학교 대학원 석사학위논문.

홍후조(2002). 교육과정의 이해와 개발. 서울: 문음사.

황동숙(2001). 또래 간 협동학습이 유아의 과학적 행동, 과학적 언어사용, 과학적 문제해결 능력에 미치는 영향. 덕성여자대학교 교육대학원 석사학위논문.

황윤세, 강현석, 유제순(2006). 유치원 교육과정에서의 탐구생활과 초등학교 교육과정의 연계성 분석. 유아교육연구, 26(3), 33-57.

황의명, 조형숙(2013). 탐구 능력 증진을 위한 유아과학교육. 경기: 정민사.

황해익, 송연숙, 조영기(2004). 유아교사 양성과정의 유아과학교육 강좌에 대한 현직교사의 인식 및 요구. 열린유아교육연구, 8(4), 129-150.

황해익, 정명숙(2007). 유치원 과학 활동과 평가의 실태 및 바람직한 방향에 대한 교사의 인식. 한국영유아보육학, 50, 139-163.

Ashton, P. (1984). Teacher efficacy: A motivational paradigm for effective teacher education. *Journal of Teacher Education, 35*(5), 28-32.

Atkin, J. M., Black, P., & Coffey, J. (2001). *Classroom Assessment and the National Science Education Standards*. Washington, DC: National Research Council.

Atkin, J. M., & Karplus, R. (1962). Discovery or invention?. *The Science Teacher, 29*(5), 45-51.

Aydin, S., & Boz, Y. (2010). Pre-service elementary science teachers' science teaching efficacy beliefs and their sources. *Elementary Education Online, 9*(2), 694-704.

Azar, A. (2010). In-service and pre-service secondary science teachers' self-efficacy beliefs about science teaching. *Educational Research and Reviews, 5*(4), 175-188.

Baldwin, J. L., & Adams, S. M. (2009). Science at the center: An emergent, standards-based, child-centered framework for early learners. *Early Childhood Education Journal, 37*, 71-77.

Bandura, A. (1977). Self-efficacy: Toward a unifying theory of behavioral change. *Psychological Review, 84*, 191-215.

Bandura, A. (1997). *Self-efficacy: The exercise of control*. New York: W. H. Freeman.

Bar, V., & Galili, I. (1994). Stage of children's views about evaporation. *International Journal of Science Education, 16*(2), 157-174.

Berk, L. E., & Spuhl, S. T. (1995). Maternal interaction, private speech, and task performance in preschool children. *Early Childhood Research Quarterly, 10*(2), 145-169.

BSCS (2011). *BSCS Biology: A human approach* (4th ed.). Dubuque, IA: Kendall Hunt Publishing Company.

Bloom, B. S. (1984). *Taxonomy of educational objectives: Book 1 cognitive domain* (2nd ed.). Boston, MA: Addison Wesley Publishing Company.

Blosser, P. E. (2000). *How to ask the right questions.* Arlington, VA: NSTA Press.

Brenneman, K., & Louro, I. F. (2008). Science journals in the preschool classroom. *Early Childhood Education Journal, 36*, 113-119.

Brooks, J. G. (1990). Teachers and students: Constructivists forging new connections. *Educational Leadership, 47*(3), 68-71.

Brooks, J. G., & Brooks, M. G. (1999). *In search of understanding: The case for constructivist classrooms.* Alexandria, VA: Association for Supervision and Curriculum Development.

Bruner, J. S. (1961). The act of discovery. *Harvard Educational Review, 31*, 21-32.

Bybee, R. W., Powell, J. C., & Trowbridge, L. W. (2007). *Teaching secondary school science: Strategies for development scientific literacy* (9th ed.). London, UK: Pearson Publishing.

Bybee, R. W., Taylor, J. A., Gardner, A., Scotter, P. V., Powell, J. C., Westbrook, A., & Landes, N. (2006). *The BSCS 5E instructional model: Origins, effectiveness, and applications.* Colorado Springs, CO: BSCS.

Campbell, C., & Jobling, W. (2012). *Science in early childhood.* Cambridge, UK: Cambridge University Press.

Carey, S., & Gelman, R. (1991). *The epigenesis of mind: Essays on biology and cognition.* Hillsdale, NJ: Lawrence Erlbaum.

Carin, A. A. (1997). *Teaching science through discovery* (8th ed.). Upper Saddle River, NJ: Prentice Hall, Inc.

Chaille, C., & Britain, L. (2005). 유아과학교육의 구성주의적 접근(이종희, 김선영 공역). 경기: 교육과학사.

Chiappetta, E. L., & Koballa, T. R. (2014). *Science instruction in the middle and secondary schools: Developing fundamental knowledge and skills* (8th ed.). Upper Saddle River,

NJ: Prentice Hall.

Clement, J., Brown, D. E., & Zietsman, A. (1989). Not all preconceptions are misconceptions: Finding 'anchoring conceptions' for grounding instruction on students' intuitions. *International Journal of Science Education, 11*, 554-565.

Coll, R. K., & Taylor, N. (2009). Exploring international perspectives of scientific literacy: An overview of the special issue. *International Journal of Environmental & Science Education, 4*(3), 197-200.

Czemiak, C., & Chiarelott, L. (1990). Teacher education for effective science instruction: A social cognitive perspective. *Journal of Teacher Education, 41*(1), 49-58.

DeVries, R., Zan, B., Hildebrandt, C., Edmiaston, R., & Sales, C. (2002). *Developing constructivist early childhood curriculum: Practical principles and activities.* New York, NY: Teachers College Press.

Driver, R., & Oldham, V. (1986). A constructivist approach to curriculum development in science. *Studies in Science Education, 13*(1), 105-122.

Enger, S. K., & Yager, R. E. (2009). *Assessing student understanding in science: A standards-based K-12 handbook.* Thousand Oaks, CA: Corwin Press.

Felder, R. M., & Brent, R. (2007). Cooperative learning. In P. A. Mabrouk (Ed.), *Active learning: Models from the analytical sciences(ACS symposium series 970)* (pp. 34-53). Washington, DC: American Chemical Society.

Feldman, R. S. (1999). *Child development: A topical approach.* Upper Saddle River, NJ: Prentice-Hall, Inc.

Fernyhough, C. (1996). The dialogic mind: A dialogic approach to the higher mental functions. *New Ideas in Psychology, 14*(1), 47-62.

Gallenstein, N. L. (2003). *Creative construction of mathematics and science concepts in early childhood.* Olney, MD: Association for Childhood Education International.

Gilbert, J. K., Osborne, R. J., & Fensham, P. J. (1982). Children's science and its consequences for teaching. *Science Education, 66*(4), 623-633.

Gonya, J. (2010). *Early childhood building blocks: Turning curiosity into scientific inquiry.* Columbus, OH: The Ohio Resource Center & The Ohio Department of Education.

Gunstone, R. F. (2000). Constructivism and learning research in science education. In D. C. Phillips (Ed.), *Constructivism in education: Options and second opinions of controversial issues* (pp. 254-280). Chicago, IL: The National Society for the Study of

Education.

Guskey, T. R., & Passaro, P. D. (1994). Teacher efficacy: A study of construct dimensions. *American Educational Research Journal, 31*(3), 627-643.

Halle, T., Metz, A., & Martinez-Beck, I. (2013). *Applying implementation science in early childhood programs and systems.* Baltimore, MD: Paul H. Brookes Publishing Co.

Hammer, M., & Polnick, B. (2007). Preparing tomorrow's science teachers. *Educational Leadership, 64*(4), 80-83.

Harlan, J. D., & Rivkin, M. S. (2012). *Science experiences for the early childhood years: An integrated affective approach.* Upper Saddle River, NJ: Pearson Prentice Hall.

Head, J. (1986). Research into 'Alternative Frameworks': Promise and problems. *Research in Science and Technological Education, 4*(2), 203-211.

Hurd, P. D. (1958). Science literacy; Its meaning for American schools. *Educational Leadership, 16*(1), 13-16.

Inagaki, K., & Hatano, G. (1993). Young children's understanding of the mind-body distinction. *Child Development, 64*(5), 1534-1549.

Inagaki, K., & Hatano, G. (1996). Young children's recognition of commonalities between animals and plants. *Child Development, 67*(6), 2823-2840.

Inagaki, K., & Hatano, G. (2006). Young children's conception of the biological world. *Current Directions in Psychological Science, 15*(4), 177-181.

IPCC (2014). *AR5 synthesis report: Climate change 2014.* Retrieved August, 4, 2022 from https://www.ipcc.ch/report/ar5/syr/

Kamii, C., & DeVries, R. (1993). *Physical knowledge in preschool education: Implications of Piaget's theory.* New York, NY: Teachers College Press.

Karmiloff-Smith, A. (1992). *Beyond modularity: A developmental perspective on cognitive science.* Cambridge, MA: MIT Press.

Keys, C. W. (1999). Revitalizing instruction in scientific genres: Connecting knowledge production with writing to learn science. *Science Education, 83*(2), 115-130.

Kuhn, D. (1989). Children and adults as intuitive scientists. *Psychological Review, 96*(4), 674-689.

Lind, K. K. (2005). *Exploring science in early childhood education: A developmental approach* (4th ed.). Clifton Park, NY: Delmar, Cengage Learning.

Markman, E. M., & Hutchinson, J. E. (1984). Children's sensitivity to constraints on word meaning: Taxonomic versus thematic relations. *Cognitive Psychology, 16*(1), 1-27.

Martin, D. J. (2000). *Elementary science methods: A constructivist approach.* Belmont, CA: Wadsworth.

Martin, D. J. (2014). 초등교사를 위한 과학교육(권성기, 김동렬, 임청환 공역). 서울: 도서출판 북스힐.

Martin, R. Sexton, C., & Gerlovich, J. (1999). *Science for all children: Lessons for constructing understanding.* Needham Heights, MA: Allyn and Bacon.

Moomaw, S. (2013). *Teaching STEM in the early years: Activities for integrating science, technology, engineering, and mathematics.* St. Paul, MN: Redleaf Press.

Moore, W., & Esselman, M. (1992). Teacher efficacy, power, school climate and achievement: A desegregating district's experience. Paper presented at the Annual Meeting of the American Educational Research Association, San Francisco, CA.

Myers, G. E., & Myers, M. T. (1991). *The dynamic of human communication: A laboratory approach* (6th ed.). New York, NY: McGraw-Hill Humanities/Social Sciences/ Languages.

NSTA (1991). *Position Statement.* Washington DC: National Science Teachers Association.

OECD (2009). PISA 2009 Assessment Framework: Key competencies in reading, mathematics and science.

Orion, N. (1989). Development of a high-school geology course based on field trips. *Journal of Geological Education, 37*, 13-17.

Paik, S. H., Cho, B. K., & Go, Y. M. (2007). Korean 4 to 11 year old student conceptions of heat and temperature. *Journal of Research in Science Teaching, 44*(2), 284-302.

Perera, L. D. H., Bomhoff, E. J., & Lee, G. H. Y. (2014). Parents' attitudes towards science and their children's science achievement. MONASH University Department of Economics, Discussion Paper.

Philips, W. C. (1991). Earth science misconceptions. *The Science Teacher, 58*(2), 21-23.

Pine, K., Messer, D., & St. John, K. (2001). Children's misconceptions in primary science: A survey of teachers' views. *Research in Science and Technological Education, 19*(1), 79-96.

Posner, G. J., Strike, K. A., Hewson, P. W., & Gertzog, W. A. (1982). Accommodation of a scientific conception: Toward a theory of conceptual change. *Science Education, 66*(2), 211-227.

Riaz, M. (2004). Helping children to understand particulate nature of matter. *Alberta Science Educational Journal, 36*(2), 56-59.

Rieber, R. W., & Wollock, J. (1997). *The collected works of L. S. Vygotsky: Problems of the theory and history of psychology*. New York, NY: Plenum Press.

Riley, D., San Juan, R. R., Klinkner, J., & Ramminger, A. (2008). *Social & emotional development: Connecting science and practice in early childhood settings*. St. Paul, MN: Redleaf Press.

Ross, J. A., & Smyth, E. (1995). Differentiating cooperative learning to meet the needs of gifted learners: A case for transformational leadership. *Journal for the Education of the Gifted, 19*(1), 63-82.

Settlage, J., & Southerland, S. A. (2007). *Teaching science to every child: Using culture as a starting point*. New York, NY: Routledge.

Shepardson, D. P. (2001). *Assessment in science: A guide to professional development and classroom practice*. Norwell, MA: Kluwer Academic Publishers.

Slavin, R. E. (1994). *Cooperative learning: Theory, research and practice* (2nd ed.). Upper Saddle River, NJ: Pearson Prentice Hall.

Smolleck, L., & Hershberger, V. (2011). Playing with science: An investigation of young children's science conceptions and misconceptions. *Current Issues in Education, 14*(1), 1-31.

Stavy, R., & Stachel, D. (1985). Children's ideas about 'solid' and 'liquid'. *European Journal of Science Education, 7*(1), 407-421.

Stavy, R. (1991). Children's ideas about matter. *School Science and Mathematics, 9*(6), 240-244.

Sterman, J. D., & Sweeney, L. B. (2002). Cloudy skies: Assessing public understanding of global warming. *System Dynamics Review, 18*(2), 207-240.

Taber, K. S. (2009). *Progressing science education: Constructing the scientific research programme into the contingent nature of learning science*. Manhattan, NY: Springer.

Tatar, E. (2011). Prospective primary school teachers' misconceptions about states of matter. *Educational Research and Reviews, 6*(2), 197-200.

Tschannen-Moran, M., Hoy, A. W., & Hoy, W. K. (1998). Teacher efficacy: Its meaning and measure. *Review of Educational Research, 68*(2), 202-248.

Tversky, B. (1985). The development of taxonomic organization of named and pictured categories. *Developmental Psychology, 21*(6), 1111-1119.

Vali, I. (2013). The role of education in the knowledge-based society. *Social and Behavioral Sciences, 76*, 388-392.

Van Driel, J., Beijaard, D., & Verloop, N. (2001). Professional development and reform in science education: The role of teachers' practical knowledge. *Journal of Research in Science Teaching, 38*(2), 137-158.

Viennot, L. (1979). Spontaneous reasoning in elementary dynamics. *European Journal of Science Education, 1*(2), 205-221.

von Glasersfeld, E. (1995). A constructivist approach to teaching. In Steffe, L. P. & Gale, J. (Eds.), *Constructivism on education* (pp. 3-15). Hillsdale, NJ: Lawrence Erlbaum.

Vosniadou, S., & Brewer, W. (1992). Mental models of the earth: A study of conceptual change in childhood. *Cognitive Psychology, 24*(4), 535-585.

Vosniadou, S., & Brewer, W. (1994). Mental models of the day/night cycle. *Cognitive Science, 18*(1), 123-183.

Vygotsky, L. S. (1978). *Mind in society.* Cambridge, MA: Harvard University Press.

Vygotsky, L. S. (1986). *Thought and language.* Cambridge, MA: The MIT Press.

Wenham, M. (2001). *200 Science investigations for young students.* Thousand Oaks, CA: A SAGE Publications Company.

Westerback, M. E. (1984). Studies on anxiety about teaching science in preservice elementary teachers. *Journal of Research in Science Teaching, 21*(9), 937-950.

Woolfolk, A. E., & Hoy, W. K. (1990). Prospective teachers' sense of efficacy and beliefs about control. *Journal of Educational Psychology, 82*, 81-91.

Worth, K., & Grollman, S. (2003). *Worms, shadows, and whirlpools: Science in the early childhood classroom.* Portsmouth, NH: Heinemann.

Yager, R. E., & McCormack, A. J. (1989). Assessing teaching/learning successes in multiple domains of science and science education. *Science Education, 73*(1), 45-58.

Yilmaz, H., & Cavas, P. H. (2008). The effect of the teaching practice on pre-service elementary teachers' science teaching efficacy and classroom management beliefs. *Eurasia Journal of Mathematics, Science & Technology Education, 4*(1), 45-54.

Zeidler, D. L. (2002). Dancing with maggots and saints: Visions for subject matter knowledge, pedagogical knowledge, and pedagogical content knowledge in science teacher education reform. *Journal of Science Teacher Education, 13*(1), 27-42.

🔬 찾아보기

인명

A

Ausubel, D. 141

B

Bandura, A. 44
Britain, L. 165, 234, 254
Bruner, J. S. 141

C

Chaille, C. 165, 234, 254

D

Dalton, J. 91
Driver, R. 85

E

Enger, S. K. 52

G

Gagne, R. M. 140

Gallenstein, N. L. 182

H

Hurd, P. D. 49

M

Martin, D. J. 115, 159
McCormack, A. J. 52
Mendel, G. J. 129

O

Oldham, V. 85

P

Pavlov, I. P. 140
Piaget, J. 141

R

Roentgen, W. C. 27

S

Skinner, B. F. 140

T

Thorndike, E. L. 140

V

Vygotsky, L. S. 149

W

Watson, J. D. 172
Westerback, M. E. 42

Y

Yager, R. E. 52

내용

2007 개정 교육과정 73

2007 개정 유치원 교육과정 74

2009 개정 교육과정 73

2015 개정 교육과정 73

2019 개정 누리과정 59, 75, 216

3~5세 연령별 누리과정 75

5E 모형 182

5세 누리과정 74

BSCS 182

DNA 172

IPCC 29

NRC 116

NSTA 50

OECD 49

PISA 49

X선 27

ㄱ

가방 91

가상놀이 147

가설 18, 104, 113, 128, 178, 179

가설 연역적 사고 148

가설검증과정 182

가역적 사고 147

가을 258, 259

가죽 91

가지 245

가치 84

가치 판단 185

각설탕 266

간접 경험 193

갈등 상황 144

감각 운동체계 147

감각기관 104, 247, 249, 251

감각기능 59

감각운동기 146, 147

감각적 반응 147

감자 96

감정 123

감정이입 63

강 99, 237, 239, 257

강물 218, 266

강의 85, 141, 184

강의식 38

강판 230

강한 상호작용 88

강화이론 140

개구리 96, 240

개념 18, 52, 194

개념도입 181

개념적용 181

개념화 158

개미 100

개방성 124

개방적 의사소통 188

개방적 질문 52, 167

개별학습 192

개인적 본성 149

개인적 주관 123

개인차 65, 162

개입 216

개화 258

객관성 123

거미줄 223

건강관리 248

건강생활 74

건강수명 27

건물 271

게임 240, 241

겨울 243, 258, 259

겨울옷 260

겨울잠 238, 240

결과기대감 44

경도 275

경사로 205

경이감 254

경제개발계획 47

경제생산 50

경제성장 47

경제학 193

경향성 239, 241, 266

경험 144, 162

경험 중심 교육과정 68, 70

경험과학 87

계열화 140

계절 257, 258

계절 변화 101
계절 활동 258
고구마 100
고도 269, 275
고등정신기능 149, 164
고무 91
고무줄 201
고무찰흙 247
고사리 244
고슴도치 240
고엽제 30
고전 물리학 87
고전적 조건화 이론 140
고차원적 사고 189
고차원적 사고능력 146
고차원적 정신 기능 149
고체 88, 92
고추 245
곡식 258
곤충 35, 83, 237, 238
골판지 209
공간 234, 235
공간구성방식 172
공간적 인접성 82
공감 63
공굴리기 59
공기 264
공룡 100, 267
공보 168
공보 관리 165
공상과학영화 274
공원 34, 261
공전 101, 268
공터 267

공통점 106
공포심 238
공학 75
과일 228, 230
과일주스 230, 231
과일즙 231
과자 229
과자틀 225
과정 52
과학 16
과학 교수 불안 41, 42, 172
과학 교수 효능감 44, 173
과학 도구 61
과학 동화책 262
과학 수업 34, 45, 186
과학 태도 131
과학 활동 84, 112
과학관 33, 190, 242
과학글짓기 36
과학에 대한 태도 21
과학의 본성 52
과학자 22, 31
과학자 그리기 검사 23
과학적 개념 39, 49, 152, 167
과학적 과정 49
과학적 방법 19, 65
과학적 소양 49, 190, 234
과학적 연구 122, 125
과학적 재능 58
과학적 탐구 149
과학적 탐구과정 65
과학적 탐구능력 66, 103
과학적 태도 21, 65
과학지식 17, 65, 161, 172

과학포스터 36
관계 194
관습 164
관심 162, 189
관절 249, 252
관찰 66, 83, 104, 117, 165, 166
관찰 결과 104, 178, 242
관찰능력 104, 106
관찰자 104
광물 37
광합성 243
교과 69
교과 중심 교육과정 68, 69
교과군 73
교사 83
교사교육 45
교사연수 41, 83
교수 184
교수 설계 140
교수 효능감 44
교수몰입 45
교수요목 71
교수-학습 모형 189
교수-학습 방법 45, 85, 141, 184
교수-학습 전략 115, 159
교수-학습 패러다임 139
교실 235
교실 문화 172
교실 문화 조성 165
교실 분위기 71
교육사조 68
교육현장 45
교육환경 162
교통 25

구름 63, 96, 99, 259
구성원 189
구성주의 68, 139, 141, 159
구조 88
구조적 관찰 117
구체적 조작기 146, 147
구형 100
국가안보 69
국제연합환경계획 29
국지성 집중호우 99
궁금증 213, 220
귀지 98
귓구멍 98
규칙 63
규칙성 176, 194, 239, 241
균 251
그래프 114
그림 110, 114, 240
그림자 63, 269
그림자놀이 272
그림자밟기 271
그믐달 272
근육 249
근접 150
근접발달영역 150
금속 91
긍정성 121
기권 263
기능 67, 94
기름 217
기상청 30
기상학 98, 274
기압 88
기억 149

기온 259
기울기 206
기질 189
기체 88, 92
기화 93
기후변화 29, 99, 274
긴장감 63
길이 260
길이 측정 109
깻잎 245
꽃 63, 237, 243
끈기 129
끓는점 91, 92

ㄴ

나가사키 30
나무 91, 243
나무 그늘 271
나무 블록 60, 201
나무토막 89
나뭇잎 35, 243
나비 96, 238, 242
나사 201, 203
낙엽 258
날씨 258, 274
남반구 275
낮 269
내면화 과정 142
내적 언어 153
내핵 99
냄새 229, 246, 264
냇물 96
냉난방 258
냉동실 221

냉장고 220
너구리 240
네이팜탄 30
노동생산성 47
노른자 228, 232
녹는점 91
논 264
논리적 문제해결력 74
논리적 사고 147, 149
논리적 사고구조 146
논리적 사고력 60, 65
논리적 추론 149
놀이 75
놀이 환경 216
놀이터 220, 238, 257
농사 218
농약 28
농업 생산성 91
농업생산량 91
뇌용량 98
눈 218, 257, 275
눈대중 109
눈싸움 257
뉴턴역학 87
뉴턴의 운동 법칙 87
능동성 69, 121
능동적 참여 116
능동적 학습 189
니켈 99

ㄷ

다람쥐 240
다리 98
다문화사회 192

다양성 75
다이옥신 30
다큐멘터리 34
단순 놀이 215
단어 110
단추 107
단풍 258
달 99, 257, 268, 269
달걀 232
달걀말이 232
달걀부침 232
달걀찜 232
달력 273
달팽이 96
닭 232
당근 100
대공황 70
대근육 운동능력 59
대기오염 268
대량파괴무기 30
대류권 99, 263
대상 영속성 개념 147
대소변 251
대중매체 44, 83, 84, 101
대집단 165
대학입시 37
도구 64, 104
도덕성 122
도롱뇽 240
도르래 59
도마뱀 240
도시 26
도식 144
도우미 191

도토리 241
도화지 201
독가스 30
독립변인 206, 208
독성 234
독창성 159
돋보기 67
돌 266
동기 44, 162
동력 27
동물 95
동물학 95
동시성 82
동아리 36
동영상 101, 165, 212, 213
동전 201
동화 144
동화책 84, 101, 226
두께 260
두더지 100
듣기 61
들 264
들꽃 243, 247
들판 268
땀 251
또래 83

ㄹ
라디오 83
리커트 척도 135
링 자석 202

ㅁ
마그마 264

마술 234
마요네즈 232
마찰력 89
막대자석 202
만족감 62, 129
만화책 34
말굽자석 202
말투 171
말판 241
말하기 61
맛 246
매미 242
매화꽃 254
맥락적 단서 96
맨틀 99
머리 98, 248
머리카락 250
먹구름 259
먹이 240
메뚜기 242
메추리알 232
메탄가스 29
면역력 59
명왕성 18
모둠 활동 189
모래 266
모양 194, 246
모자 258
모형 18, 185, 191
목 98
목욕 218
몸속 기관 249, 251
몸짓 110
몸통 98

못 201
무게 측정 109
무분별한 유추 82
무생물 95
문·이과 통합교육과정 73
문제 179
문제해결 64, 178
문제해결과정 116
문제해결력 60, 67, 70, 149, 164, 188, 274
문학 193
문학 작품 193
문화 172
문화 다양성 192
문화적 배경 65, 192
물 217, 218
물 그림 219
물고기 96
물놀이 218
물로켓 36
물리 법칙 38
물리적 환경 82
물리학 17, 75, 87, 199
물리학 활동 199
물방울 223
물질 87, 91
물질대사 95
물질만능주의 47
물체 251
물총 218, 219
미각 80
미끄럼틀 209
미래세대 과학교육 표준 51
미생물 29, 95, 265

미생물학 95
미술 활동 212, 213, 247
미숫가루 221
미지 선호 120
믹서 230, 231
민주적 태도 188
밀가루 221, 229
밀가루 반죽 228
밀도 89, 91, 92

ㅂ

바다 237, 239, 245, 257
바닷물 218, 264
바람 63, 209, 258, 259, 266
바람개비 212
바위 99, 266
바이러스 29
박물관 33, 34, 190, 242
반구조화된 면담 117, 134
반구형 100
반복 141
반사적 행동 147
반응 199, 217
반죽 229
발 240
발견학습 70
발견학습모형 176
발견학습이론 141
발산적 사고 52
발아 258
발음 185
발톱 250
밤 269
밤낮 257

방향 88
밭 264
배기가스 29
배려 64
배설 97
배설기관 251
배출가스 29
뱀 240
번개 101, 259
번데기 238, 242
번식 258
벌레 238
법칙 18, 194
법칙성 84
베이킹파우더 228, 229
벽돌 92
변별하기 60
변성암 263
변온동물 240
변인 148, 215
변인 통제 113, 215
변조 123
변태 과정 242
변화과정 217
변화의 과정 217
별 99, 268
별똥별 268
별자리 268, 269, 275
병 251
병뚜껑 201
보름달 272
보존개념 93, 147, 218
보충형 73
본질주의 68, 70

볼트 201
봄 258
봉사활동 36
부력 88, 89
부모 83
부모교육 83
부유물 265
부직포 209
부직포 칠판 261
부채 203
부처님 101
부피 91
부피 측정 109
북반구 275
분류 67, 94, 107, 115, 194
분류능력 107, 108
분류하기 60
분석 66
분자생물학 27
분포 94
불꽃 반응 실험 37
불안 42
불완전변태 242
블록 206, 212
비 259
비가역적 사고 147
비계 151
비교 67, 106, 115, 185, 194
비교능력 107
비눗방울 223
비닐 235
비료 91
비옷 274
비유 185

비지시적 교수법 42
비판 185
비판성 127
비판적 사고력 67, 188, 189, 274
비판적 태도 186
비표준화 도구 109
비형식적 관찰 117
빈곤타파 71
빈부 격차 47
빗물 218, 266
빗방울 223
빙하 218, 266
빛 63, 269
빨대 213, 223
빨래 218
빵 229
빵가루 221
빵집 229
뼈 249
뿌리 243

ㅅ

사각형 100
사계절 258
사고 149, 153
사고방식 162
사랑 238
사례 185
사막 264
사물 104
사실 18
사이버 중독 51
사전 준비 188, 191
사전 지식 112, 159

사진 165, 240
사회관계망 26
사회구성원 50, 150
사회문제 70
사회문화적 상황 149
사회문화적 이론 149
사회문화적 환경 82
사회생활 74
사회성 84
사회성발달 63
사회적 경험 164
사회적 구성주의 149
사회적 본성 149
사회적 상호작용 144, 166, 171,
    181
사회적 정보 164
사회참여 50
사회학습이론 44
산 237, 264
산등성이 268
산사태 243
산소 99, 243
산업혁명 27
산책로 238
살충제 91
상상 123
상상력 52, 102, 149, 274
상징적 기능 147
상추 245
상태 불안 42
상태변화 90, 93, 217
상태특성불안척도 42
상현달 272
상호연계성 73

상호의존성 188
상호작용 87, 144, 149
상황과 맥락 49
새 237
새끼 238
색깔 194, 229, 243, 246, 264
색종이 213
생김새 238, 239
생리학 95
생명과학 75
생명의 존엄성 254
생명체 99, 190
생물 95
생물 다양성 95
생물학 17, 94, 190
생물학 활동 237
생산력 47
생산성 47
생식 95
생장 95
생존 95
생태계 28
생태학 75, 95
생화학 95
생활 모습 258
생활방식 240
생활습관 166
서식지 240
서열화 147
서편 현상 101
석고 가루 267
선개념 156, 181
선글라스 258
선악 127

선입견 238
설거지 218
설명 182
설명력 159
설탕 221
성간 물질 268
성급한 일반화 82
성단 268
성별 189
성숙 144
성운 268
성장 94, 96, 237
성장 중심 패러다임 48
성취감 62, 129, 189
성층권 99, 263
세계관 171, 172
세계기상기구 29
세차운동 101
세포 95
세포학 95
소근육 운동능력 59
소금 217, 221, 232
소금물 222
소나무 96
소리 110, 251
소립자물리학 87
소집단 64, 165
소집단 활동 61
소화 97
소화기관 251
속도 88
손뼉 252
손수건 220
손톱 248, 250

솔직성 122
쇠 90
수 감각 195
수 개념 195
수건 209
수권 263
수동성 140
수동적 관찰 106
수명 27
수분 265
수소폭탄 30
수압 88
수업 모형 176
수증기 218, 221
수학 193, 194
순물질 91
순환 97
순환기관 251
순환학습모형 181
술래 271
숲 267
스마트폰 51
스케이트 258
스키 258
스티로폼 90
스포이트 266
스푸트니크 69
습성 238, 239
승화 93
시각 80
시간 측정 109
시간적 순차성 82
시소 209
시연 163, 186

시청각 자료 166
시행착오 이론 140
식도 251
식물 95, 243, 266
식물도감 244, 262
식물원 262
식물학 95
식용 가능성 96
식초 92
신념 84
신문기사 34
신문지 209
신약 91
신체발달 59, 215
신체적 운동 147
신화 84
실물 191
실습 71
실외놀이 111, 209
실제적 발달 수준 150
실증주의 68
실패 62
실험 66, 71, 113, 116, 178, 179, 274
실험 결과 113, 114
실험 과정 180
실험 도구 187
실험 절차 180
실험설계과정 180
실험자료 114
심화형 73
쌀 228
썰매 258
쓰기 61

쓰레기 188
쓰레기더미 200
쓰임새 67
씨 245

ㅇ
아동 중심 교육 69
아동기 36
아열대기후 29
아이디어 57
안개 218
안내 163
안전사고 64
안정감 63
알 238, 242
알루미늄 접시 201
알코올램프 221
암권 263
암석 263, 275
암송 141
압력 88
앞치마 235
애니메이션 101
애벌레 96, 238, 242
액체 88, 92
액화 93
야산 267
약한 상호작용 88
양보 64
양분 265
양적 평가 141
어는점 91
어린이집 표준보육과정 74
어림짐작 109

어조 171
어휘 61, 193
억압 63
억양 171
언어 정보 140
언어발달 61, 215
언어생활 74
언어적 사고 153
언어적 상호작용 176, 188
얼음 221, 263
엄지손가락 252
에너지 87, 90
에너지 절약 51
여름 257, 258
여름옷 260
역사성 84
역사학 193
연계성 74
연구 과정 178
연구 부정행위 123
연구 윤리 23
연속성 257
연역적 사고 148
연필 91
열 90
열권 99, 263
열매 63
열쇠 201
열에너지 93
영구동토층 29
영양 96
영유아기 34
영화 34, 83
예측 112, 116

예측력 159

오감 65, 80

오개념 81, 182, 220

오렌지주스 231

오리알 232

오븐 229

오소리 240

오이 245

오즈의 마법사 212

온대기후 29

온도 90, 262, 274

온도 측정 109

온도계 67

온라인 26

온실가스 30

옷 203

옷핀 201, 203

완전변태 242

외적 언어 153

외핵 99

외현적 행동 140

요구르트 231

요리 227

용해도 92

우산 274

우생학 23

우유 231

우주 87, 102, 257

우주여행 274

운동 기능 140

운동 마찰 89

운동능력 59

운석 268

움직임 96, 171

웅덩이 220, 237

워크숍 41

원리 18

원소기호 38

원자물리학 87

원자폭탄 30

원판형 100

원형 자석 202

위 251

위계학습이론 140

위도 275

위성 99, 268

위조 123

유기물 243

유기체 95

유리 91

유목화 147

유사점 106

유선형 239

유아과학교육 15

유아교육현장 53

유아의 개념 79

유용성 225

유의미학습이론 141

유적지 263

유전공학 27

유전자 95

유전학 27

유체 89

유치원 교육과정 74

융합형 과목 73

융해 93

은신처 238

음력 273

음식 258

응고 93

의복 258

의사결정 47, 50, 64, 189

의사소통 61, 110, 115, 189

의사소통능력 61, 110

의사전달 184

이끼 244

이론 18, 194

이론 정립 165

이산화탄소 228

이상기온 99

이중 나선 구조 172

인간 중심 교육 69

인간 중심 교육과정 68, 70, 72

인간 중심 패러다임 48

인간성 71

인공위성 101

인공지능 27

인내 64

인력 88

인본주의 70, 72

인지 과정 104

인지 전략 140

인지갈등 144, 156, 167, 221, 269

인지구조 80, 142, 162, 181

인지발달 60, 144, 189, 215

인지발달이론 141, 144

인지적 구성주의 144

인지적 비평형 157, 181

인지적 측면 119

인지주의 139, 141

인체 97

인체 기관 248

인터넷 26, 44
인형 96, 212
일란성 쌍둥이 251
일몰 257
일상생활 69, 70, 257, 274
일주운동 101
일출 257
읽기 61
입 240
입자 93
잎 243

ㅈ
자 67
자갈 266
자극 140
자극 반응성 95
자기감정 62
자기공명영상 27
자기주장 124
자기중심적 사고 147
자기효능감 44
자동차 25, 96, 206
자라 240
자료 167, 178, 179
자료 수집 66
자발성 69, 121
자발적 개념 152
자발적 관찰 106
자발적 주의집중 149
자발적 참여 187
자부심 62
자석 200, 203
자석 블록 215

자석 퍼즐 215
자세 110
자신감 62
자아개념 192, 248
자아실현 70, 71
자연 237
자연물 35
자연세계 64, 80, 253, 254
자연재해 29
자연현상 86, 257, 274
자연환경 83
자원 179
자유탐구 73
자율성 75, 159
자의적 판단 104
자전 101, 269
자존감 189
작업복 235
잠자리 242
잠재능력 71
잠재적 발달 수준 150
잡지 34
장난감 124, 215
장단점 127
재개념화 80
재료 64
재질 260
재현 가능성 113
재현성 104, 114
저차원적 정신 기능 149
적극성 121
적극적 관찰 254
적도 275
적성 162, 192

적용 52, 179
전구 269
전기전도도 99
전기통신 26
전문가 178
전설 84
전시회 34
전인적 발달 70
전자 87
전자기 상호작용 88
전자기력 88
전쟁 30
전조작기 80, 146, 147
전향력 101
전화기 96
절대자 85
정량적 자료 수집 109
정량적 평가 170
정보처리 과정 141
정보처리이론 141
정서발달 62
정성적 자료 수집 109
정의적 측면 119
정지 마찰 89
정치학 193
제1차 교육과정 71
제1차 유치원 교육과정 73
제2차 교육과정 71
제2차 유치원 교육과정 73
제3차 교육과정 68, 71
제3차 유치원 교육과정 73
제4차 교육과정 71
제4차 유치원 교육과정 74
제5차 교육과정 72

제5차 유치원 교육과정 74
제6차 교육과정 72
제6차 유치원 교육과정 74
제7차 교육과정 73
제안 163
조개 100
조개껍데기 267
조리 227
조리실 235
조작 147
조작 변인 113
조절 145
조직학 95
존중 238
종교 84
종속변인 206, 208
종이 203, 212
종이컵 213
주도성 159
주말농장 36
주먹 252
주사기 89, 215, 216
주사위 241
주스 92
주의 149
주입식 38, 69
죽음 96, 237
줄기 243
중간권 99, 263
중력 88
중성자탄 30
중심화 148
중앙집권형 72
증기기관 25

증발 93, 218
증발 가스 29
증발과정 219
지각 99, 149
지각능력 27
지구 99, 268
지구 환경 263
지구과학 17, 75, 98, 190
지구과학 활동 257
지구본 269
지구온난화 29
지구자기장 99
지도력 189
지동설 18
지렁이 100
지레 59
지방분권형 72
지시 163
지시적 교수법 40
지시적 교수–학습 방법 160
지식기반사회 47
지식의 본질 70
지역 258
지역사회 기관 190
지우개 91
지적 기능 140
지적 능력 70
지진 98
지질시대 264
지질학 98, 274
지하수 218
직관 181
직관적 사고 82, 90
직관적 아이디어 80

진보주의 68, 70
진위 127
진화 94, 95
질감 205
질량 91
질량 측정 109
질문 85, 163, 165, 167, 185, 192
질병 91, 96
질서 63
질소 99
질의응답 185
집 238
짝짓기 60

ㅊ
차이점 106
찰흙 267
참여 182
참여적 교수–학습 방법 160
찹쌀가루 221
창문 211
창의성 52, 61, 184
창의적 탐구능력 74
창자 251
창조성 84
채소 35, 228, 247
책 203, 212
책받침 203, 212
책상 91
척력 88
척주 98
천동설 18
천둥 101, 259
천문대 34, 190

천문학 98, 274
천지 만물 84
천체 268
천체 운동 87
천체 활동 268
철 99
청각 80
체벌 140
체험관 242
초 · 중등 교육과정 73
초등학생 36
초승달 272
초음파 27
촉각 80
촉감 229, 246, 264
촛불 221
추론 67, 94, 111, 116, 249
추론능력 27, 112, 189
추리력 149, 164
추상성 147
추상적 사고 112, 148, 186
축구 경기 250
측정 109, 115, 194
측정 단위 109
측정 도구 109, 110, 250
측정 유형 109
측정 절차 109
칫솔질 40

ㅋ
캠프 36
컴퓨터 28
컴퓨터단층촬영 27
코딱지 98

코리올리 효과 101
코코아 가루 221
코피 98
쿼크 87
크기 194
클립 201, 203

ㅌ
탄생 237
탄저균 30
탐구능력 73
탐구생활 74
탐구학습 70
탐구학습모형 178
탐색 181, 182
탐색 행동 120
태도 21, 52, 140
태양 268, 270
태양 고도 102
태풍 98, 101, 213
텃밭 34, 257
텔레비전 44, 83
토론 188
토마토 245
토의 178, 188, 192, 266
통신 26
퇴적암 263
툰드라지대 29
특성 불안 42
특징 240
틀 223

ㅍ
파도 266

판단 149
판단 유보 127
팔 98
패턴 194
편견 123, 238
평가 182
평가 준거 131, 133
평형화 143, 144, 157
폐 251
폐쇄적 질문 167
포상 140
포유류 98, 240
포일 90
폭발사고 91
폭우 257
표 114
표면장력 223
표절 123
표정 110
표준화 검사 52
표현생활 74
푸코 진자 101
풀 237
풀잎 223
풍습 84
풍향계 213
플라스틱 접시 203, 212
플라스틱 컵 201
피드백 178, 239

ㅎ
하나님 101
하늘 239
하천 263

하현달 272
학교교육 69
학교생활 36
학년군 73
학문 중심 교육 69
학문 중심 교육과정 68, 70
학부모 191, 235
학술대회 23
학술지 23
학습 140, 184
학습 기록 165
학습 목표 177, 200
학습 스타일 171
학습 전략 162
학습과제 162
학습능력 27, 192
학습동기 184, 185
학습양식 192
학습자 69, 140, 178
학업성취 44, 116
학업성취도 45, 115
합성 섬유 91
항공기 25
항문 251
항상성 95
항성 268
항존주의 69
해 99, 268
해방감 63
해석 123
해양 263
해양학 98, 274
핵물리학 87
햇빛 262

행동 양식 166
행동 지표 116
행동주의 139, 140
행성 268, 275
행위 199
향기 243
헝겊 90, 201
헬리콥터 96
현대 과학 125
현대 물리학 87
현미경 234
현상 104
현장학습 83, 190, 229
현장학습 지침서 191
혐오감 238
협동성 125
협동학습 188, 240, 273
협조적 분위기 188
형식적 조작기 146, 148
형태학 95
혜성 268
호기심 62, 66, 120
호소 263
호수 237, 239
호흡 96, 97
호흡기관 251
혼잣말 150, 153
혼합물 91
홑원소물질 91
화분 59, 246
화산 98
화산가스 30
화산재 30
화석 100, 267

화성암 263
화이트보드 261
화장품 91
화학 17, 75, 90, 217
화학 활동 217
화학비료 28
화학식 38
화학제품 91
화합물 91
확대경 244, 250
확산적 질문 176
확장 182
환경 167, 179
환경 구성 165
환경문제 274
환경오염 47, 91
활동 계획안 86
활동 소개 165
활동 평가 86
활동지 213, 244, 247
황사 111, 209, 257
회오리바람 212
효능기대감 44
후각 80
후추 232
훌라후프 226
흐린 날 270
흑연 91
흙 99, 237, 263, 264, 266
흙 놀이 257
흥미 62, 162, 192
흰자 228, 232
히로시마 30
힘 88

김승희(Kim Seunghee)

서울대학교 지구과학교육과를 졸업한 후, 유아교육 전공으로 미국 Indiana University에서 교육학석사, University of Florida에서 철학박사 학위를 취득하였다. 현재 광주대학교 유아교육과 교수로 재직 중이며, 한국어린이미디어학회 이사와 한국유아교육학회 편집위원, 광주여성가족재단 운영위원 등으로 활동하고 있다. 다문화가족과 맞벌이가족, 조손가족 등 다양한 가족의 자녀교육 문제에 관심이 있으며, 과학교육과 역사교육, 다문화교육, 융합인재교육, 영재교육 등에 관한 다수의 논문과 저서를 집필하였다. 최근에는 성평등교육과 환경교육 등에 관한 논문을 발표하면서 유아교육의 지평을 넓히고 있다.

〈주요 저서〉

영유아발달(정민사, 2021)

부모교육(동문사, 2020)

유아교육개론(공동체, 2019)

논리와 논술(창지사, 2018)

유아교육과정(공동체, 2018)

유아 다문화교육(정민사, 2017)

유아사회과교육(학지사, 2017)

내 아이가 공부 못하는 25가지 이유(책피는봄, 2016)

〈수상〉

뉴스메이커: 2020, 2021, 2022 신년기획 한국을 이끄는 혁신리더

스포츠동아: 2020 대한민국 혁신인물 & 품질만족지수 1위 기업 브랜드 대상

스포츠조선: 2020 신년기획 자랑스러운 혁신한국인 & 파워브랜드 대상

스포츠서울: 2020 신년기획 Innovation 기업 & 브랜드 대상

사단법인 지역발전정책연구원: 2019년 제10회 한국지역발전대상

교수-학습 모형과 방법을 활용한

유아과학교육(2판)
Science Education in Early Childhood (2nd ed.)

2015년 8월 10일 1판 1쇄 발행
2023년 3월 10일 2판 1쇄 발행

지은이 • 김승희
펴낸이 • 김진환
펴낸곳 • ㈜ **학지사**

　　　　04031 서울특별시 마포구 양화로 15길 20 마인드월드빌딩
대표전화 • 02-330-5114　　팩스 • 02-324-2345
등록번호 • 제313-2006-000265호

홈페이지 • http://www.hakjisa.co.kr
페이스북 • https://www.facebook.com/hakjisabook

ISBN 978-89-997-2843-3　93370

정가 22,000원

출판미디어기업 **학지사**

간호보건의학출판 **학지사메디컬** www.hakjisamd.co.kr
심리검사연구소 **인싸이트** www.inpsyt.co.kr
학술논문서비스 **뉴논문** www.newnonmun.com
교육연수원 **카운피아** www.counpia.com